该研究成果为2016年度教育部人文社会科学研究专项任务项目
(中国特色社会主义理论体系研究)"互联网+"条件下
的高校思想政治理论教育教学研究(项目编号:16JD710052)最终成果

李亚青　周燕　王静　著

"互联网+"高校思想政治理论教育教学研究

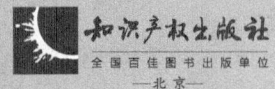

知识产权出版社
全国百佳图书出版单位
—北京—

图书在版编目（CIP）数据

"互联网+"高校思想政治理论教育教学研究/李亚青，周燕，王静著．—北京：知识产权出版社，2020.10

ISBN 978-7-5130-7137-6

Ⅰ.①互… Ⅱ.①李… ②周… ③王… Ⅲ.①高等学校—思想政治教育—教学研究—中国 Ⅳ.①G641

中国版本图书馆CIP数据核字（2020）第161201号

内容提要

本书以"互联网+"为背景，对高校思想政治教育的本质与特征、内容与形式、主体与客体、原则与方法、模式与载体等作了全面系统的探讨，并结合网络平台、翻转课堂和大学生创新创业大赛实践，使思政理论与教育教学实际相结合，为高校深入学习贯彻习近平新时代中国特色社会主义思想，特别是习近平总书记在学校思想政治理论课教师座谈会上的重要讲话精神，解决好培养什么人、怎么培养人、为谁培养人这个根本问题，提供了较强的理论和实践样本。

责任编辑：石红华	责任校对：潘凤越
封面设计：陈 曦 陈 珊	责任印制：孙婷婷

"互联网+"高校思想政治理论教育教学研究

李亚青 周 燕 王 静 著

出版发行：知识产权出版社有限责任公司	网　　址：http://www.ipph.cn
社　　址：北京市海淀区气象路50号院	邮　　编：100081
责编电话：010-82000860 转 8130	责编邮箱：shihonghua@sina.com
发行电话：010-82000860 转 8101/8102	发行传真：010-82000893/82005070/82000270
印　　刷：北京建宏印刷有限公司	经　　销：各大网上书店、新华书店及相关专业书店
开　　本：787mm×1092mm 1/16	印　　张：13
版　　次：2020年10月第1版	印　　次：2020年10月第1次印刷
字　　数：240千字	定　　价：58.00元
ISBN 978-7-5130-7137-6	

出版权专有　侵权必究

如有印装质量问题，本社负责调换。

前　言

当今世界科技进步日新月异，互联网、云计算、大数据、人工智能、移动互联等现代信息技术深刻改变着人类的生产、生活、思维和学习方式，在揭示世界发展前景的同时也极大地加速了教育教学信息化的进程。今天的教育最需要的是用迭代和创新来思考，用"互联网+"思维来推动，用信息技术来革新。翻转课堂、慕课、微课、动画、动漫等已经成为时下人们普遍采用的学习方式。

党的十八大以来，党和国家高度重视教育信息化。2012年，为推进落实《国家中长期教育改革和发展规划纲要（2010—2020年）》关于教育信息化的总体部署，教育部组织编制了《教育信息化十年发展规划（2011—2020年）》（以下简称《规划》）。《规划》提出，到2020年，要形成与国家教育现代化发展目标相适应的教育信息化体系，基本实现所有地区和各级各类学校宽带网络的全面覆盖。对各级各类教育信息化发展的主要任务进行了明确划分。基础教育信息化：重在缩小地区、城乡和学校之间的数字化差距，促进教育均衡发展。职业教育信息化：重在加强数字校园建设，提升实践教学水平。高等教育信息化：重在推进信息技术与高等教育深度融合，创新人才培养、科研组织和社会服务模式，促进教育质量全面提高。继续教育信息化：重在推进网络环境下的终身学习公共服务体系建设。教育管理信息化：重在整合信息资源，建设教育管理基础数据库和教育管理信息系统，在各级教育行政部门和各级各类学校实现管理信息化，提升教育服务与监管能力。[1]

《规划》要求现代信息技术与教育教学融合发展的水平显著提升。充分发挥现代信息技术独特优势，信息化环境下学生自主学习能力明显增强，教学方式与教育模式创新不断深入，信息化对教育变革的促进作用充分显现。

2015年3月5日十二届全国人大三次会议上，李克强总理在政府工作报告中首次提出"互联网+"行动计划。"互联网+"成为助力经济、促进改

---

[1] 教育信息化十年发展规划（2011—2020年）[EB/OL]. 教育部网站，2020-03-20.

革、惠及民生的重要方式，更多传统行业通过O2O拥抱互联网。人工智能的崛起，加速了大数据技术的应用落地。信息技术的发展，推动了教育变革和创新，构建了网络化、数字化、个性化、终身化的教育体系。建设"人人皆学、处处能学、时时可学"的学习型社会，培养大批有理想、有本领、有担当、能创新的时代新人，是中国教育者共同的责任，也是高校思想政治理论课教师应对大数据时代、"互联网+"时代、人工智能时代挑战的必然选择。

在这样的教育信息化、教学改革网络化的背景下，2015年，《河北农业大学课程教学信息化改革工程实施方案（试行）》启动，学校于2016年开展了基于"翻转课堂"教学模式的SPOC课程建设项目立项工作，项目建设时间为2~3年。李亚青负责的"思想道德修养与法律基础"课程作为首批建设课程立项，2019年经河北农业大学专家组鉴定验收该课程翻转课堂实施为优秀。从2016级大学一年级学生开始，为更好地实施翻转课堂教学和调动学生的积极性、参与性、创造性，"思想道德修养与法律基础"课程成立翻转课堂教学工作室和明德工作室。翻转课堂教学工作室是为了方便教师和研究生助教一起探讨如何更好地开展翻转教学而设立的，包括资料检索与汇总、学情分析、教学设计、撰写教案、制作多媒体课件、教学方法研讨、教学效果保障、考试测评、教学反思等各个环节。明德工作室由团队教师带着部分精英本科生一起录制与课程相关性强、富有感染力的案例教学视频、微电影、动画动漫视频等。

通过全面分析学情、创新教学设计、知识点拆分、线上线下对接、课前课中课后串联，在依托超星泛雅网络教学平台搭建了课程网络学习平台（"思想道德修养与法律基础""马克思主义基本原理概论""学术道德与学术规范""德育理论与实践""考研政治"）的基础上，通过四年教学实践积累，逐渐探索出"一体、两翼、三端、四连、五位"线上线下混合式翻转教学模式，基于该模式申报的教学成果《"一体、两翼、三端、四连、五位"思政课"互联网+"教学实践探索》获2019年河北农业大学教学成果一等奖，《"互联网+"思想政治理论课育人育心实践探索》获2019年河北省教学成果二等奖。2018年3月李亚青主持的"思想道德修养与法律基础"课程被河北省教育厅立项为河北省首批精品在线开放课程，目前正在结项验收。2019年12月李亚青负责的"思想道德修养与法律基础"课程被河北农业大学立项为首批线上线下混合式一流课程并被河北省教育厅推荐参加国家级线上线下混合式一流课程评选。2019年李亚青作为主讲教师参与的"马克思主义基本原理概论"课程被河北省教育厅立项为省级精品在线开放课程，同年底该课程也被立项为河北农业大学线上线下混合式一流课程。2019年12月周燕负责的"思想政治理论实践"课程被河北省教育厅推荐参评国家级实践一流课程评选。

2014年以来，笔者关注大数据、移动互联、人工智能，专注于"互联网+"高校思想政治理论教育教学相关研究，第一主研了2014年度教育部人文社会科学研究专项任务项目：大数据时代马克思主义网络传播研究（中国特色社会主义理论体系研究）；主持立项并完成了2015年河北省社科联课题：互联网时代思想政治教育移动数据教育链研究；主持2016年度教育部人文社会科学研究专项任务项目："互联网+"条件下的高校思想政治理论教育教学研究（中国特色社会主义理论体系研究）；2018年主持并完成了教育部产学研项目：基于超星平台的地方高校思想政治理论课"创新文化"育人教学资源库建设。由于对"互联网+"条件下的高校思想政治理论教育教学研究既有理论上的探讨又有实践上的摸索，最终得以形成了本书。

目 录

第一章
"互联网+"高校思想政治理论教育教学概述

第一节 "互联网+"教育的风起云涌 ……………………………………… 1
第二节 "互联网+"高校思想政治理论教育教学 ………………………… 8
  一、"互联网+"高校思想政治教育 ……………………………………… 8
  二、"互联网+"高校思想政治理论课教学 ……………………………… 10

第二章
"互联网+"高校思想政治教育的本质与特征

第一节 思想政治教育的本质界定及发展 ………………………………… 14
  一、思想政治教育"灌输"本质的历史溯源 …………………………… 15
  二、中国共产党在高校思想政治教育中对灌输理论的发展 …………… 19
  三、明确灌输是思想政治教育本质的重要意义 ………………………… 23
第二节 "互联网+"高校思想政治教育的本质和特征 …………………… 24
  一、"互联网+"高校思想政治教育的本质 ……………………………… 25
  二、"互联网+"高校思想政治教育的特征 ……………………………… 28

第三章
"互联网+"高校思想政治教育的内容与形式

第一节 创新"互联网+"高校思想政治教育的内容 ……………………… 33
  一、构建信仰、信念、信心三位一体的理想信念体系 ………………… 33

二、形成以社会主义核心价值观为价值引领的价值操守 ……………… 39
　　三、建设以中国精神为主要内容的网络精神家园 …………………… 41
第二节　创新"互联网+"高校思想政治教育的形式 ………………… 42
　　一、完善慕课教学平台建设 …………………………………………… 43
　　二、积极运用情境微课教学 …………………………………………… 44
　　三、推广翻转课堂教学模式 …………………………………………… 45
　　四、创设全时空网络育人环境 ………………………………………… 45
　　五、建立"互联网+"思政联盟 ……………………………………… 46

第四章
"互联网+"高校思想政治教育的主体与客体

第一节　"互联网+"高校思想政治教育的主体 ……………………… 47
　　一、"互联网+"视域下高校思想政治教育者的困境 ……………… 48
　　二、"互联网+"视域下高校思想政治教育者的应对策略 ………… 49
第二节　"互联网+"高校思想政治教育的客体 ……………………… 55
　　一、互联网对高校大学生思想政治的影响 …………………………… 55
　　二、"互联网+"时代大学生网络素养的提升 ……………………… 57

第五章
"互联网+"高校思想政治教育的原则与方法

第一节　"互联网+"高校思想政治教育的主要原则 ………………… 63
　　一、尊重人性之以人为本 ……………………………………………… 64
　　二、跨界融合之思政联盟 ……………………………………………… 66
　　三、创新驱动之德育革命 ……………………………………………… 68
　　四、重塑结构之网络工程 ……………………………………………… 69
　　五、生态开放之美美与共 ……………………………………………… 71
　　六、连接一切之"三全"育人 ………………………………………… 72
第二节　"互联网+"高校思想政治教育的方法 ……………………… 75
　　一、资源挖掘法 ………………………………………………………… 76
　　二、协同教育法 ………………………………………………………… 77

三、线上线下混合法 ·· 78
四、沉浸体验法 ·· 79
五、融通协调法 ·· 80

第六章
"互联网+"高校思想政治教育的载体与途径

第一节 "互联网+"高校思想政治教育的载体 ···················· 83
  一、"互联网+"高校思想政治教育的载体类型 ···················· 84
  二、"互联网+"高校思想政治教育的载体建设 ···················· 86
第二节 "互联网+"高校思想政治教育的途径 ···················· 91
  一、以学生为本 ·· 92
  二、双向教育 ·· 93
  三、新媒体教育 ·· 93
  四、拓展教育 ·· 94
  五、顺应共生 ·· 94
  六、"微思政" ·· 95
  七、"大思政" ·· 97
  八、有效监管 ·· 97
  九、教育者的自我提升 ·· 98

第七章
基于超星泛雅的思政课网络教学平台建设

第一节 思政慕课网络教学平台 ···································· 100
  一、设计理念 ·· 100
  二、课程建设 ·· 102
第二节 思政慕课探索实践 ·· 108
  一、项目特色:"互联网+"思想政治理论课育人育心 ············ 108
  二、2018年度河北省精品在线开放课程:"思想道德修养
      与法律基础" ·· 109
  三、思政微课脚本 ·· 115

第八章
"一体两翼"思政课翻转教学实践探索

第一节 "一体两翼三端四连五位"思政课翻转教学 …………… 125
一、"一体两翼三端四连五位"思政课翻转教学模式 ………… 125
二、推出"7+7"线上线下混合教学设计促学生全面成长 …… 129
三、"浇花浇根、育人育心",构建多元长效学习实践机制 …… 129

第二节 李保国精神融入高校思想政治理论教育教学的探索与实践 …… 130
一、李保国精神的科学内涵 ……………………………………… 130
二、李保国精神融入高校思想政治理论教育教学的途径与思路 …… 131
三、李保国精神融入高校思想政治理论教育教学的效果与保障 …… 133

第九章
"一平三端"思政课线上线下混合式教学设计

第一节 "一体两翼"线上线下混合教学设计 …………………… 136
一、课程简介 ……………………………………………………… 136
二、教学内容 ……………………………………………………… 136
三、课题教学逻辑 ………………………………………………… 138
四、拼图互助合作小组:微型剧主题活动 ……………………… 138

第二节 "一体两翼"线上线下混合教案 ………………………… 140
一、教学目的与要求 ……………………………………………… 140
二、教学要点 ……………………………………………………… 141
三、教学分配 ……………………………………………………… 144
四、参考文献 ……………………………………………………… 145
五、教学反思 ……………………………………………………… 146

第十章
高校思想政治理论课"互联网+"教学评价与效果

第一节 高校思想政治理论课"互联网+"教学评价 …………… 147
一、解决的主要问题 ……………………………………………… 148

二、解决问题的措施和方法 …………………………………………… 148
第二节　高校思想政治理论课"互联网+"教学效果 ……………………… 151
　一、在线课程建设 …………………………………………………… 151
　二、检验效果 ………………………………………………………… 152
　三、社会影响 ………………………………………………………… 153

第十一章
"互联网+"大学生创新创业大赛获奖案例

　一、养殖生态圈下的饲用酶制剂（节选） …………………………… 155
　二、绿环生物全降解保鲜膜（节选） ………………………………… 162
　三、舒源双歧因子肠调灵（节选） …………………………………… 167
　四、灵达保健型养殖（节选） ………………………………………… 171
　五、食康 LAMP 视频快速检测试剂盒（节选） ……………………… 177
　六、百生北方苦荞饮品（节选） ……………………………………… 182

参考文献 ……………………………………………………………………… 188
后　记 ………………………………………………………………………… 193

第一章 "互联网+"高校思想政治理论教育教学概述

第一节 "互联网+"教育的风起云涌

党的十八大以来,中国网络教育、"互联网+"教育飞速发展。翻转教学、慕课(Massive Open Online Course,MOOC)、智慧课堂、线上线下混合教学风起云涌。全民教育、优质教育、个性化学习和终身学习已成为信息时代教育发展的重要特征。面对日趋激烈的国力竞争,世界各国普遍意识到教育信息化在提高国民素质和增强国家创新能力方面的重要作用,纷纷出台战略规划和采取重大举措加快教育信息化发展,鼓励教师深度探索人工智能时代的金课建设。在美国,已经有为数众多的学校摒弃了工厂式的集中教育,采用混合式学习进行个性化教学。

2012年,我国教育部组织编制了《教育信息化十年发展规划(2011—2020年)》(以下简称《规划》)。《规划》提出,到2020年,要形成与国家教育现代化发展目标相适应的教育信息化体系,基本实现所有地区和各级各类学校宽带网络的全面覆盖。《规划》在拉开中国教育信息化帷幕的同时,对于信息技术与教育教学融合发展的水平提出了更高的要求。强调要充分发挥现代信息技术独特优势,要明显增强信息化环境下学生自主学习能力,使教学方式与教育模式创新不断深入,让信息化对教育变革的促进作用充分显现。

2018年4月9日,教育部教育管理信息中心发布《2017年中国互联网学习白皮书》。白皮书显示,"中国在线教育App市场规模达到2.76亿用户,以"学习者为中心"的创新教育系统正处于艰难重构期,人人皆学、时时能学、处处可学的学习型社会正在构建。❶ 这些数据彰显了中国在线教育发展速度很快，同时也昭示着网络学习时代滚滚而来、势不可挡。2019 年 4 月 9 日，由教育部教育管理信息中心、数字学习与教育公共服务部工程研究中心共同编著的《2018 中国互联网学习白皮书》在青岛发布。白皮书认为，"互联网 + 教育"持续发展，AI + 教育得到了深入推进，提效减负成为未来越来越多的人加入互联网教育的主要原因。在此次白皮书案例中，一起教育科技基于诊断性评价的个性化学习课题获得现场专家的认可。互联网教育产品全面 AI 化，一起教育科技引领行业发展。截至 2019 年 3 月，一起教育科技产品覆盖全国 31 个省市、365 个城市、14 万所学校，用户数超 7900 万，其中学生用户超 5170 万，家长用户超 2500 万，教师用户超 250 万。具备覆盖国内 K12 阶段全学科、全学段的能力。❷

为深入贯彻落实党的十九大精神，办好网络教育，积极推进"互联网 + 教育"发展，加快教育现代化和教育强国建设，2018 年 4 月，教育部研究制定了《教育信息化 2.0 行动计划》，提出到 2022 年基本实现"三全两高一大"的发展目标。其中，"三全"指教学应用覆盖全体教师、学习应用覆盖全体适龄学生、数字校园建设覆盖全体学校；"两高"指信息化应用水平和师生信息素养普遍提高；"一大"指建成"互联网 + 教育"大平台。距离 2022 年还有不到 2 年的时间，完成"三全两高一大"的目标离不开中国的每一所学校的建设、每一位教师的实施和每一位学生的参与。

教育信息化 2.0 与 1.0 的最大区别在于，教育信息化 2.0 要实现从专用资源向大资源转变；从提升师生信息技术应用能力向提升师生信息技术素养转变；从重点关注量变向重点关注质变转变；从强调应用驱动、融合发展，向注重创新引领、生态变革转变。这意味着教育者的教育观念、教育方式和教学方法都要应势而变。

教育信息化 2.0 时代，教育资源观将由过去的单纯的知识资源数字化、平面资源立体化转向基于互联网的既包括知识也包括知识之间关系（知识图谱）的大资源观转变。这个大资源观既能够填充学生头脑，也可以点燃学生智慧，是知识、能力、素质的有机统一。知识图谱（Knowledge Graph），在图书情报界称为知识域可视化或知识领域映射地图，是显示知识发展进程与结构关系的一系列各种不同的图形，用可视化技术描述知识资源及其载体，挖掘、分析、构建、绘制和显示知识及它们之间的相互联系。

知识图谱是通过将应用数学、图形学、信息可视化技术、信息科学等学科

---

❶ 2017 年中国互联网学习白皮书 [EB/OL]. 中国教育网，2018 – 04 – 09.
❷ AI 教育成主流 教育部发布. 2018 中国互联网学习白皮书 [EB/OL]. 中国日报网，2019 – 04 – 11.

的理论和方法与计量学引文分析、共现分析等方法结合，并利用可视化的图谱形象地展示学科的核心结构、发展历史、前沿领域以及整体知识架构达到多学科融合目的的现代理论。图1-1为笔者绘制的爱国主义的科学内涵知识图谱。

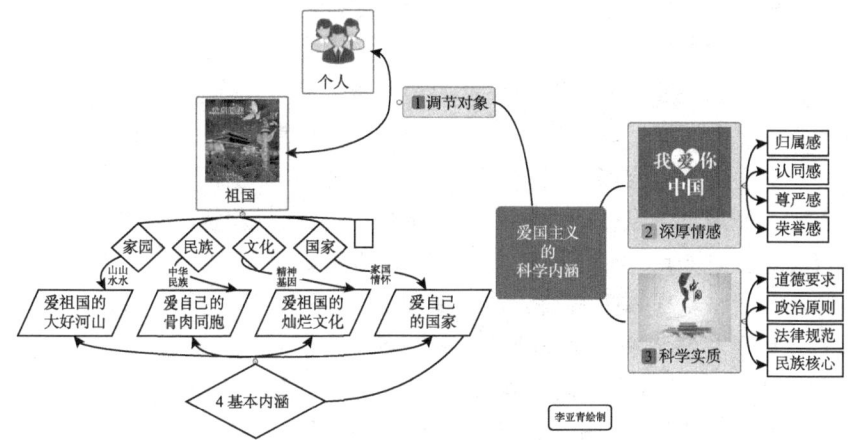

图1-1 爱国主义的科学内涵知识图谱

借助上面的图谱受教育者可以快速地掌握爱国主义的调节对象、基本内涵、深厚情感以及科学实质。

教育信息化时代人们的信息技术素养观、教育技术观、思维类型观都要发生转变。

信息素养（Information Literacy）或者信息文化（Information Literacy），是信息化时代的一种基本能力，其实质是人们对信息社会的反应和适应能力。美国教育技术CEO论坛2001年第4季度报告提出，21世纪的能力素质，包括基本学习技能（指读、写、算）、信息素养、创新思维能力、人际交往与合作精神、实践能力。信息素养是其中一个方面，它涉及信息的意识、信息的能力和信息的应用。除此之外，信息素养还应包括信息真伪鉴别能力和信息安全维护能力。

信息素养其实是一种综合能力，它涉及各方面的知识，是一个特殊的、涵盖面很宽的能力，它包含人文的、社科的、技术的、经济的、道德的、法律的诸多因素，和许多学科有着紧密的联系。信息技术支持信息素养，通晓信息技术强调的是对技术的理解、认识和使用技能。而信息素养的重点是信息内容、信息传播、信息分析，包括信息检索以及评价，涉及更宽的方面。这对于高校思想政治教育工作者来说，是亟须提高的能力和素养，因为这不仅需要熟练的信息技术，更需要完善的调查方法。综合而言，信息素养是一种信息能力，信息技术只是它的一种工具。

技术素养观转变，即从技术应用能力转向信息素养能力。在"互联网+"背景下，信息更为广阔和复杂，作为思想政治理论教育教学工作者，不仅要利用技术，更要利用信息素养和信息技术合作来开展高校思想政治理论教育和创新思想政治理论课教学。

教育技术观转变。社会存在决定社会意识，信息化的教学环境必然带来教育技术观的巨大转变。教育技术不能仅停留在教学环境，不仅仅是搭建网络教学平台，更重要的是要嵌入到教学环节中去，要嵌入到学生的学习系统中去。

思维类型观也会发生转变。人工智能时代要求思维类型从工具型思维转向人工智能思维。2017年5月23日，"2017百度联盟峰会"上，李彦宏提出，人工智能时代将从根本上解决人与万物交流的问题，AI对这个社会的改变在本质上与互联网不是一个量级的——人工智能将把原来的不可能变成可能。他提出AI新思维包括五个方面，是基于万物互联，重新审视人与物的关系，并对市场、用户、产品、企业战略等进行重构的思考方式。2018年，国家发改委、科技部、工信部、网信办、中国科学院、中国工程院、上海市人民政府等单位主办的世界人工智能大会在上海开幕。马云认为人工智能是技术，但它并不是具体的一项或者几项技术，人工智能是人类认识外部世界、认识未来世界、认识人类自身，重新定义人类自己的一种思维方式。

2018年9月10日全国教育大会在北京召开。中共中央总书记、国家主席、中央军委主席习近平出席会议并发表重要讲话。他强调，坚持深化教育改革创新。这一重要论断，既是我国教育改革发展在实践中的重要经验总结，又是党和国家教育事业发展的根本动力所在，是新时代教育改革发展的必由之路。教育改革创新离不开信息素养和"互联网+"技术。

在深化高等教育改革过程中，四川大学抓住课堂这个"主阵地"，开启"探究式—小班化"教学改革，为教学育人寻找突破口。在四川大学计算机学院，"软件过程模型"课采用分组讨论教学法开展教学。课堂上，桌椅可移动、可拼接，20多位同学分成几个小组。老师穿梭其间，和学生互动、交流答案。这种"高度互动、共同探讨"的方式，就是四川大学的"探究式—小班化"教学改革。它要求每堂课的人数不超过25人。为此，四川大学先后投入2亿多元，改造出400多间可增强教学互动的"智慧教室"。

课堂出实招，考试也变样。比如"拍一部微电影，介绍怎么用酵母粉研究肿瘤"，这样的"非标准答案考试"，激发学生大胆分析、判断和想象。现在，"探究式—小班化"的课程已达9000多门次，超过课程总数的70%。为其他学校开启"探究式—小班化"教学提供了思路和借鉴。

2018年10月17日，为加快建设高水平本科教育，全面提高人才培养能力，教育部印发《教育部关于加快建设高水平本科教育全面提高人才培养能力的意见》等文件，决定实施"六卓越一拔尖"计划2.0。实施一流课程建设"双万计划"，就是"金课建设"计划，即建设10000门左右国家级一流课程和10000门左右省级一流课程，包括具有高阶性、创新性、挑战度的线上、线下、线上线下混合式、虚拟仿真和社会实践各类型课程。这大大加速了我国"互联网＋"教育教学研究的步伐。

2019年4月9日，由教育部教育管理信息中心、数字学习与教育公共服务部工程研究中心、百度教育共同编著的《2018中国互联网学习白皮书》在青岛发布。该报告以基于云计算、大数据和人工智能技术构建智慧教育生态市场为主要关注方向，作业帮作为中国K12在线教育领先企业，凭借用AI技术构建普惠教育平台的典型性，成为白皮书中的代表案例。

2019年2月，中共中央、国务院印发了《中国教育现代化2035》，并发出通知，要求各地区各部门结合实际认真贯彻落实。《中国教育现代化2035》分为五个部分：战略背景、总体思路、战略任务、实施路径、保障措施。

《中国教育现代化2035》强调要大力推进教育理念、体系、制度、内容、方法、治理现代化，提出了推进教育现代化的八大基本理念：更加注重以德为先，更加注重全面发展，更加注重面向人人，更加注重终身学习，更加注重因材施教，更加注重知行合一，更加注重融合发展，更加注重共建共享。

《中国教育现代化2035》提出，推进教育现代化的总体目标是：到2035年，总体实现教育现代化，迈入教育强国行列，推动我国成为学习大国、人力资源强国和人才强国，为到本世纪中叶建成富强民主文明和谐美丽的社会主义现代化强国奠定坚实基础。

《中国教育现代化2035》聚焦教育发展的突出问题和薄弱环节，立足当前，着眼长远，重点部署了面向教育现代化的十大战略任务，其中第八条是加快信息化时代教育变革。"建设智能化校园，统筹建设一体化智能化教学、管理与服务平台。利用现代技术加快推动人才培养模式改革，实现规模化教育与个性化培养的有机结合。创新教育服务业态，建立数字教育资源共建共享机制，完善利益分配机制、知识产权保护制度和新型教育服务监管制度。推进教育治理方式变革，加快形成现代化的教育管理与监测体系，推进管理精准化和决策科学化。"❶ 这个文件对教育信息化提出了更高的要求。

2019年4月9日，由教育部牵头，众多机构协办的中国慕课大会在北京

---

❶ 中国教育现代化2035 [EB/OL]. 新华网，2019－02－23.

北京友谊宾馆隆重举行。大会以"识变、应变、求变"为主题，来自教育部及其他中央相关部门的领导、教指委专家、省级教育行政部门领导、高校教务处处长及教师代表、国际知名慕课专家和多家课程平台负责人等600余人参加会议，旨在为办好更加公平更有质量的中国高等教育，就中国慕课的更快建设、更好使用、更有效学习、更有序管理，共同发表《中国慕课行动宣言》（以下简称《宣言》）。

《宣言》指出，六年前，在教育部大力推动下，中国高等教育超前识变、积极应变、主动求变，慕课建设开始起步。"2018年，教育部认定推出首批490门国家精品慕课。2019年，教育部认定推出第二批801门国家精品慕课。六年来，中国慕课从无到有、从小到大、从弱到强。目前，12500门慕课上线，超过2亿人次在校大学生和社会学习者学习慕课，6500万人次大学生获得慕课学分，为建设学习型社会、学习型政党和学习型国家做出了重要贡献。"❶

《宣言》指出，面向未来，要共同致力于实现中国慕课发展五大愿景：建设公平之路、共享之路、服务之路、创新之路、合作之路。认为发展慕课是实现更高质量公平的关键一招。中国慕课要把推进高等教育区域和校际公平作为基本价值取向，充分发挥"互联网+"的作用，用优质慕课资源补齐区域和校际人才培养质量差异短板。要践行教育新理念，进一步融合人工智能、虚拟现实等技术，创新慕课学习内容、模式和方法，开辟慕课未来发展新境界。

2019年10月12日，为深入贯彻全国教育大会精神和《中国教育现代化2035》，全面落实新时代全国高等学校本科教育工作会议和直属高校工作咨询委员会第二十八次全体会议精神，坚持立德树人，围绕学生忙起来、教师强起来、管理严起来、效果实起来，深化本科教育教学改革，培养德智体美劳全面发展的社会主义建设者和接班人，教育部发布《关于深化本科教育教学改革全面提高人才培养质量的意见》（教高〔2019〕6号），要求全面提高课程建设质量。加强课程体系整体设计，提高课程建设规划性、系统性，避免随意化、碎片化，坚决杜绝因人设课。实施国家级和省级一流课程建设"双万计划"，着力打造一大批具有高阶性、创新性和挑战性的线下、线上、线上线下混合、虚拟仿真和社会实践"金课"。积极发展"互联网+教育"、探索智能教育新形态，推动课堂教学革命。严格课堂教学管理，严守教学纪律，确保课程教学质量。❷

---

❶ 中国慕课行动宣言［EB/OL］．教育部网站，2019-04-09．
❷ 教育部关于深化本科教育教学改革全面提高人才培养质量的意见［EB/OL］，教育部网站，2019-10-12．

第一章
"互联网+"高校思想政治理论教育教学概述

2019年10月30日，为贯彻落实习近平总书记关于教育的重要论述和全国教育大会精神，落实新时代全国高等学校本科教育工作会议要求，即必须深化教育教学改革，必须把教学改革成果落实到课程建设上，教育部发布《关于一流本科课程建设的实施意见》。要求注重创新型、复合型、应用型人才培养课程建设的创新性、示范引领性和推广性，在高校培育建设基础上，从2019年到2021年，完成4000门左右国家级线上一流课程（国家精品在线开放课程）、4000门左右国家级线下一流课程、6000门左右国家级线上线下混合式一流课程、1500门左右国家虚拟仿真实验教学一流课程、1000门左右国家级社会实践一流课程认定工作。❶ 让课程优起来、教师强起来、学生忙起来、管理严起来、效果实起来。

2020年1月，为阻断新型冠状病毒疫情向校园蔓延，确保师生生命安全和身体健康，教育部下发通知，要求2020年春季学期延期开学，学生在家不外出、不聚会、不举办和参加集中性活动。要求学校和广大教师，利用网络平台，"停课不停学"。2月17日开通国家网络云课堂，以"一师一优课、一课一名师"项目获得部级奖的课程资源为基础，吸收其他优质网络课程教学资源，供各地学校组织学生开展网上学习，各中小学和高等学校纷纷着手探索直播、录播、连麦、录屏等在线教学方式。几年来中国在线教育市场规模一直保持稳步增长，而这场没有硝烟的"战疫"，却也为"在线教育"模式提供了绝佳的测试应用场景，推动了用户对在线教育的需求。

2020年2月4日，为贯彻落实习近平总书记关于打赢疫情防控阻击战的重要指示精神，针对新型冠状病毒感染肺炎疫情对高校的正常开学和课堂教学造成的影响，根据《教育部应对疫情工作领导小组工作方案（试行）》要求，教育部应对新型冠状病毒感染肺炎疫情工作领导小组办公室关于在疫情防控期间做好普通高等学校在线教学组织与管理工作的指导意见，要求采取政府主导、高校主体、社会参与的方式，共同实施并保障高校在疫情防控期间的在线教学。各高校应充分利用上线的慕课和省、校两级优质在线课程教学资源，在慕课平台和实验资源平台服务支持带动下，依托各级各类在线课程平台、校内网络学习空间等，积极开展线上授课和线上学习等在线教学活动，保证疫情防控期间教学进度和教学质量，实现"停课不停教、停课不停学"。❷

---

❶ 教育部关于一流本科课程建设的实施意见：教高〔2019〕8号[EB/OL]. 教育部网站，2019 - 10 - 30.

❷ 应对新型冠状病毒感染肺炎疫情工作领导小组办公室关于在疫情防控期间做好普通高等学校在线教学组织与管理工作的指导意见[EB/OL]. 教育部网站，2020 - 02 - 04.

综上，党的十八大以来，党和国家高度重视教育教学信息化，重视"互联网+"教育教学。"互联网+"教育教学的最大优势就在于，它能够调动一切资源、集聚一切力量立足于学生的德智体美劳全面发展，能够以新思维、新技术、新手段更好地面向学生的未来和社会的需要，为国家培养出德智体美劳全面发展的新时代中国特色社会主义建设者和接班人。

第二节 "互联网+"高校思想政治理论教育教学

党的十八大以来，党和国家高度重视"互联网+"高校思想政治教育和"互联网+"高校思想政治理论课教学，出台了一系列文件、政策来提升高校思想政治理论教育教学的针对性和实效性。

一、"互联网+"高校思想政治教育

（一）"互联网+"高校宣传思想工作

2015年1月19日，中共中央办公厅、国务院办公厅印发《关于进一步加强和改进新形势下高校宣传思想工作的意见》（以下简称《意见》）。《意见》指出，意识形态工作是党和国家一项极端重要的工作，高校作为意识形态工作前沿阵地，肩负着学习研究宣传马克思主义，培育和弘扬社会主义核心价值观，为实现中华民族伟大复兴的中国梦提供人才保障和智力支持的重要任务。《意见》对"互联网+"高校宣传思想工作做出了部署，强调要建立高校、宣传部门、新闻媒体三方联动宣传机制，构建新媒体时代新闻宣传工作大平台，把握好时、度、效，弘扬主旋律，传播正能量，为高校改革发展营造良好舆论氛围，为高校改革发展营造良好舆论氛围。《意见》提出要创新网络思想政治教育，开展高校校园网络文化建设专项试点工作，大力推进校报校刊数字化建设，探索建立优秀网络文章在科研成果统计、职务职称评聘方面的认定机制，着力培育一批导向正确、影响力广的网络名师，立足校园网站建设开办一批贴近师生学习生活的网络名站名栏，建设一支由学生和青年教师骨干组成的网络宣传员队伍，打造示范性思想理论教育资源网站、学生主题教育网站和网络互动社区，推进辅导员博客、思想政治理论课教师博客、校务微博、校园微信公

众账号等网络新媒体建设。❶ 这些举措既为思想政治教育工作者创新网络育人提供了新思路，也为网络思想政治教育的发展指明了方向。

2015年9月30日，为深入贯彻落实中共中央办公厅、国务院办公厅《关于进一步加强和改进新形势下高校宣传思想工作的意见》精神，切实加强高校宣传思想工作队伍建设，为推动高校宣传思想工作质量提升和创新发展提供坚强有力的组织保证，中共中央宣传部发布《关于加强和改进高校宣传思想工作队伍建设的意见》（以下简称《意见》）。《意见》强调，培育建设网络评论队伍，是全面落实新形势下高校宣传思想工作战略任务的基础工程。新形势下高校在舆情研判、网络宣传、抵御渗透等重点难点工作中，开展研究的针对性不够、队伍培训的有效性不强，这是高校宣传思想工作队伍建设亟待解决的突出问题。对此《意见》指出，要着力提升网络运用能力，遵循信息网络规律，把掌握运用微信、微博等新媒体操作技术作为宣传思想工作队伍的必备能力，练就运用"网言网语"参与网络文化建设管理的过硬本领。《意见》对于网络宣传给出了具体的提升方案，如着力增强网络舆论引导能力，汇集研判大学生网上思想动态、回应大学生网上关切的方法手段，熟练掌握网上信息发布、报送和舆论引导工作规程，不断增强应对网络舆情突发事件的能力；还要着力提高网络评论能力，以培育网络名编名师、开办网络名站名栏、发表网络名篇名作为载体，引导支持学术大师、教学名师、优秀导师积极参与网络评论，着力培育一大批网络宣传骨干人才。更要切实增强网络信息安全管理能力，强化对网上有害信息的甄别、抵制、批判能力，学习掌握抵御防范网络攻击的技术规范和技巧。❷

（二）新媒体新技术推动思想政治工作

2016年12月7日至8日，全国高校思想政治工作会议在北京举行。中共中央总书记、国家主席、中央军委主席习近平出席会议并发表重要讲话。总书记强调要运用新媒体新技术使思想政治工作鲜活起来，不断增强思想政治教育的亲和力和针对性、时代感和吸引力，从而春风化雨、入脑入心。

2017年2月27日，中共中央、国务院印发了《关于加强和改进新形势下高校思想政治工作的意见》。该意见指出，要推进高校思想政治工作改革创新。要加强互联网思想政治工作载体建设，加强学生互动社区、主题教育网

---

❶ 中共中央办公厅、国务院办公厅最近印发《关于进一步加强和改进新形势下高校宣传思想工作的意见》[EB/OL]. 新华社，2015-01-19.

❷ 中宣部、教育部党组关于加强和改进高校宣传思想工作队伍建设的意见[EB/OL]. 教育部网站，2015-09-30.

站、专业学术网站和"两微一端"建设,运用大学生喜欢的表达方式开展思想政治教育。❶

(三) 大力推进高校网络教育

为认真学习贯彻党的十九大精神,进一步把贯彻落实全国高校思想政治工作会议和中共中央、国务院《关于加强和改进新形势下高校思想政治工作的意见》精神引向深入,大力提升高校思想政治工作质量,2017年12月5日中共教育部党组关于印发《高校思想政治工作质量提升工程实施纲要》的通知。强调要大力推进高校网络教育,加强大学校园网络文化建设与管理,拓展网络育人平台,丰富网络内容,加强网络思政工作队伍,净化网络空间,优化成果评价,推动思想政治工作传统优势同信息技术高度融合,引导师生强化网络意识,树立网络思维,提升网络文明素养,创作网络文化产品,传播主旋律、弘扬正能量,守护好网络精神家园。❷

综上所述,"互联网+"思想政治教育势在必行。为了更好地推动信息技术同思想政治工作高度融合,提升网络育人效果,守护好网络精神家园,切实有效维护好网络安全,我们对于"互联网+"高校思想政治教育的本质与特征、内容与形式、主体与客体,"互联网+"高校思想政治教育的原则与方法、环境与载体、模式与评价等开展了理论研究和实践探索。

二、"互联网+"高校思想政治理论课教学

(一) 党和国家高度重视高校思想政治理论课教学信息化

2015年7月27日,为贯彻落实党的十八大和十八届三中、四中全会精神,贯彻落实习近平总书记系列重要指示精神,根据中共中央办公厅、国务院办公厅《关于进一步加强和改进新形势下高校宣传思想工作的意见》,普通高校思想政治理论课建设体系创新计划特制订本计划。该意见强调要"形成第一课堂与第二课堂、理论教学与实践教学、课堂教学与网络教学相互支撑,理念手段先进、方式方法多样、组织管理高效的思想政治理论课教学体系"❸。还强

---

❶ 中共中央、国务院印发《关于加强和改进新形势下高校思想政治工作的意见》[EB/OL]. 新华社,2017-02-27.

❷ 中共教育部党组关于印发《高校思想政治工作质量提升工程实施纲要》的通知[EB/OL]. 教育部网站,2017-12-05.

❸ 中宣部、教育部关于印发《普通高校思想政治理论课建设体系创新计划》的通知[EB/OL]. 教育部网站,2015-07-30.

调要加强"高校思想政治理论课程网站"建设,切实推进优质教学资源共享;整合各地各高校优质网络教学资源,推动思想政治理论教育网络期刊建设,成立全国思想政治理论课网站信息共享联盟;建立大学生思想政治理论课主题学习网站和微信公众账号学习平台,使之成为宣传展示学生理论学习成果的阵地;探索网络教学改革试点,开发思想政治理论课在线课程,组织大学生开展"同上一堂网络思政课"活动,建设一批名师名家网络示范课,推进优质网络教学资源建设。❶

2018年,教育部印发《新时代高校思想政治理论课教学工作基本要求》的通知,要求"深入研究网络教学的内容设计和功能发挥,不断创新网络教学形式,推动传统教学方式与现代信息技术有机融合"。

2019年3月18日,习近平总书记在主持召开学校思想政治理论课教师座谈会上指出:"思想政治理论课是落实立德树人根本任务的关键课程。"这一"关键课程"在信息化教学中如何顺势而为、借势而进、造势而起、乘势而上地培养德智体美劳全面发展的社会主义建设者和接班人",是每一位高校思想政治教育工作者必须深思和探索的课题。

深入研究"互联网+思想政治理论教育教学",是贯彻落实全国高校思想政治工作会议精神和中央31号文件的重要举措,是将党的十九大精神融入思想政治理论课教学的助推器。2019年,习近平总书记在学校思政课教师座谈会上发表重要讲话,他强调,思想政治理论课是立德树人、铸魂育人的关键课程。而思想政治理论课教师是关键的关键。总书记指出:"办好思想政治理论课关键在教师,关键在发挥教师的积极性、主动性、创造性。"思想政治理论课教师是党的理论、路线、方针、政策的宣讲者,新时代思政课教师应通过"强政治信仰、深家国情怀、新教学思维、广学术视野、严党纪自律、正学识人格"六个方面提升思政课教师全面素养,打造有虚有实、有棱有角、有情有义、有滋有味思政课。

(二)"互联网+"高校思想政治理论课教学实践探索

近几年,关于思政课与信息技术融合的研究、"互联网+"思政课教学的研究不断深入,研究成果主要集中在理念、路径和方法方面。

1. 关于高校思想政治理论课程教学同信息技术高度融合

有一些高等院校提出要推动高校思想政治理论课同信息技术高度融合、深度融合,如清华大学。2018年01月16日,《中国青年报》以《思政课"混合

---

❶ 中宣部、教育部关于印发《普通高校思想政治理论课建设体系创新计划》的通知[EB/OL]. 教育部网站,2015-07-30.

教学"让手机变成"抬头利器"》为题报道了清华大学的发展课堂与混合式教学。该校提出要大力推动思政课同信息技术高度融合,综合运用慕课、微课、微博、微信、微电影等新技术手段,线上线下相结合,使思政课活起来。

2018年5月12日,由广州大学和全国地方高校UOOC联盟主办,马克思主义学院、全国高校思想政治理论课名师工作室联盟承办的"高校思想政治理论课程教学同信息技术高度融合"高端论坛在广州大学召开。与会代表就如何推动高校思想政治理论课程教学同信息技术高度融合,增强课程教学的时代感和吸引力进行研讨。广州大学校党委副书记张强在致辞中表示,要认真贯彻落实习近平总书记在全国高校思想政治工作会议上的重要讲话精神,用好课堂教学主渠道,加强和改进思想政治理论课教学,提升思想政治教育的亲和力和针对性,推动传统优势同信息技术高度融合,增强思想政治理论课程教学的时代感和吸引力。张强指出,广州大学近年来在慕课建设上作出了积极探索,努力把思政课打造得既"红"又"鲜";课程建设和教学改革永远在路上,在移动互联网时代,要不断推进思政课教学同信息技术高度融合,打造具有"广大"特色的课程体系。

2. 关于思政课慕课建设

借助互联网,中国大学慕课让高校思政课声声入耳,思政慕课让大学没有了"围墙"。武汉大学思政课作为全国上线最早的一批,提出思政慕课混合式教学模式。认为教师以年轻人喜闻乐见的方式构建平等交流的场景,是开展一切教学活动的基础。"我们必须要用技术来连接并了解学生,将以往'以教师为中心'的教学理念变成'以学生为中心',构建一个'透明'的线上教学环境,把思想政治类的课程做得更生动更有趣,被更多学生接受。"清华大学的线上线下混合教学也形成了"包装"精美时尚、教学互动生动有效的特色。

3. 关于思政课线上线下混合教学的方法

中国人民大学提出:创新"一体两翼",让思政课"活起来"。系统讲授、专题教学、实践教学"三位一体",研究型+互动型"两翼齐飞"。此外,中国人民大学的"别笑,我是思修课"开启了微信公众号辅助思想政治理论课教育教学的先河。其他职业院校也对"一体两翼"线上线下混合教学进行了有效探索。

此外,还有一些学校开始探索VR虚拟实践教学,这也大大推动了思政课信息化进程。

(三)思政课的"互联网+"

国外相关成果更多的是倾向于"互联网+"、大数据、人工智能应用于整个教育领域的研究。将"互联网+"、大数据应用于教育教学的各个环节及贯穿全过程，包括应用大数据改革创新高校管理、通过搭建大量在线教育平台捆绑教育资源、思维与技术同步变革以重塑教育系统、实施翻转教学，同时正视"互联网+"、大数据应用于教育领域的劣势，不断探索可能的应对策略。西方国家非常重视对本国青少年进行网络爱国主义教育、诚信教育、法治教育，借助互联网网站、视频、电影、漫画、包装纸、流行歌手、流行艺人等传播爱国主义、诚信、法治。这些成果在教育数据挖掘、个性化教育、网络育人、教育管理方式的转变、评价方法创新等方面，为我们从事"互联网+"高校思想政治理论教育教学拓展了视野、开拓了思路、提供了借鉴。

全面分析新时代思政课信息化教学面临的新情况、新问题，认真总结实践经验，借助"互联网+"思维、人工智能技术、大数据方法准确概括出新时代大学生群体的心理特征、学习规律、话语体系和成长需求，提出一些带有全局性、战略性和前瞻性的对策建议，形成可以推广的线上线下混合教学模式，对于在新时代充分运用信息技术提升思政课教学效果、抢占意识形态网络主阵地，培养明大德守公德严私德、尊法学法守法用法的社会主义合格建设者和接班人具有重要的实践意义。

人工智能、大数据、云计算等新技术的进一步发展，为教育产业的升级与创新提供了基础。面对年轻的数字时代原住民，教育的方式方法与内涵外延也在发生变化，互联网与教育的结合，将有助于打造数字化、个性化的教育体系，构建人才培养新模式。

在互联网已经与我们息息相关的今天，教育工作者要充分利用大数据技术，转变工作理念、工作机制、工作主体以及传播手段等，将思想政治工作与互联网进行深度融合，打好"组合拳"，打造专业网络思政工作队伍，将思想政治教育内容进行数字化、视听化、网络化改造，打造成为浅显易懂、特色鲜明、师生喜爱的文化产品，实现"润物细无声"的引导功能。

教育部高教司吴岩曾说，思政慕课是有颜值的思政课、有温度的思政课、滴灌式的思政课、入脑走心式的思政课，是有虚有实、有棱有角、有情有义、有滋有味的思政课！新时代，高校思想政治理论课教师只有瞄准互联网时代思想政治理论课教学改革的指导思想、基本原则和主要任务，建立起学生课前学习、课中研讨、课后实践，线上线下一体化的教学新模式，推动思想政治理论课教学的创新发展，才能打造有颜值、有温度、有虚有实、有棱有角、有情有义、有滋有味的思政课，才能浇花浇根、育人育心，引领学生成长为有理想有本领有担当能创新的时代新人。

第二章 "互联网+"高校思想政治教育的本质与特征

第一节 思想政治教育的本质界定及发展

质是一事物区别于它事物的内在规定性。辩证唯物主义认为,任何事物都有它的质。把握事物的质是我们认识事物的基础和实践的起点。厘清思想政治教育的本质,进而明晰"互联网+"高校思想政治教育的本质是开展"互联网+"思想政治教育研究的最重要的一环。因此,研究思想政治教育的本质是什么,是思想政治教育首先必须要读懂的问题,它是思想政治教育学发展的理论之基和逻辑起点。

从思想政治教育学科设立以来,关于思想政治教育本质问题的研究成果颇丰,目前我国学术界关于思想政治教育本质有多种观点,还未形成统一认识。陈秉公教授曾在文章中总结概括了当前学界关于思想政治教育本质的阐释共有10种观点:意识形态论、价值主导论、人学目的论、人的社会化论、灌输论、掌握群众论、社会治理论、二重本质论、多重本质论和相对本质论。[1] 马克思主义理论研究和建设工程重点教材《思想政治教育学原理》是目前很权威的著作,将思想政治教育的本质界定为"坚持主流意识形态的主导和灌输"[2]。陈万柏和张耀灿主编的面向21世纪课程教材《思想政治教育学原理》亦是很权威的著作,同样指出:思想政治教育的本质就是社会主导意识形态的灌输和教化。[3] 认为没有社会主导意识形态的灌输,就没有思想政治教育;否定社会主导意识形态的灌输,也就是否定思想政治教育。

---

[1] 陈秉公. 思想政治教育本质研究现状及建议 [J]. 思想教育研究, 2014 (6): 6.
[2] 思想政治教育学原理编写组. 思想政治教育学原理 [M]. 北京: 高等教育出版社, 2016: 92.
[3] 陈万柏, 张耀灿. 思想政治教育学原理: 第三版 [M]. 北京: 高等教育出版社, 2015: 53.

可见，在众多观点中，主导意识形态的灌输是学界较为认可的共同指向的思想政治教育本质。主导意识形态反映统治阶级主导的世界观、人生观和价值观，代表统治阶级的意志，维护统治阶级的根本利益，体现统治阶级的政治追求。思想政治教育存在的价值正是通过政治思想的灌输实现意识形态控制力，从而满足阶级统治的需要，即为统治阶级教育人、培养人。那么，社会主义国家的思想政治教育，就是用马克思主义理论教育、武装广大人民，全面提高人们的思想政治素质，促进人的全面发展，使其同心同德，更好地为社会发展服务，为实现社会主义、共产主义的伟大目标奋斗。需要强调指出的是，我们在理解思想政治教育的"灌输"时，不能将其简单地理解为手段，从而违背规律一味"硬灌"。马克思主义所讲的灌输，强调的是本质，而不是手段。

一、思想政治教育"灌输"本质的历史溯源

"灌输"俄语直译为"充实"，汉语原意是把流水引导到需要水的地方。后来人们把它引用到思想政治教育和党务工作中，意指向人们输送思想、知识等，如灌输爱国主义思想。

思想政治教育"灌输"本质有其深厚的历史渊源：首先由马克思主义理论创始人马克思和恩格斯提出，之后是考茨基明确了其雏形，最后是列宁建立了系统完善的体系。

（一）马克思、恩格斯的灌输理论

马克思和恩格斯兼具学者和革命家的气质，他们在长期的革命实践中非常重视对工人阶级进行理论灌输。马克思和恩格斯关于灌输的阐述很多，我们做如下梳理。

马克思早在1843年《〈黑格尔法哲学批判〉导言》中指出："批判的武器当然不能代替武器的批判，物质力量只能用物质力量来摧毁；但是理论一经掌握群众，也会变成物质力量。理论只要说服人，就能掌握群众；而理论只要彻底，就能说服人。所谓彻底，就是抓住事物的根本。而人的根本就是人本身。"❶ 这部著作可以说是马克思主义思想政治教育的开篇之作。文中还指出："哲学把无产阶级当作自己的物质武器，同样，无产阶级也把哲学当作自己的精神武器；思想的闪电一旦彻底击中这块素朴的人民园地，德国人就会解放成为人。"❷ 这句话表达了科学社会主义与工人运动相结合的思想，科学社会主

---

❶ 马克思恩格斯选集：第1卷［M］．北京：人民出版社，2012：9-10．
❷ 马克思恩格斯选集：第1卷［M］．北京：人民出版社，2012：16．

义与工人运动相结合的过程就包含着灌输的过程。尽管马克思并没有明确地运用灌输这一词语表述，但他把这一过程形象地比作思想的闪电击中人民园地的过程。恩格斯在1844年11月《共产主义在德国的迅速进展》中第一次明确使用了灌输概念。他在谈到画家许布纳尔的画时提出："从宣传社会主义这个角度来看，这幅画所起的作用要比一百本小册子大得多。"❶

在1848年2月发表的《共产党宣言》里，马克思和恩格斯认为科学社会主义思想最初是资产阶级思想家的理论成果，"正像过去贵族中有一部分人转到资产阶级方面一样，现在资产阶级中也有一部分人，特别是已经提高到从理论上认识整个历史运动的一部分资产阶级思想家，转到无产阶级方面来了"。"资产阶级自己就把自己的教育因素即反对自身的武器给予了无产阶级。"❷ 马克思和恩格斯认为在世界共产主义运动中，"在实践方面，共产党人是各国工人政党中最坚决的、始终起推动作用的部分；在理论方面，他们胜过其余无产阶级群众的地方在于他们了解无产阶级运动的条件、进程和一般结果"❸。因此，共产党的首要任务就是将先进的思想观念灌输到工人阶级队伍中，帮助工人阶级提高政治觉悟，认清自身的历史使命。"共产党一分钟也不忽略教育工人尽可能明确地意识到资产阶级和无产阶级的敌对的对立，以便德国工人能够立刻利用资产阶级统治所必然带来的社会和政治的条件作为反对资产阶级的武器。"❹

马克思在1864年《国际工人协会成立宣言》中再一次强调了工人的解放斗争与科学的革命理论相结合的重要性，他指出："工人的一个成功因素就是他们的人数；但是只有当工人通过组织而联合起来并获得知识的指导时，人数才能起举足轻重的作用。"❺ 恩格斯1880年在《社会主义从空想到科学的发展》中指出："完成这一解放世界的事业，是现代无产阶级的历史使命。深入考察这一事业的历史条件以及这一事业的性质本身，从而使负有使命完成这一事业的今天受压迫的阶级认识到自己的行动的条件和性质，这就是无产阶级运动的理论表现即科学社会主义的任务。"❻ 这说明科学社会主义理论需要工人阶级这个物质武器来实现。

上面引证的只是马克思和恩格斯关于灌输思想的部分论述，其著作中相关思想还有很多。总之，马克思和恩格斯的"灌输"思想虽然没有形成完整的

---

❶ 马克思恩格斯全集：第2卷[M]．北京：人民出版社，1957：589-590．
❷ 马克思恩格斯选集：第1卷[M]．北京：人民出版社，2012：410．
❸ 马克思恩格斯选集：第1卷[M]．北京：人民出版社，2012：413．
❹ 马克思恩格斯选集：第1卷[M]．北京：人民出版社，2012：434．
❺ 马克思恩格斯选集：第3卷[M]．北京：人民出版社，2012：10．
❻ 马克思恩格斯选集：第3卷[M]．北京：人民出版社，2012：817．

理论体系，但他们的科学理论已经为无产阶级提供了正确的世界观和方法论，他们已经阐明了灌输的必要性，需要科学理论提高工人阶级的觉悟；明确了灌输的主体是共产党人，把科学理论灌输给工人阶级是共产党人的使命和任务。这些宝贵的观点为灌输理论的发展提供了思想之源、理论之基。

（二）考茨基的灌输理论

19世纪70年代后，资本主义由自由竞争向垄断过渡，第二次工业革命给资本主义国家的发展提供了重要的机遇，世界主要的资本主义国家在经济、政治等方面都获得了较快的发展，工人的地位和状况也发生了改变。经济上，资产阶级缩短了工人的劳动时间，提高了工人的工资，对工人阶级的剥削更加隐蔽；政治上，工人获得了一定的选举权等；社会上，资产阶级增加了工人的福利，完善了社会保障制度。这种背景下，工人阶级中产生了改良主义的思想，主张通过合法斗争和议会来实现社会主义。如何唤醒工人阶级的阶级意识，推动世界社会主义运动成为了当时的紧迫任务。第二国际著名的理论家和活动家考茨基在这样的时代背景下丰富和发展了马克思主义灌输论，奠定了灌输理论的雏形。

1886年，考茨基在《新时代》杂志上发表了一系列文章初步探讨了灌输理论的一些问题。1888年，考茨基参加了奥地利社会民主工党纲领（后被称为《海因菲尔德纲领》）的讨论和最后定稿工作，该纲领中使用了"灌输"一词，指出："从政治上把无产阶级组织起来，把认识无产阶级地位及其任务的意识灌输到无产阶级中去，使之在精神上和体力上具有战斗力并保持这种战斗力，这就是奥地利社会民主工党的真正纲领。"❶ "社会民主党的任务，就是把认清无产阶级地位及任务的意识灌输到无产阶级中去。"❷ 1891年，在关于德国社会民主党的《爱尔福特纲领》的解说中，考茨基再次强调指出无产阶级"至多只能掌握资产阶级学术界获得的一部分知识，使它适应于自己的目的和需要"❸，必须"使无产阶级的阶级斗争能够成为更自觉和更合目的的斗争"❹。1901年8月，奥地利社会民主党用新的党纲取代了《海因菲尔德纲领》，受到了考茨基的批评，10月考茨基在《新时代》杂志第3期发表《修改奥地利社会民主党纲领》的文章，"现代社会主义也就是从这一阶层的个别人物的头脑中产生

---

❶ 转引自：王学东. 略谈考茨基的"灌输论"思想的形成过程 [J]. 国际共运史研究，1988（4）：125.

❷ 转引自：列宁全集：第6卷 [M]. 北京：人民出版社，1986：37.

❸ [奥] 卡尔·考茨基. 考茨基文选 [M]. 王学东，编. 北京：人民出版社，2008：42.

❹ [奥] 卡尔·考茨基. 爱尔福特纲领解说 [M]. 陈冬野，译. 北京：生活·读书·新知三联书店，1963：186.

的，他们把这个学说传授给才智出众的无产者，后者又在条件许可的地方把它灌输到无产阶级的阶级斗争中去。可见，社会主义意识是一种从外面灌输到无产阶级的阶级斗争中去的东西，而不是一种从这个斗争中自发地产生出来的东西。因此，旧海因菲尔德纲领说得非常正确：社会民主党的任务就是把认清无产阶级的地位及其任务的这种意识灌输到无产阶级中去。假使这种意识会自然而然地从阶级斗争中产生出来，那就没有必要这样做了"❶。

(三) 列宁的灌输理论

马克思主义的灌输理论，是由伟大的马克思主义者列宁系统地提出的。19世纪末20世纪初，俄国国内盛行各种机会主义和修正主义，工人的思想受其影响，工人运动也受其干扰，社会状态混乱不堪。党内出现的经济派片面夸大经济斗争的意义。强调工人运动的自发性，认为工人不需要革命理论指导，能自发地形成社会主义意识，走上社会主义道路。马克思主义被经济派的这种观点庸俗化，这种把马克思主义庸俗化的认识只会带来工人阶级沦为资产阶级附庸的后果和继续被资产阶级剥削的命运。为此，列宁针锋相对地指出，使无产阶级彻底改变命运的根本途径和手段只能是政治斗争，而政治斗争的顺利开展就必然依赖科学的革命理论为指导，灌输理论也就应运而生。

列宁1894年在《"什么是人民之友"以及他们如何攻击社会民主主义者?》中提出："当工人阶级的先进代表领会了科学社会主义思想，领会了关于俄国工人的历史使命的思想时，当这些思想得到广泛的传播并在工人中间成立坚固的组织，把他们形式上分散的经济战变成自觉的阶级斗争时，俄国工人就会起来率领一切民主分子去推翻专制制度，并引导俄国无产阶级（和全世界无产阶级并肩地）循着公开政治斗争的大道走向胜利的共产主义革命。"❷ 1900年在《我们运动的迫切任务》中指出："由此自然产生出俄国社会民主党所应该实现的任务：把社会主义思想和政治自觉性灌输到无产阶级群众中去，组织一个和自发工人运动有紧密联系的革命党。"❸ 这些论述表明列宁对灌输理论进行了初步探索。1902年，列宁在《怎么办》中全面系统地阐述了马克思主义灌输理论，强调："现代社会主义意识只有在深刻的科学知识的基础上才能产生出来。……社会主义意识是一种从外面灌输到无产阶级的阶级斗争中去的东西。……社会民主党的任务就是把认清无产阶级的地位及其任务的这种

---

❶ 转引自：列宁全集：第6卷 [M]．北京：人民出版社，1986：37．

❷ 列宁全集：第1卷 [M]．北京：人民出版社，1984：264．

❸ 列宁全集：第4卷 [M]．北京：人民出版社，1984：335．

意识灌输到无产阶级中去。"❶

列宁的灌输理论全面地论述了灌输的原因、目的、内容、主体、客体、原则和手段等内容,形成了完整的灌输理论体系。列宁针对当时俄国社会主义民主党内存在的错误认识,指出:"工人本来也不可能有社会民主主义的意识。这种意识只能从外面灌输进去。各国的历史都证明:工人阶级单靠自己本身的力量,只能形成工联主义的意识。"❷ 指出了灌输的必要性。列宁认为:"原因很简单:资产阶级思想体系的渊源比社会主义意识形态久远得多,它经过了更加全面的加工,它拥有的传播工具也多得不能相比。所以某一个国家中的社会主义运动愈年轻,也就应当愈积极地同一切巩固非社会主义意识形态的企图作斗争,也就应当愈坚决地告诉工人提防那些叫嚷不要'夸大自觉因素'等等的蹩脚的谋士。"❸ 关于灌输的方法,列宁指出,"我们应当既以理论家的身份,又以宣传员的身份,既以鼓动员的身份,又以组织者的身份到居民的一切阶级中去"❹。

当今时代,列宁强调的资产阶级在意识形态方面相对强大的特点并未改变。这就需要我党要更加自觉、主动地做好社会主义意识形态的教育和宣传工作。列宁的灌输理论是思想政治教育学的重要理论基础,是高校思想政治教育必须坚持的根本原则。虽然近些年,某些学者对"灌输"的概念界定和实践走向产生了分歧,甚至出现了灌输"过时论""无用论""强制论"等论断,这些论断的本质是否定灌输理论的科学性,弱化甚至放弃思想政治教育的职能。笔者认为,一百年后的今天,这一理论并没有过时,还需继续坚持并不断发展。

二、中国共产党在高校思想政治教育中对灌输理论的发展

高校思想政治教育历来是我党非常重视的核心工作,在我国社会主义革命、建设和改革的各个历史时期,党和国家领导人都非常重视社会主义意识形态的灌输,虽然较少直接用到"灌输"这个词汇,但一直强调高校思想政治教育和用马克思主义科学理论武装大学生头脑的重要性。党和国家领导人继承和发展了马克思主义经典作家的灌输理论,并形成了一脉相承的理论体系,走出了一条中国特色的高校思想政治灌输之路。

---

❶ 列宁全集:第6卷[M]. 北京:人民出版社,1986:37.
❷ 列宁选集:第1卷[M]. 北京:人民出版社,2012:317.
❸ 列宁选集:第1卷[M]. 北京:人民出版社,2012:328.
❹ 列宁选集:第1卷[M]. 北京:人民出版社,2012:366.

毛泽东同志是我国重视高校思想政治教育灌输的先行者。始终强调高校教育要坚持正确的政治方向。在革命根据地，党在各个历史时期先后创办了苏维埃大学、延安大学等新型培养军政干部的大学。早在1938年，在延安抗日军政大学第四期第三大队开学典礼上的讲话中，毛泽东就要求大学生要学一个正确的政治方向。之后，在1939年模范青年颁奖大会上和《关于整理抗大问题的指示》中再次强调了政治方向要正确，指出："青年应该把坚定正确的政治方向放在第一位"❶，"学校的一切工作都是为了转变学生的思想"❷。新中国成立后，毛泽东仍然强调在大学生思想政治教育中政治方向的重要性。1957年，毛泽东在《关于正确处理人民内部矛盾的问题》中，指出："在知识分子和青年学生中间，最近一个时期，思想政治工作减弱了，出现了一些偏向。在一些人的眼中，好像什么政治，什么祖国的前途、人类的理想，都没有关心的必要。好像马克思主义行时了一阵，现在就不那么行时了。针对着这种情况，现在需要加强思想政治工作。不论是知识分子，还是青年学生，都应该努力学习。除了学习专业之外，在思想上要有所进步，政治上也要有所进步，这就需要学习马克思主义，学习时事政治。没有正确的政治观点，就等于没有灵魂。……我们的教育方针，应该使受教育者在德育、智育、体育几方面都得到发展，成为有社会主义觉悟的有文化的劳动者。"❸毛泽东强调政治方向灌输的理论是完全正确的，对我们新时代开展高校思想政治教育仍具有重要的指导意义。

邓小平在改革开放的伟大进程中，非常重视思想灌输工作，进一步发展了马克思主义灌输理论，开启了中国特色社会主义理论体系的新篇章。他坚信马克思主义是科学真理，曾指出："我坚信，世界上赞成马克思主义的人会多起来的，因为马克思主义是科学。它运用历史唯物主义揭示了人类社会发展的规律。"❹首先，邓小平特别重视对青少年科学世界观的灌输，多次强调对青少年思想灌输的重要性。1978年，他在全国教育工作会议上指出："我们的学校是为社会主义建设培养人才的地方。培养人才有没有质量标准呢？有的。这就是毛泽东同志说的，应该使受教育者在德育、智育、体育几方面都得到发展，成为有社会主义觉悟的有文化的劳动者。"❺1989年他总结了春夏之交的政治风波的沉痛教训，认为"我们最近十年的发展是很好的。我们最大的失误是

---

❶ 转引自：郑永廷. 毛泽东思想政治教育的理论与实践［M］. 武汉大学出版社，1993：262.
❷ 转引自：郑永廷. 毛泽东思想政治教育的理论与实践［M］. 武汉大学出版社，1993：263.
❸ 毛泽东文集：第7卷［M］. 人民出版社，1999：226.
❹ 邓小平文选：第3卷［M］. 北京：人民出版社，1993：382.
❺ 邓小平文选：第2卷［M］. 北京：人民出版社，1994：103.

在教育方面，思想政治工作薄弱了，教育发展不够"❶。因此，邓小平提出要"坚持四项基本原则"。其次，邓小平特别强调要将青少年作为灌输对象。1978年在向科学技术现代化进军时，邓小平指出："科学的未来在于青年，青年一代的成长，正是我们事业必定要兴旺发达的希望所在。"❷"要特别教育我们的下一代下两代，一定要树立共产主义的远大理想。一定不能让我们的青少年作资本主义腐朽思想的俘虏，那绝对不行。"❸ 最后，邓小平还提出对青少年学生的思想灌输要一脉相承，各方携手。他还强调了社会媒体在这方面不能缺位，媒体要敢于承担历史使命，在灌输青少年的无产阶级觉悟，保障社会的安定发展中贡献自己的力量。❹

　　进入新千年，面对国内外复杂的形势，江泽民对高校思想政治工作做了很多论述。首先，江泽民肯定了对高校大学生进行马克思主义理论灌输的重要性。他强调："广大青年要坚持以马列主义、毛泽东思想、邓小平理论为指导，认真学习'三个代表'重要思想的要求，……坚定不移地跟党走。"❺ 其次，他鲜明地指出青年要树立坚定的理想，"实践证明，牢固树立为祖国和人民奋斗的理想，并坚韧不拔地为实现这种理想而奋斗，不仅不会限制优秀人才的个性和才能的发展，而且恰恰相反，只有在这种火热的奋斗中，优秀人才的聪明才智才能更加充分地发挥出来，他们的生命价值才能更加完美地展现出来"❻。他还"希望青年们树立远大的理想。当代青年应该具有的远大理想，就是把我国建设成为富强民主文明的社会主义现代化国家，实现中华民族伟大复兴"❼。最后，在灌输方法上，他强调要创造新方法和新形式。"适应新形势要求，思想工作要在继承优良传统的基础上，充分运用大众传媒和文化设施，采取容易为群众所接受、所欢迎的方式方法进行。要善于疏导，注意发扬民主，尊重人、理解人、关心人，采取吸引群众广泛参与的方法、群众自己教育自己的方法、平等讨论的方法、批评和自我批评的方法。要注意区分层次，针对不同特点，把先进性的要求同广泛性的要求结合起来，把思想教育同行为规范的培养结合起来。"❽

　　随着经济全球化的深入和各种社会思潮的活跃，胡锦涛始终强调大学生意

---

❶ 邓小平文选：第3卷[M]．北京：人民出版社，1993：290．
❷ 邓小平文选：第2卷[M]．北京：人民出版社，1994：95．
❸ 邓小平文选：第3卷[M]．北京：人民出版社，1993：111．
❹ 邓小平文选：第2卷[M]．北京：人民出版社，1994：255．
❺ 江泽民论有中国特色社会主义：专题摘编[M]．北京，中央文献出版社，2002：424．
❻ 江泽民．在庆祝清华大学建校90周年大会上的讲话[EB/OL]．教育部网站，2001-04-01．
❼ 江泽民论有中国特色社会主义：专题摘编[M]．北京，中央文献出版社，2002：422．
❽ 中共中央文献研究室．十四大以来重要文献选编：上[M]．北京：人民出版社，1996：655．

识形态的重要性。他在 2005 年 1 月的全国大学生思想政治工作会议上指出："应切实改进和加强大学生的思想政治教育，培养和造就千千万万具有高尚思想品质和良好道德修养、掌握现代化建设所需要的丰富知识和扎实本领的优秀人才，使大学生们能够与时代同步伐、与祖国共命运、与人民齐奋斗，实现这样的目标，对于确保全面实现建设小康社会、实现现代化、实现中华民族伟大复兴，都具有重大、深远的战略意义。"[1] 胡锦涛于 2008 年 5 月 3 日赴北京大学考察并对北大师生提出了四点殷切希望，指出大学生要在"深入学习中国特色社会主义理论体系上狠下功夫，努力用马克思主义中国化最新成果武装头脑，牢固树立科学的世界观、人生观、价值观，牢牢把握人生的正确航向"[2]。党的十七大报告指出：要优先发展教育，坚持育人为本，德育为先，实施素质教育，提高教育现代化水平，培养德智体美全面发展的社会主义建设者和接班人，办好人民满意的教育。[3]

在中国特色社会主义进入新时代的伟大征程中，习近平非常重视意识形态的灌输。强调"意识形态工作是党的一项极端重要的工作"，"能否做好意识形态工作，事关党的前途命运、事关国家长治久安、事关民族向心力和凝聚力"[4]。"对马克思主义的信仰，对社会主义和共产主义的信念，是共产党人的政治灵魂，是共产党人经受住任何考验的精神支柱。"[5] "做好高校宣传思想工作，加强高校意识形态阵地建设，是一项战略工程、固本工程、铸魂工程。事关党对高校的领导，事关全面贯彻党的教育方针，事关中国特色社会主义事业后继有人，对于巩固马克思主义在意识形态领域的指导地位，巩固全党全国人民团结奋斗的共同思想基础，具有十分重要而深远的意义。"[6] 习近平还非常重视高校思想政治理论课在灌输中的重要性。2019 年 3 月 18 日，他亲自主持召开学校思想政治理论课教师座谈会并发表重要讲话，这样的座谈会由党中央来召开是第一次。习近平强调："我们办中国特色社会主义教育，就是要理直气壮开好思政课，用新时代中国特色社会主义思想铸魂育人，引导学生增强中国特色社会主义道路自信、理论自信、制度自信、文化自信，厚植爱国主义情感，把爱国情、强国志、报国行自觉融入坚持和发展中国特色社会主义事业、

---

[1] 胡锦涛. 进一步加强和改进大学生思想政治教育工作大力培养造就社会主义事业建设者和接班人 [N]. 北京：人民日报，2005 – 01 – 19 (1).

[2] 胡锦涛. 在北京大学师生座谈会上的讲话 [N]. 中国青年报，2008 – 05 – 04.

[3] 胡锦涛在党的第十七次全国代表大会上作报告：摘要 [EB/OL]，中国政府网，2007 – 10 – 15.

[4] 习近平总书记系列重要讲话读本 [M]. 北京：学习出版社，人民出版社，2014：105.

[5] 习近平谈治国理政：第 1 卷 [M]. 北京：外文出版社，2018：15.

[6] 中办国办印发《意见》：加强和改进新形势下高校宣传思想工作 [N]. 人民日报，2015 – 01 – 20 (1).

建设社会主义现代化强国、实现中华民族伟大复兴的奋斗之中。"❶ 而且，习近平强调要与时俱进地开展思想政治教育。"今天，中华民族要继续前进，就必须根据时代条件，继承和弘扬我们的民族精神。我们民族的优秀文化，特别是包含其中的传统美德。"❷ 要"因事而化、因时而进、因势而新"，要重视互联网时代的思想政治教育。在网络安全和信息化工作座谈会上，习近平鲜明指出："互联网不是法外之地。利用网络鼓吹推翻国家政权，煽动宗教极端主义，宣扬民族分裂思想，教唆暴力恐怖活动，等等，这样的行为要坚决制止和打击，决不能任其大行其道。"❸

三、明确灌输是思想政治教育本质的重要意义

第一，有利于推动思想政治教育的学科发展。一方面，灌输规定着全部思想政治教育存在、发展、变化根据、核心内容和根本任务，并贯穿于思想政治教育过程的始终。把灌输作为思想政治教育的本质，就给整个思想政治教育学体系确立起一条主线，可以明确思想政治教育的地位和功能、目的和任务、过程和规律、内容和形式、原则和方法、载体和管理等，有利于将分散的理论问题联系起来，形成一个完整的学科架构，从而确立学科的界限和研究范围。另一方面，我国思想政治教育的历史并不是一帆风顺的，经历了由重视到削弱到再重视的起伏过程，我们需要吸取思想政治教育弱化和边缘化带来的教训，扭转马克思主义理论在现实中失语、失踪、失声的不良现象，不断完善和发展思想政治教育学科，彰显思想政治教育的价值。

第二，有利于提高思想政治教育者的党性自觉。思想政治教育者承担着培养社会主义事业建设者和接班人的重任，当前我国中国特色社会主义进入了新时代，正在开启建设社会主义现代化强国的新征程，对高校思想政治教育提出了更高的要求。思想政治教育者向大学生灌输什么、宣传什么，绝不是可以信口开河的，而必须严格挑选。思想政治教育者只有"可信、可敬、可靠"，我们才能把思政课办好，把大学生教好。在互联网时代背景下，面对西方时刻挂在嘴边的自由、民主、博爱等口号，思政教育者要揭开其神秘面纱，认清其真实面目，正如列宁所说："资产阶级民主同中世纪制度比较起来，在历史上是一大进步，但它始终是而且在资本主义制度下不能不是狭隘的、残缺不全的、

---

❶ 习近平谈治国理政：第3卷 [M]. 北京：外文出版社，2020：329.
❷ 习近平谈治国理政：第1卷 [M]. 北京：外文出版社，2018：181.
❸ 习近平谈治国理政：第2卷 [M]. 北京：外文出版社，2017：336.

虚伪的、骗人的民主，对富人是天堂，对被剥削者、对穷人是陷阱和骗局。"❶

第三，有助于理直气壮地开展思想政治教育。青年大学生是不可能自发产生辩证唯物主义和历史唯物主义思想的，仍然需要通过自觉地学习才能形成科学的世界观和方法论，坚持正确的意识形态方向。主流意识形态的灌输是从上往下进行的，必然带有强制性，这会使一些主张无政府主义者和极端民主化的人很难接受，但这正是为维护统治利益和社会秩序所必需。我国是人民当家作主的社会主义国家，进行社会义意识形态的灌输说到底是为了体现和维护广大人民的根本利益。今天的思想政治教育，就是要把马克思主义真理中国化、大众化、时代化，灌输到人民中去，任何时候，都要高举马克思主义的旗帜，高举中国特色社会主义的旗帜。

第四，有利于促进思想政治教育方法的改进和创新。明确了社会意识形态的教化和灌输是思想政治教育的本质，就反驳了把它当作具体方法的观点，这就为思想政治教育方法的多样化开辟了更为广阔的道路，就可以充分地把实现思想政治教育的一切形式都利用起来。越是强调思想政治教育的本质是灌输，就越要善于突破常规思维，在求新、求变中创造性地开展思想政治教育，紧跟时代步伐，更好地回应时代发展所提出的问题，出色地完成时代赋予思想政治教育的使命。

第二节　"互联网＋"高校思想政治教育的本质和特征

"'互联网＋'是互联网的创新成果与经济社会各领域深度融合，推动技术进步、效率提升和组织变革，提升实体经济创新力和生产力，形成更广泛的以互联网为基础设施和创新要素的经济社会发展新形态。"❷ "思想政治教育是指社会或社会群体用一定的思想观念、政治观点和道德规范，对其成员施加有目的、有计划、有组织的影响，并促使其自主地接受这种影响，从而形成符合一定社会一定阶级所需要的思想品德的社会实践活动。"❸ "互联网＋"高校思想政治教育，并不是将互联网和高校思想政治教育两者简单的相加，而是利用网络平台和网络信息技术，让互联网与传统思想政治教育进行深度融合，创造思想政治教育的新生态。"'互联网＋'视阈下的高校思想政治教育是教育者

---

❶ 列宁选集：第3卷［M］．北京：人民出版社，2012：601．
❷ 国务院关于积极推进"互联网＋"行动的指导意见［G］．〔2015〕40号．
❸ 陈万柏，张耀灿．思想政治教育学原理：第三版［M］．北京：高等教育出版社，2015：4．

运用网络等新媒体平台有意识、有目的地对受教育者施加影响,通过传递、接受与反馈思想政治教育信息,以达到彼此共享、互动、共识的社会行为和过程。"❶ 明确"互联网+"时代高校思想政治教育的本质和特征显得愈发重要,这是一个饱含时代意蕴的重大课题。

一、"互联网+"高校思想政治教育的本质

(一) 互联网背景下高校思想政治教育的"灌输"本质并未改变

学者金鑫、张耀灿认为:"灌输理论是马克思主义经典作家对思想政治教育理论做出的突出贡献,也是被国际共产主义运动和中国革命与建设实践证明了的先进的科学的理论。"❷ 尽管时代发生了巨大变化,但是实践始终证明这一理论是科学的。对于社会主义中国,我们讲思想政治教育,其视域就是以马克思主义理论为指导的以中国共产党为领导的思想政治教育。因此,尽管时代发生了变化,但是高校思想政治教育的本质依然是社会主导意识形态的灌输。任何忽视和摒弃马克思主义灌输理论的观点都是站不住脚的。所谓的马克思主义灌输"过时论""无用论""应急论""机械论"等论调只会给资本主义可乘之机,因为意识形态领域如果我们不主动去占领,就必然会被资本主义所抢占。

高校思想政治教育要清晰地对大学生阐明"变"与"不变",中国特色社会主义的根本性质始终没有变,也不能变。作为"互联网+"时代的高校思想政治教育者,就是要以网络虚拟环境为教育场域,以网络技术平台为教育载体,对大学生进行思想引导、价值引领和行为制约,围绕习近平总书记提出的"培养什么样的人、如何培养人以及为谁培养人"这个根本问题,坚守社会主义意识形态并创新性地开展社会主义意识形态的灌输,做好立德树人工作,培养能担当民族复兴大任的新时代大学生。

(二)"互联网+"时代灌输在高校思想政治教育中的必要性

"互联网+"思想政治教育作为一种崭新的思想政治教育形态,虽然与传统思想政治教育有很多不同,但依然是对传统思想政治教育的继承和发展。互

---

❶ 冯淑萍. "互联网+"时代高校思想政治教育模式创新 [J]. 思想教育研究,2017 (8):111-115.

❷ 金鑫,张耀灿. 对马克思主义灌输理论的再认识 [J]. 学校党建与思想教育 (上半月),2008,(6):12-15.

联网时代环境更加复杂，利益冲突更加多样，价值呈现更加多元，信息传播更加泛滥，高校思想政治教育必须认识互联网，利用互联网，占领互联网，才能在网上抢夺下一代，开辟更广阔的教育空间。灌输在"互联网+"时代的高校思想政治教育非常必要和重要。

1. 复杂的国内外环境决定我们要坚持意识形态的灌输

当前，西方发达资本主义国家凭借其霸权主权和强权政治，在经济全球化的过程中，企图把资本主义的意识形态强加给我国。2015年5月18日，习近平总书记曾在中央统战会议上强调，"当今世界，意识形态领域看不见硝烟的战争无处不在，政治领域没有枪炮的较量一直未停。""我们看世界，不能被乱花迷眼，也不能被浮云遮眼，而要端起历史规律的望远镜去细心观望。"❶我国已成为了世界第二大经济体，面对中国的迅猛发展，以美国为首的西方资本主义国家不断抛出"中国威胁论""中国崩溃论"等论调，拼命唱衰中国，不惜使用下三滥的手段来阻遏中国经济发展。面对西方国家的这种歪理邪说，我们必须透过现象看本质，认清其真实面目和本质意图，坚定对中国特色社会主义的信心。同时，我国存在着较突出的地区间发展不平衡不充分的矛盾，伦理道德和意识形态进入敏感期和关键期。随着市场经济的快速发展，人们在价值选择上追捧金钱和极端个人主义，如何控制人们贪婪的欲望和跳出利益的诱惑，考验着青年大学生的价值观，需要给予及时的引导。

2. 网络时代的挑战要求我们要坚持意识形态的灌输

"具有意识形态斗争色彩的冷战孕育了隶属于美国国防部的阿帕网（国际互联网络的前身）。互联网络作为'全球性网络的网络'，其从始至今都携带着、蕴含着'意识形态基因'，这是我们理解网络思想政治教育的重要标识。"❷习近平总书记强调："网络空间天朗气清、生态良好，符合人民利益。网络空间乌烟瘴气、生态恶化，不符合人民利益。"❸今天，互联网的触角已经遍及各地，使高校思想政治教育环境变得更加复杂，这给思想政治工作带来了严峻的挑战。西方敌对势力正抓住这一有利条件加紧对我国青少年进行"西化"渗透，煽动青少年与祖国、与党离心离德。网络时代的信息传播特点使思想政治教育形势更加严峻，被动地、消极地去进行意识形态灌输已经不再适合当今时代的变化，只有以积极主动的姿态去占有网络这一平台和载体，才能坚守好网络思想阵地。

3. 新时代大学生的现状和使命要求我们要坚持意识形态灌输。当今时代

---

❶ 习近平谈治国理政：第2卷［M］. 北京：外文出版社，2017：442.
❷ 杨果. 网络思想政治教育规律论［D］. 长沙：湖南大学，2016：1.
❸ 习近平谈治国理政：第2卷［M］. 北京：外文出版社，2017：336.

的大学生处于我国发展的新的历史阶段，也处于多元文化碰撞和不同社会思潮的影响中，他们思维独立，渴望作出正确的价值判断和选择，但也容易被不法分子利用，被不良思想入侵，而出现一些与"主旋律"背道而驰的价值标准。从使命上看，当代大学生是实现中华民族伟大复兴中国梦的主力军，如果放松和削弱对他们的思想政治教育，就会瓦解大学生斗志，就会葬送我们开创的社会主义伟大事业，所以，我们必须要吸取苏联亡党亡国的历史教训，做好大学生的马克思主义理论灌输工作，开创中国特色社会主义新局面。

（三）"互联网＋"推动高校思想政治理论课灌输性和启发性相统一

思想政治理论课是落实立德树人根本任务的关键课程，是培养一代又一代社会主义建设者和接班人的重要保障。因此，办好思想政治理论课，是党和人民的一项重要事业。2019年3月，习近平总书记在学校思想政治理论课教师座谈会上指出，推动思想政治理论课改革创新，要不断增强思政课的思想性、理论性和亲和力、针对性，并提出"八个相统一"教学要求。"八个相统一"言简意赅、深刻精辟，为推进新时代思政课建设指明了方向。其中，"要坚持灌输性和启发性相统一，注重启发性教育，引导学生发现问题、分析问题、思考问题，在不断启发中让学生水到渠成得出结论"是"八个相统一"中的重要内容之一，为推动思想政治理论课坚持灌输性、注重启发性指明了方向和路径，同时也有助于从根本上提高思想政治理论课教学的针对性和有效性。思政课改革创新既要坚持灌输性也要坚持启发性，"灌中有启、启中有灌、又灌又启、又启又灌"，灌是精心的"滴灌"，运用大数据技术发现学生的需要和短板有的放矢的滴灌。比如，超星学习通的投票、问卷功能。图2-1是笔者在"马克思主义基本原理概论"课第四章资本主义的本质及规律第二节资本主义经济制度的本质中的"剩余价值的生产"这一重要内容时为了快速掌握学生对于商品的价值和剩余价值的源泉认知程度的时候发起的课堂投票。

图中可以清晰地看到该上课班级已投同学的数量是91人，未投同学的名单可以通过查看未投链接获取；还可以清晰地看到有39名同学赞同机器人可以创造价值和剩余价值，占比42.9%，有52名同学反对上述观点，占比57.1%，这说明有近一半的同学对这个问题判断错误。如果是线下教学，教师可以在课堂上请持赞同观点的几个同学代表发言；如果是线上教学，教师可以通过直播连麦或者请同学发语音和文字，在班级群中互动界面来表达自己的观点。这样，教师就可以快速判断学生在哪些方面认知出了问题，就可以按照启发式教学引导学生思考：机器人是怎么生产出来的？机器人生产出来之后再用于其他的生产领域是属于劳动者还是生产资料？这样就能够通过加大对学生的

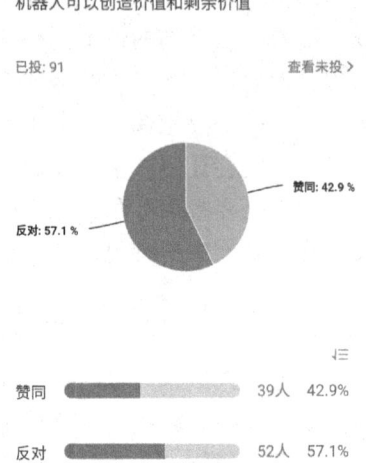

图 2-1 机器人可以创造价值和剩余价值投票结果

认知规律和接受特点的研究，发挥学生主体性作用，引导学生发现问题，机器人是劳动者吗？机器人在生产中发挥的是价值转移的作用还是价值增殖的作用？通过分析，学生就可以判断出来机器人只是智能化的劳动工具，它不是劳动者，而是属于生产资料的范畴，发挥的是不变资本的作用，故而可以水到渠成地得出结论，机器人不能创造价值，当然也不能创造剩余价值，雇佣工人的剩余劳动是剩余价值的唯一源泉。

二、"互联网+"高校思想政治教育的特征

21世纪以来，高校思想政治教育所面临的最大最突出的背景就是互联网时代的到来。在互联网这个自动化电子信息交换系统中，高校思想政治教育的主体和客体都可以超越时空地将文本、声音、图像、视频等传递给设有终端设备的任何地方和任何个人，给高校意识形态工作带来机遇的同时，也带来了更大的挑战。因此，在传统思想政治教育与互联网技术日趋融合的大背景下，深刻全面地认识"互联网+"高校思想政治教育的特征，就成为我们研究互联网时代高校思想政治教育的逻辑起点。

（一）教育理念的开放性

教育理念，即教育者在教学思维活动与教学实践中形成并践行的对教育本

质的理性认识，主要体现在教育宗旨、教育目的、教育原则等方面。❶ 科学的教育理念是保障教育教学实践顺利开展和促进教育教学质量提升的思想前提。任何教育理念都不是凭空产生的，都有一定的现实基础。就像马克思所指出的："人们自己创造自己的历史，但是他们并不是随心所欲地创造，并不是在他们自己选定的条件下创造，而是在直接碰到的、既定的、从过去承继下来的条件下创造。"❷

在"互联网＋"的场域中，思想政治教育内容呈现多元化的特点，大学生能够自主选择信息和知识，而不是被迫接受。传统的教学时空限制与校际隔阂被彻底打破，高校的"围墙"正在逐渐消失，教室的概念正在悄悄改变，教学过程的在线化比重越来越大，教学媒介的数字化越来越得到大学生的喜爱。上述特点客观上要求高校思政课教师应全面认识"互联网＋"这一特定教育环体，树立"互联网＋"教育理念。要懂得化解大学生长期以来对传统思想政治教育灌输的抵触态度和逆反心理，由表及里地渗入教育信息，变平白说教为价值引导，激发大学生的主体性和创造性，展现高校思想政治教育更具人性化、更有亲和力的新时代教育理念。要将教育对象视为能动的主体而非单一的客体或接受的容器，要将单向接收变为交流互动。教育过程既要有信息的输入又要有信息的输出，既要有启动环节也要有跟踪反馈，既要有效果自评也要有效果他评，不能教育者一个人自弹自唱"独角戏"。要坚持共享的思维，网络是数据信息共享的平台，高校思想政治教育者要善于通过数据、信息、资源、技术的共享让思想政治教育更加精准和高效。只有这样，才能进一步优化高校教育者和教育对象的关系，创新高校思想政治理论教育的内容和方法，提高教育实效性和学生认同度，使高校思想政治教育展现新的活力。

（二）教育主客体的平等性

高校思想政治教育作为一种作用于"现实中的人"——大学生群体的具体的实践形式，其内在地包含着高校思想政治教育者和教育对象之间的思想沟通和价值共识达成，即客观地存在着教育的主体与客体。在高校传统的思想政治教育中，主体（教育者）处于主导地位，客体（受教育者）处于被动地位。主体以单向思维模式掌控着整个教育过程，按照其既定的教育方式和教育内容，对客体大学生进行信息传递和价值灌输。这种一元教育格局在信息闭塞、教育资料单一的时期收到了较好的效果。但受时空限制，教师不可能发动所有学生，形成了少数活跃、多数沉默的互动现实。

---

❶ 金素端. "互联网＋"时代高校思政课教学实效性的提升路径 [J]. 高教学刊，2017（14）.
❷ 马克思恩格斯全集：第 8 卷 [M]. 北京：人民出版社，1961：121.

"互联网+"时代，信息的生产、传播、获取方式跟之前已经大不相同，迅猛的科学技术和多样的学习媒介使大学生能够突破时间和空间的局限实现自主学习。新时代，我们思想政治教育者面对的高校大学生是"00后"群体，他们作为网络的原住民，思维活跃、学习力强，善于在网上展示观点、交流思想、表达诉求。

在传统思想政治教育视域中，高校思想政治教育者和大学生所具备的知识差距、信息差距是推动思想政治教育顺利开展的关键。师者之所以传道受业解惑，缘于其在知识掌握和价值判断等方面明显优于学生。互联网的迅猛发展一定程度上消解了这种"势位差"，面对互联网上即时生产的层出不穷的信息，大学生和教育者都是平等的接收者，甚至部分具有超前学习意识的学生，其通过互联网所得到的知识储备比教育者还要多。互联网打破了教育者在资源来源方面的权威性和地位的中心性，缩小了教育者和受教育者的知识差距，淡化了高校思政课教师和大学生的地位界限，为二者平等交流提供了可能。

随着时代的发展，传统思想政治教育形成的二元对立的主客体关系问题越来越突出，影响了教育的效果。因此，在"互联网+"时代，高校思政课教师与大学生的关系不再是一方权威的统摄，一方被动的接收，而更倾向于互动和引导。地位的平等让教育者获得更多尊重，也让受教育者更好地吐露心声，内心的诉求及时得到关切和回应，在信任和依赖中达到思想政治教育的本来初衷。

（三）教育内容的多元性

当今时代，互联网当之无愧地成为全世界信息传播最大最快的平台，网络信息资源多元多变、形式多样、快速无界，使思想政治教育的内容从封闭逐渐走向开放。这丰富了大学生的选择，满足了大学生的知识延展、个性张扬、兴趣培养。但是随着信息数量的剧增，流速的加快，不可避免地出现了信息泛滥、良莠不齐的现象，对高校思想政治教育提出了更大挑战。

一方面，思想政治教育的内容不断通过网络中的前沿知识，刷新着正在开展的校本课程。传统思想政治教育的媒介是教材，其教育内容是固定的课本理论阐释，教材的出版发行受到出版周期、内容篇幅等限制。而"互联网+"不再囿于固化的课本知识，大学生只要联通网络就能立即获取丰富的思想政治教育信息，突破了传统教学内容的有限性和被动性，大学生可以在获取最新的信息资源后，对突发热点新闻事件等进行实时的讨论，不再受到课堂固定设置的内容的局限。这极大提高了大学生的学习热情和主动性，增强了其运用马克思主义理论的观点、立场和方法看待世界和分析问题的能力。当然，开放的教育资源的出现实现了思想政治教育范畴里经济、政治、文化、思想、法律、道德、艺术、哲学等知识的共享与教育的普遍服务,也对思想政治教育带来了更大挑战,因其打破了原有的知识垄断格局,就导致了传统思想政治教育的可控性降低,举不胜举的教育资源让高校思想政治教育得以充分延展的同时,也打破了固有的文化欣赏习惯,大学生世界观、人生观、价值观的形成存在着更多的不确定性。

另一方面,资本主义意识形态无孔不入,他们推销自己所谓的"先进的"意识形态、价值准则和生活方式,以"倡导民主"和"尊重人权"为借口肆意对社会主义国家指手画脚、评头论足和恶意中伤。大学生世界观、人生观、价值观尚未完全形成和成熟,难免被一些冠冕堂皇的"软力量"所诱惑和误导。这种复杂的文化碰撞、交流、交融、交锋,彻底打破了原来的思想政治教育的纯正性,教育者需要坚持灌输原则,牢牢掌握意识形态在网络空间的主导权和话语权。在多元的文化浪潮中,更加旗帜鲜明地告诉大学生应该坚持什么、抵制什么,消除大学生价值判断和思想选择上的迷茫,引导大学生鉴别价值、端正思想、建立自信,作出有利于个人、民族和国家发展的判断和选择。

(四) 教育方式的丰富性

传统思想政治课教学围绕课堂展开,具有成熟的教育理论和实践方法,有严格的教学纪律和规范的教学秩序,课堂教学中,教师的人格魅力得以最直接地体现和发挥,教师通过语言、情绪、动作等直接和学生交流,大学生对老师充满敬畏感,教师的人格魅力、知识信息、价值观念等对大学生的学习和成长产生潜移默化的影响。同时,教师在课堂上可以根据各种因素的变化,依靠自身的阅历和经验,灵活地调整教学的内容和进程,以保证最好的教学效果。传统教育方式,教学信息的传播渠道单一,传播速度慢,传播范围极其有限,教学步骤整齐划一。但是在今天一个很明显的事实是,这样的被动接受的大班授课学生并不喜欢,因材施教成为了一句空话。

正当教育者捉襟见肘时,"互联网+"教育的崛起改变了这种机械式的灌输方式。教师可以通过慕课、微课、教育App、弹幕教学等多样化的方式,深度整合教育资源,应对思想政治教育变化趋势。多种方式的思想政治教育样态具有其强大的优势:一是锻炼大学生学习的自主性。混合式教学、翻转课堂、移动教学等互联网视频教学方式,不仅解决了知识的传递问题,更满足了大学生的真正需求,他们可以自行检索、检测学习内容、调整学习进度。二是倒逼大学生学习的效率性。在一些理论学习的过程中,网络系统不仅会记录大学生的学习时间、学习进度,而且可以对其答题的完成率和准确率等进行管理与评估,这些数据可以协助思政课教师更好地掌握大学生的态度认真程度、理论学习情况,从而因材施教。三是赋予大学生学习的共享性。以网络信息技术为支撑的思想政治教育平台、机构、教师等齐抓共管,优质的课程资源以公开课、共享课等方式源源不断地将通过网络平台与受教育者分享,并发挥分组、分区讨论功能,实现社交化属性。四是促进大学生学习的个性化。同质化的思想政治教育方式已不能引起大学生的情感共鸣,案例教学、任务教学等个性化教学将成为刚需,同时人工智能会展现线上课堂中综合化的教学场景与游戏化的答题通关设置,大学生通过获得积分、头衔等激励,在娱乐化的体验中受到教育。

(五)教育反馈的及时性

传统思想政治教育大多采用课堂讲授的方式,教育者会花费大量的时间查找资料、撰写讲稿、充分备课后再把思想政治教育信息传递给学生,明显具有滞后性。同时,教育者要想掌握受教育者的思想动态,只能是个别面对面谈话或大规模问卷调查,即便如此,也不能了解到全部学生的全部思想动态。

网络思想政治教育反馈具有及时性。四通八达的网络在教育者和大学生之间架起了互动的"桥梁",教育者利用大数据、云计算、人工智能等技术处理手段,通过网上数据分析,可以快捷正确的把握学生的最新思想动态、心理困惑和行为特点,从而及时与学生交流信息沟通思想,解答心理困惑,改变不良行为,建立和谐亲密的师生关系。此外,微博、微信、QQ等软件为加强师生的了解提供了媒介,拉近了师生的距离,有助于教育者实时跟踪学生思想变化、情感痛点、行为表现,有助于快速全面地观察与思考,前瞻性地做好思想政治教育。

第三章 "互联网+"高校思想政治教育的内容与形式

2019年1月,在省部级主要领导干部坚持底线思维、着力防范化解重大风险专题研讨班开班式上,习近平总书记强调:"要高度重视对青年一代的思想政治工作,完善思想政治工作体系,不断创新思想政治工作内容和形式,教育引导广大青年形成正确的世界观、人生观、价值观。""互联网+"背景下,只有不断创新高校思想政治教育的内容和形式,才能真正增强思想政治教育的亲和力和针对性。

第一节 创新"互联网+"高校思想政治教育的内容

"互联网+"为新时代高校思想政治教育提供了更多鲜活的、有新意的信息资源,使思想政治教育的内容具有强烈的时代感和感染力,能真正吸引大学生并引起其内心共鸣。但是网络信息纷繁复杂,教育者必须及时做好对受教育者的思想引导,增强其辨别良莠能力。习近平总书记在十九大报告中强调,要"加强互联网内容建设,建立网络综合治理体系,打造清朗的网络空间"❶。"互联网+"时代,内容为王。高校应立足于立德树人的根本任务,把握互联网对大学生学习、生活等全方位的影响,紧密结合"95后""00后"作为网络原住民的显著特征,在思想政治教育的内容创新上下足功夫。

一、构建信仰、信念、信心三位一体的理想信念体系

在改革开放中成长起来的大学生,是祖国伟大历史成就的见证者。他们从

---

❶ 习近平谈治国理政:第3卷[M].北京:外文出版社,2020:33.

小聆听着祖辈的筚路蓝缕，亲身感受着一个又一个惊艳世界的中国奇迹，其思想主流是积极健康、爱国爱党的，对坚持走中国特色社会主义道路，实现中华民族伟大复兴中国梦具有坚实的思想基础。但同时也要看到，随着社会主义市场经济的深入开展，在一部分大学生中不同程度的存在着理想迷茫和失落、资本逻辑主导、价值取向扭曲等现象。因此，高校思想政治教育者要引导大学生坚定马克思主义的信仰，坚定对中国特色社会主义的信念，坚定对实现中华民族伟大复兴中国梦的信心，构建信仰、信念、信心三位一体的理想信念教育体系。习近平总书记在纪念改革开放40周年大会上的讲话中指出："信仰、信念、信心，任何时候都至关重要。小到一个人、一个集体，大到一个政党、一个民族、一个国家，只要有信仰、信念、信心，就会愈挫愈奋、愈战愈勇，否则就会不战自败、不打自垮。无论过去、现在还是将来，对马克思主义的信仰，对中国特色社会主义的信念，对实现中华民族伟大复兴中国梦的信心，都是指引和支撑中国人民站起来、富起来、强起来的强大精神力量。"❶ 这一重要论述是对新时代重构社会主义意识形态的网络话语权做出的顶层设计，也是对新时代铸魂育人、培养能担当民族复兴大任的大学生的重要指导。

（一）理直气壮讲信仰，坚定马克思主义的信仰

网络已经成为意识形态斗争的主战场。西方资本主义意识形态借助网络信息技术不断对抗以马克思主义为核心的社会主义意识形态，弱化、矮化、钝化马克思主义的话语权与影响力，使我国大学生在信仰上呈现出多元化、模糊化、脆弱化的特点，对我国大学生一定程度上造成信仰危机。因此，捍卫社会主义意识形态，坚定大学生对马克思主义的信仰，是"互联网+"思想政治教育的重要内容。

马克思主义是具有科学属性和真理魅力的信仰，与其他信仰有本质的区别。马克思主义哲学正确揭示了自然界、社会和人类思维发展的一般规律，是科学的世界观和方法论。唯物史观认为，人民群众是历史的创造者，真正的"救世主"不是上帝，而是人民群众。马克思主义政治经济学揭示了资本家发财的秘密即剩余价值规律，指出资本主义必然为社会主义所代替的历史命运。科学社会主义描述了马克思主义解放全人类、最终实现共产主义、人人自由而全面发展的远大理想。马克思主义指导中国实现了从站起来到富起来再到强起来的伟大飞跃，早已与中国共产党、与中国人民、与中华民族同呼吸、共命运。

---

❶ 习近平. 在庆祝改革开放40周年大会上的讲话［EB/OL］. 新华网，2018-12-19.

第三章
"互联网+"高校思想政治教育的内容与形式

网络信息时代，高校思想政治教育必须始终保持高度的政治清醒，互联网不是法外之地。我们必须充分运用马克思主义基本原理，"以透彻的学理分析回应学生，以彻底的思想理论说服学生，用真理的强大力量引导学生"❶。加强网络内容建设，用社会主义意识形态的内容充盈网络空间，弘扬主旋律，传播正能量。习近平总书记在中共中央政治局第二十次集体学习时指出："要根据时代变化和实践发展，不断深化认识，不断总结经验，不断实现理论创新和实践创新良性互动，在这种统一和互动中发展21世纪中国的马克思主义。"❷因此，我们要通过网络积极对青年大学生宣传马克思主义理论，不断推进马克思主义的中国化、时代化、大众化，坚持"守正"与"创新"相统一，不断创新意识形态内容的传播方式，提升网络意识形态传播能力，建立大学生理论自信。

一是研究网络传播规律。马克思主义理论专业性术语比较多，大学生的学习兴趣难以被激发，从而对思想政治理论课内容的学习逐渐表现出抗拒心理。互联网时代的思想政治教育要善于用网络化、生活化、大众化、时代化的语言方式和视听元素来解读、阐释和传播马克思主义的基本原理和观点；将马克思主义理论的宏大叙事转换为"微言微语"的表达模式，契合当前移动网络时代的大学生心理，积极为大学生提供更多满足他们需求的有价值的网络思想政治教育产品。

二是做到理论联系实际。马克思主义真理之所以具有强大的生命力就在于它具有突出的实践精神，始终强调理论与实践的统一。因此，马克思主义的世界观与方法论只有在与现实问题相结合的过程中才能显示其强大的解释力与改造力。这就要求思政教育者必须立足于互联网时代世情、国情、党情、教情发生深刻变化的实际，用马克思主义的科学的立场、观点和方法积极回应大学生关心的重大理论与现实问题，在说明和解决问题中增强社会主义意识形态的吸引力、引导力、控制力，以反击西方价值观的渗透，打造风清气正的网络环境。

三是创新网络传播语言，将晦涩难懂的概念、理论等转换成"接地气"的"网言网语"，将意识形态的文本表达逻辑转换成日常生活的语言逻辑，增强意识形态内容的亲和力和感染力，有针对性地进行差异化和个性化传播。同时，通过视频、微课堂、微电影、动画漫画等方式，让人人都能读懂理论，理解理论，并对其喜闻乐见，真正做到让理论入脑入心。2016年，由内蒙古广

---

❶ 习近平谈治国理政：第3卷[M]．北京：外文出版社，2020：330．
❷ 习近平在中共中央政治局第二十次集体学习时强调：坚持运用辩证唯物主义世界观方法论提高解决我国改革发展基本问题本领[N]．人民日报，2015-01-25．

播电视台原创的中国第一档理论读书节目《开卷有理——马克思靠谱》以流行的群口秀形式呈现，通俗易懂、幽默风趣、接地气、有生气，利用媒体融合的创造性传播，用"90后"的语言还原了一个多姿多彩的马克思，引发了"'90后'开始向马克思回归"的文化现象，这就是很好的做法。2019年1月28日起每周一在bilibili首播的国漫《领风者》网络动画，通过讲述"千年思想家"卡尔·马克思一生的传奇故事，从内容上创新讲述方式，改变了以往的"从上往下讲""从大往小讲"的国家视角和大口号切入，让马克思、恩格斯更加亲近；从形式上采用动画形式，有效建立起和青年人精神交流的渠道。这是马克思主义大众化的一个大胆的走心的尝试。

（二）矢志不渝讲信念，坚定对中国特色社会主义的信念

深入开展"四个自信"教育，促使大学生牢固树立"四个自信"，是高校思想政治教育的重要内容。习近平指出："我们对共产党执政规律、社会主义建设规律、人类社会发展规律的认识和把握不断深入，开辟了中国特色社会主义理论和实践发展新境界，中国特色社会主义取得举世瞩目的成就，中国特色社会主义道路自信、理论自信、制度自信、文化自信不断增强，为思政课建设提供了有力支撑。"[1] 高校思想政治教育要引导大学生增强历史思维能力，懂得中国特色社会主义不是从天上掉下来的，而是中国共产党带领人民历尽千辛万苦、付出巨大代价才找到的。

道路自信就是坚信中国特色社会主义道路是实现社会主义现代化的必由之路，不走封闭僵化的老路，也不走改旗易帜的邪路。面对我们取得的成就，有人抨击说中国是"国家资本主义"道路，试图把我们拉到老路上去。也有人试图把我们拉到邪路上去。面对这些问题，我们要引导青年大学生坚决说"不"。中国特色社会主义道路是植根我国国情、顺应历史趋势、符合民意的强国之路、富民之路。奋进在这条道路上，我国这个世界上最大的发展中国家在改革开放30多年里摆脱了贫困并实现了经济总量跃居世界第二的巨大成就，创造了人类社会发展史上惊天动地的发展奇迹。实践证明，中国特色社会主义是历史的选择，人民的选择，是一条正确的道路。

理论自信就是牢固坚定马克思主义理论在我国的主导地位，坚信中国特色社会主义理论体系是实现中华民族伟大复兴的理论指南。近百年来，中国共产党人之所以能带领全国各族人民战胜各种艰难险阻，完成近代以来各种政治力量不可能完成的艰巨任务，不断取得革命、建设、改革的伟大胜利，就在于始

---

[1] 习近平谈治国理政：第3卷［M］．北京：外文出版社，2020：329．

终把马克思主义真理作为自己的行动指南,并坚持马克思主义理论同中国具体实际相结合,不断推进马克思主义中国化、时代化、大众化。2018年在马克思200周年诞辰纪念大会上,习近平指出:"马克思给我们留下的最有价值、最具影响力的精神财富,就是以他的名字命名的科学理论——马克思主义。这一理论犹如壮丽的日出,照亮了人类探索历史规律和寻求自身解放的道路。"

制度自信就是坚信中国特色社会主义制度是当代中国发展进步的根本制度保障。在现代化建设进程中,中国特色社会主义制度具有强大的凝聚力,可以集中力量办大事,并日益彰显出其制度优势。"它的开辟打破了社会现代化的西方化这一单一制度模式,福山的'历史终结论'也由此得以终结,进而开辟了和平崛起与全面发展现代化国家的社会主义崭新模式,反映和折射出制度创新的中国模式、中国经验、中国智慧,体现了中华民族独特而睿智的实践自信、创新自信、审美自信。"❶

文化自信就是坚信中国特色社会主义文化是实现国家和民族兴旺发达的精神动力。文化自信是"四个自信"中更基础、更广泛、更深厚的自信,它在中华民族五千年源远流长的历史长河中沉淀,在革命前辈们艰苦卓绝的革命斗争中培育,在建设社会主义先进文化的过程中形成,其内涵包括对中华优秀传统文化的自信,对革命文化的自信和对社会主义先进文化的自信。随着中国日益向世界舞台中心的迈进,文化自信的价值越来越突出。

当今时代虽然发生了巨大变化,但从大视野来看,仍处于马克思主义所指明的历史时代,即处于由资本主义世界体系向共产主义世界体系过渡中,资本主义为社会主义所取代的历史发展趋势没有也不会改变。尽管资本主义社会发生了巨大的变化,但是资本主义的固有顽疾并没有改变,其基本矛盾始终存在。互联网时代,西方发达资本主义国家借助"互联网+"加紧对我国进行意识形态渗透,高校首当其冲,高校思想政治教育若一味僵化地要求大学生不接触、不注意资本主义思潮,是不可能的。那么,在这种交融交锋的斗争和冲突中,如何去引导当代大学生就成了时代课题。面对各种西方社会思潮极力贬低和诋毁中国特色社会主义道路、理论、制度和文化,企图动摇马克思主义在我国的主导地位的严峻形势,"四个自信"对社会主义和资本主义的斗争以及中国传统文化和西方外来文化碰撞作出了直接回应。

高校承担着培养什么样的人、如何培养人、为谁培养人的历史使命,"四个自信"从我国所处的最新国际形势出发,从我国应该走什么样的道路,坚持什么样的理论,建立什么样的制度,弘扬什么样的文化四个方面创新发展了

---

❶ 何坦. 正确理解和把握中国特色社会主义"四个自信"[J]. 中共四川省委党校学报, 2017 (1).

马克思主义的基本内涵，为高校思想政治教育提供了新资源。这一思想政治教育的内容有利于大学生坚定马克思主义的科学信仰，自觉抵制非社会主义意识形态的侵蚀与同化，这对于培养社会主义建设者和接班人具有重大作用。

（三）同心共筑中国梦，坚定对实现中华民族伟大复兴中国梦的信心

习近平总书记在2012年参观"复兴之路"展览时就指出，"实现中华民族伟大复兴，就是中华民族近代以来最伟大的梦想"。"现在，我们比历史上任何时期都更接近中华民族伟大复兴的目标，比历史上任何时期都更有信心、有能力实现这个目标。"中华民族伟大复兴的中国梦是十八大以来我们党确立的伟大的理想和追求，是当前中国理想信念和社会信仰的最为集中的体现，它将国家梦、民族梦和个人梦统一起来。中国梦是中华民族的振兴之梦，也是我们每个大学生的成才之梦。实现中华民族的伟大复兴是中华民族的时代理想，也是大学生理应为之奋斗的目标。

大学生肩负着共筑中国梦的重任。习近平总书记多次寄语青年，对青年提出期盼和要求。在2013年的"五四"青年节，习近平总书记在与青年座谈时指出："中国梦是我们的，更是你们青年一代的。中华民族伟大复兴终将在广大青年的接力奋斗中变为现实。"是的，中国梦不仅是中华民族的梦，也是每个中国人都盼望成真的梦，而青年大学生就是中国梦的追梦人、筑梦人和圆梦人。到2035年，社会主义现代化基本实现的时候，他们35岁左右，正是事业有了一定积累而展露才华的时候；到2050年，全面建成富强、民主、文明、和谐、美丽的社会主义现代化强国的时候，他们刚刚50岁，是事业有了较多的经验而传递经验的时候。但是，实现梦想的道路，并非是一帆风顺的。

一方面，在当前社会转型时期，青年大学生核心价值观的建构遭遇了前所未有的时空挑战，这对中国梦的实现造成了一定的阻碍。由于长期生活在祥和、稳定、安逸的社会环境中，一些大学生逐渐丧失了艰苦奋斗的精神，享乐主义的风气开始在一些大学生中出现，一些大学生用父母的辛苦钱去追逐名牌，严重超前消费，甚至在网上通过不法途径借高利贷而导致违法行为。还有一些青年大学生自我意识高涨，眼光狭隘地局限于个人利益的眼前得失，只有"小我"没有"大我"，缺少为他人服务、为社会作贡献的精神。因此，高校思想政治教育要引导大学生牢固树立"服务人民、奉献社会"的理想和科学高尚的人生追求，引导其树立正确的人生目标，清晰把握生命历程和奋斗目标，在个人主义和集体主义之间做出正确的选择，自觉把个人的小我融入社会之大我，丢掉狭隘私心，看淡浮华名利，抵制低俗物欲，建立对国家和人民高度的责任感，自觉用真善美塑造自己，通过不懈的奋斗实现人生价值，主动将

个人价值融入国家富强、民族振兴、人民幸福的伟大复兴的中国梦实践中。另一方面，资本主义暗潮涌动，直指中国。西方敌对势力利用互联网，散布极端言论，煽动青年大学生情绪；还有一些敌对势力打着所谓的自由、民主、平等幌子，诋毁中国梦，企图分裂中国、唱衰中国。因此，在青年大学生的成长之路上，我们必须引导大学生正确认识中国和世界发展大势，用马克思主义的科学世界观和方法论去认识世界和改造世界，明确中国梦与西方资本主义国家梦的根本区别，在比较中增强大学生对中国梦实现的信心。

总之，理想信念教育自始至终是大学生成长成才的核心命题，是贯穿高校思想政治教育教学全过程的一条红线。习近平总书记指出："人类的美好理想，都不可能唾手可得，都离不开筚路蓝缕、手胼足胝的艰苦奋斗。"❶当代大学生是民族复兴的依靠力量，因此务必要把理想信念教育放在首位，广大青年大学生要牢记党的宗旨，解决好世界观、人生观、价值观这个总开关问题，自觉做共产主义远大理想和中国特色社会主义共同理想的坚定信仰者和忠实实践者。

二、形成以社会主义核心价值观为价值引领的价值操守

在建设中国特色社会主义的进程中，我们除了物质上要发展，制度上要完善，还离不开文化的支撑。"当今世界，文化越来越成为综合国力竞争的重要因素，成为经济社会发展的重要支撑，文化软实力越来越成为争夺发展制高点、道义制高点的关键所在。文化的力量，归根到底来自于凝结其中的核心价值观的影响力和感召力；文化软实力的竞争，本质上是不同文化所代表的核心价值观的竞争。"❷

价值观是具有阶级性的，西方资产主义价值观体现的是资本家占有生产资料的经济关系，崇尚利己主义和个人主义，维护的是处于统治地位的资产阶级的利益。这种现实性决定着资本主义追求的"自由、民主、平等"理念，必然带有资产阶级的烙印。但是，资产阶级却把自己的核心价值观描述成是超阶级的抽象价值理念，否认"自由、民主、平等"的阶级性、历史性和现实性，以此来粉饰资本主义制度的合理性和永恒性。西方资产阶级价值观的典型特点是具有双重标准，这是需要我们注意的。

社会主义核心价值观代表的是我国的主流价值观，它体现我国的社会主义

---

❶ 习近平谈治国理政：第1卷 [M]. 北京：外文出版社2018：52.
❷ 思想道德修养与法律基础编写组. 思想道而修养与法律基础 [M]. 北京：高等教育出版社，2018：77.

制度、我国社会运行的基本原则和我国社会发展的基本方向，承载着中华民族和中国人民的精神追求。

西方资本主义价值观对我国的渗透从来就没有停止过。互联网技术普及前，西方价值观主要通过学术交流、书籍报刊、广播影视等渠道对我国大学生进行渗透。如今，伴随着自媒体时代的到来，西方国家利用微信、微博、QQ、直播平台，甚至各大高校的 BBS 等网络平台大肆散播其价值观念有愈演愈烈之势。有学者提出社会主义终结论，诋毁马克思主义意识形态；有人以资产阶级的民主、平等、自由相要挟，对中国的改革指手画脚；无论何种观点，其目的就是煽动我国青年、大学生网民情绪，干扰大学生的价值取向，消解其价值认同。尽管一大批专家学者捍卫社会主义意识形态，批判西方资本主义价值观的虚伪性和欺骗性，但多元的价值判断和价值选择对尚未成熟的大学生带来思想波动、冲突、困惑甚至偏离，甚至有一些大学生质疑社会主义制度和马克思主义指导思想。网络强大的传播力、影响力和渗透力，使其成为西方价值观渗透的最重要途径，网络空间俨然已经成为东西方价值观博弈的主要场域。打破西方的话语垄断和舆论垄断，掌握话语权是我们当前要格外重视的工作。要彻底破解大学生深层次的思想问题、价值困惑，高校思想政治教育要充分利用"互联网＋"平台，化最大变量为教育的最大增量。增加社会主义核心价值观网络信息投放量，采用多种方式诠释其深刻内涵，给学生提供充足机会感知教育内容，强劲而全面地营造核心价值观网络教育环境。❶ 我们只有把握网络空间主动权，培养担当民族复兴大任的时代新人，才能在激烈的国际竞争中立于不败之地。

习近平总书记高度重视青年大学生社会主义核心价值观的培育和践行。指出："核心价值观，其实就是一种德，既是个人的德，也是一种大德，就是国家的德、社会的德。国无德不兴，人无德不立。"❷ 2013 年习近平在全国宣传思想工作会议上指出："要加强社会主义核心价值体系建设，积极培育和践行社会主义核心价值观。"2015 年 5 月 4 日，习近平总书记在北京大学师生座谈会上讲到青年阶段的价值取向非常重要时，指出："这就像穿衣服扣扣子一样，如果第一粒扣子扣错了，剩余的扣子都会扣错。人生的扣子从一开始就要扣好。"❸ 习近平总书记在党的十九大报告中强调，我国在社会主义文化建设方面仍需"培育和践行社会主义核心价值观"，"发挥社会主义核心价值观对

---

❶ 田霞，范梦. 新媒体环境下大学生社会主义核心价值观教育影响因素及对策研究 [J]. 思想理论教育导刊，2016（12）.

❷ 习近平谈治国理政：第 1 卷 [M]. 北京：外文出版社，2018：168.

❸ 习近平谈治国理政：第 1 卷 [M]. 北京：外文出版社，2018：172.

国民教育、精神文明创建、精神文化产品创作生产传播的引领作用"❶。在谈到培育和弘扬价值观时,习近平总书记强调要在落细、落小、落实上下功夫,"一种价值观要真正发挥作用,必须融入社会生活,让人们在实践中感知它、领悟它"❷。

三、建设以中国精神为主要内容的网络精神家园

"人无精神则不立,国无精神则不强。精神是一个民族赖以长久生存的灵魂,唯有精神上达到一定的高度,这个民族才能在历史的洪流中屹立不倒、奋勇向前。"❸ 中国精神是激发青年大学生自强不息的重要力量,是培养青年大学生勇于担当的精神之源。我们要实现伟大复兴的中国梦就必须弘扬中国精神,既包括以爱国主义为核心的民族精神,也包括以改革创新为核心的时代精神。"互联网+"条件下,这样的中国精神将会更加枝繁叶茂和全时空传播。

第一,爱国主义是五千年中华文明延绵不绝的内在基因,一部中华民族的发展史,就是一部爱国主义精神不断彰显和升华的历史,新时代高校思想政治教育要把爱国主义教育放在重要位置。习近平总书记就曾在 2018 年全国教育大会的讲话强调:"要在厚植爱国主义情怀上下功夫,让爱国主义精神在学生心中牢牢扎根,教育引导学生热爱和拥护中国共产党,立志听党话、跟党走,立志扎根人民、奉献国家。"❹ 厚植爱国主义情怀意义重大,有利于青年大学生的健康成长和发展,有利于实现中华民族伟大复兴,还有利于抵御西方意识形态的冲击。高校思想政治教育要深入挖掘互联网时代的爱国主义教育资源,推动爱国主义的创新性发展。要充分利用线上线下双渠道积极引导大学生弘扬以爱国主义为核心的民族精神,建立爱国主义教育网络平台,形成爱国主义教育的网络话语,营造团结、和谐、爱国、爱党、爱社会主义的网络氛围,让青年大学生在网络世界中热爱自己的家乡,热爱自己的国家,培养大学生与国家民族休戚与共的责任感,自觉维护祖国统一和安全,促进民族团结和谐。爱国绝不是空洞的口号,高校思想政治教育要引导大学生将家国情怀落实到日常的学习生活中。

第二,勇于创新创造是中国民族的禀赋,是五千年中华文明辉煌灿烂的重

---

❶ 习近平谈治国理政:第 3 卷 [M]. 北京:外文出版社,2020:33.
❷ 习近平谈治国理政:第 1 卷 [M]. 北京:外文出版社,2018:165.
❸ 习近平谈治国理政:第 2 卷 [M]. 北京:外文出版社,2017:47-48.
❹ 习近平在全国教育大会上强调 坚持中国特色社会主义教育发展道路 培养德智体美劳全面发展的社会主义建设者和接班人 [N]. 人民日报,2018-09-11 (1).

要动因。改革开放40多年来，中国共产党人和中国人民一往无前、开拓进取，开创了波澜壮阔的中国特色社会主义新局面，形成了以改革创新为核心的时代精神。大学生是改革创新的主力军，积极树立以改革创新的自觉意识，具有重要意义。改革创新的时代精神是激发大学生奋勇向上，超越自我，不断进取的重要精神力量，会推动大学生形成力争上游、自强不息、锐意进取的精神状态，去观察发现问题，大胆探索未知，书写自己人生的华章，接好"历史接力棒"，推动国家日益富强。新时代，如何借助"互联网＋"思维、现代信息技术、人工智能，推动中国优秀传统文化创造性转化和创新性发展，将"中国精神"用"网言网语""线上线下"成为"流量"和大学生的"永久粉丝"，是当代思想政治工作者不可回避的现实课题。

鲁迅先生曾说："惟有民魂是值得宝贵的，惟有他发扬起来，中国才有真进步。"[1] 青年大学生是国家的希望和未来，高校思想政治教育要充分利用网络条件引导大学生将中国精神转化为青春行动，例如路牌、公益广告、微视频、微动漫、网络植树节、"互联网＋"创新创业等，争做弘扬和践行中国精神的时代先锋，为实现伟大复兴的中国梦和"两个一百年"目标贡献自己的智慧和力量。

总之，无论时代如何变化，思想政治教育的内容始终是其改革创新的根基，思想政治教育如果失去了内容，也就失去了其存在的价值。我国大学生思想政治教育传播的特殊性之一就在于其传播内容的特定性，它传播的内容主要是符合不同时期的我国社会发展要求的思想观念、政治观点和道德规范等价值观和意识形态信息内容。[2] 研究我国高校思想政治教育的发展史，我们就会发现，是一部"内容为王"的基础上不断更新教育理念、创新教育方法和提升教育技术的历史。内容始终是思想政治教育大厦的根基，如果丧失了稳固的根基，即使建筑形式再精美也无济于事，终将大厦飘摇。

第二节　创新"互联网＋"高校思想政治教育的形式

习近平总书记在全国高校思想政治工作会议上指出："做好高校思想政治工作，要因事而化、因时而进、因势而新。要运用新媒体新技术使工作活起

---

[1] 鲁迅全集：第3卷 [M]．北京：人民文学出版社，2005：222.
[2] 欧阳林．思想政治教育传播学 [M]．北京：北京交通大学出版社，2005：11.

来,推动思想政治工作传统优势同信息技术高度融合,增强时代感和吸引力。"❶ 传统的高校思想政治教育注重内容的讲授,而忽视对内容的包装。这种一条腿走路的方式在很大程度上降低了思想政治教育的亲和力与针对性,影响了教育的效果。在共联共通共享的互联网时代,大学生的口味越来越难满足,因此,好的教育方法就成为了影响思想政治教育亲和力和吸引力的重要要素。教学形式的改革创新已成为高校思政课提升教学质量的必由之路。高校思想政治教育要与时俱进,顺势而为,既提供优质的健康的教育内容,又要站在大学生的角度,改革创新教育的方法和途径。

高校思想政治理论课是对大学生进行思想政治教育的主渠道,是帮助学生树立正确的世界观、人生观和价值观的重要阵地。要充分利用新型网络授课方式,如慕课、微课、翻转课堂、云课堂等,守好这个阵地。

一、完善慕课教学平台建设

慕课音译自"MOOC",是在在线课程的基础上发展起来的新事物,是网络环境与教育技术相结合而形成的新的教育模式和学习方式。面对慕课来袭,高校思政课教师应以理性的思维、开放的态度,创新的勇气,借鉴慕课优势,探索思政课教学新模式。

第一,加强顶层设计,打造覆盖全国高校的慕课平台。"慕课"平台建设是一个综合的系统性的工程,包括网络教学传输和交互系统、网络教学资源系统、网络教学管理系统等要素,其搭建需要资金、技术、人才等多种支持。因此,首先高校必须要加强顶层设计,重视慕课平台的开发和建设,要积极投入人力、物力、财力进行物质支持。同时,慕课的建设具有开放性,不能局限于少数学校开发,国家应积极推动不同层次的学校自由进入并共同开发建设维护。要遵循由重点建设到普遍建设的战略。首先由具有较高科研水平的"双一流"高校带头开发平台,然后以此为中心由点及面地向省重点高校及其他地方高校辐射,推动慕课技术的普及、建设和推广,最终建成覆盖全国的高校思想政治教育慕课平台。

第二,严守安全底线,提供更加优质的慕课资源。慕课平台提供的课程是面向全国高校大学生的内容,因此在课程质量上必须严格把关。而高校思政课又与其他课程有着明显区别,其最本质的属性和特征就是政治性,所以必须严守高校思政教育慕课平台的安全底线,在课程内容上要体现中国特色、中国气

---

❶ 习近平谈治国理政:第2卷[M].北京:外文出版社,2017:378.

派、中国风格，真正让慕课资源发挥维护社会主义意识形态的功能。因此，思政课慕课课程的开发者，需要有深厚的理论基础和丰富的教学实践积累，这样，才能从源头上保证思想政治慕课是精品课。

第三，健全激励机制，提升教师网络教学水平。高校思政课教师是推进思想政治教育改革的原动力，要呈现"慕课"在教育教学中的价值，首先需鼓励教师学习新媒体新技术。高校要健全教师进行教学创新和教育改革的鼓励激励机制，加强对思政课一线教师的网络技术培训，邀请慕课课程研发的专家来校进行交流座谈、分享经验。同时，对于积极参与、探索慕课课程开发的教师，要给予表彰和奖励，这样才能真正调动教师参与网络课程制作、应用网络课程的积极性，形成崇尚创新的氛围。

二、积极运用情境微课教学

微课是当下我国高校运用最多又推广最快的一种新型思政课教学方式。微课以短小精悍的"微视频"为载体形式，是"互联网＋教育"的优秀成果，有利于解决传统教学方式的突出问题，为"互联网＋"高校思想政治教育带来良好效果。

微课一般时长5～8分钟，它的主题性更强，比文字阅读更立体更生动。在微课教学实践中，高校思想政治理论课教师经历了一个由重知识讲解到重情境体验的转变。情境微课是将教学中的知识重点和难点镶嵌于特定的任务或场景中，并运用多媒体技术制作出精致的小视频或小动画，建立微课资源。情境微课形象生动，可以将抽象、枯燥的思政理论化杂为精、化繁为简、化粗为细，变得易学易懂。同时，微课符合大学生移动化学习、碎片化学习、个性化学习的口味，契合大学生的学习心理、教育期待和接受愿望，方便大学生利用碎片时间自我"充电"，避免了长时间集中学习带来的学习厌倦，故能得到"00后"大学生的普遍喜爱。同时，与大型慕课相比，微课的制作时间短，成本低，在高校推广和应用也更加容易。高校要积极推广和宣传情境微课教学模式，鼓励思政课教师将微课应用于教学实践中，更大地激发学生学习兴趣，提升教育教学实效。

但是，必须要说明的是，思政课教师对微课的探索必须遵循一定的原则。首先，要坚持互补性原则。情境微课是对思政课教学方式的新探索，这种探索要与传统思政教学模式融合互补，不能替代、淘汰和摒弃传统的课堂教学模式。其次，要坚持教育性原则。情境微课教学要坚持实事求是的方法，避免短时炒作和形式主义，要以解决大学生的思想困惑为出发点和落脚点，以提高思政课的教学效果为目标。再次，要坚持优质性原则。情境微课绝不是换了个新颖的包装，也不是简单地录制视频片段，情境微课确立什么主题，选取什么素材，制作多久的视频，采用什么辅助资料，如何科学评价反馈等环节都要考虑到，也都必须优化，这样才能真正起到调动大学生的学习热情的目的，实现良好的育人效果。

三、推广翻转课堂教学模式

"翻转课堂"教学模式规避了传统课堂教学的"独角戏"弊端，也规避了慕课教学单纯依靠网络的弊端，将"慕课"的技术优势与传统课堂有机结合，是"互联网＋教育"背景下催生的一种十分有效的混合式的课程管理方式。翻转课堂（Flipped Classroom）是由教师创建视频，学生课外观看视频中教师的讲解，回到课堂上师生面对面交流和完成作业的一种教学形态。❶

翻转课堂具有其鲜明的优点。大学生普遍认为专业课更为重要，没有意识到思想政治教育的重要性，故在学习思想政治理论课的过程中没有足够的积极性。翻转课堂教学模式赋予大学生更多的学习自主和灵活，充分调动了大学生学习的积极性、主动性、参与性，既保留了传统课堂对学生的集中管理与教导，又体现了教育的民主化、信息化、时代化。

"翻转课堂"将传统课堂的"课堂教授＋课后作业"模式进行了转变，更注重"课前视频学习"和"课堂学生展示"，实现了知识接受到自我内化的跃迁。翻转课堂教学模式下，教学程序的改变、技术载体的增设真正落实了"以学生为中心"的教学理念，同时大大拓展了大学生的学习时空。

四、创设全时空网络育人环境

"互联网＋"的优势是连接一切，移动互联的优势是随时、随地。特别是在防控新冠肺炎疫情期间，本该如期到来的2020年"开学季"，被一场突如其来的疫情按下了暂停键，全国人民同舟共济与疫情作战。在这场"全民防疫攻坚战"中，不少学校的学生们不但通过线上课程开展张弛有度的知识学习，更是将这场疫情变为学习的大课堂，通过一根网线、一块屏幕认真学习这本生动而深刻的社会教科书。

很多学校包括中小学结合疫情进行任务设计，驱动学生探索问题、解决问

---

❶ 何克抗. 从"翻转课堂"的本质，看"翻转课堂"在我国的未来发展 [J]. 电化教育研究，2014（7）：5-16.

题,并在这个过程中引导学生自我规划、小组合作、独立思考、主动表达、自我评估,实现核心素养的落地生根。这场突如其来的新冠肺炎疫情侵袭下,没有一个人可以置身事外。开设疫情项目学习能够通过对疫情发展中信息传播的甄别与关注,有效培养学生独立判断的思考能力以及心怀天下、匹夫有责的家国情怀。因此,积极推动网络教学平台建设,鼓励教师创新网络教学,探索基于"直播+录播"的线上线下混合教学方式方法,为学生的德智体美劳全面成长创设全时空网络育人环境,推行"学习强国"教育模式,成为高校思想政治教育教学工作者努力的方向。

五、建立"互联网+"思政联盟

网络的飞速发展、手机的普及应用、移动互联的全国铺设为建立"互联网+"思政联盟提供了可能。这个联盟指的是校内校外的联合、第一课堂与第二课堂的联合、现实与虚拟的联合。校内外的联合指的是学校、社会、家庭通过微信群、QQ群、钉钉群建立随时随地的联系,形成组合拳合力育人;第一课堂与第二课堂的联合指的是思政课程与课程思政的联盟、理论课堂与实践课堂的联盟;现实与虚拟的联合指的是借助VR技术实现思政育人情境化、场景化,通过虚拟实践模拟真实历史事件以达到丰富感性认识、升华理性认识的目的。借助大数据技术、"互联网+"思维、人工智能通过一根网线把所有的优势力量和资源聚集到一起,把所有的教育教学构成"网络育人"合力,就能真正地实现"三全"育人,有效提升思想政治教育的针对性和实效性。

总之,形式是为内容服务的,高校思想政治教育要敏锐地捕捉最好的教育时机,充分利用互联网时代的优势,推动构建"云上思政"大格局,将思想政治教育的时代危机转化为思想政治教育的时代契机。在激发大学生关注时代变化中及时地、有效地、创新地开展思想政治教育,必会迎来思想政治教育的春天。

第四章 "互联网+"高校思想政治教育的主体与客体

主体和客体是哲学认识论中的一对范畴。从哲学角度分析，思想政治教育者和教育对象都是具有能动性和创造性的人，故都可以理解为主体，据此学界存在"双主体说"，即认为思想政治教育就是教育者和受教育者交流信息沟通思想的过程，因而都是主体。笔者认为，在界定高校思想政治教育的主客体时，不能简单移植哲学思维来判定。前面我们在讲述思想政治教育的本质时已阐明是"主流意识形态的灌输"，而能完成灌输任务，能发起、组织和调控思想政治教育实践活动的主体只能是思想政治教育者，而非受教育者。在互联网的视域中，高校思想政治教育的环境更加复杂，内容更加多元，强化思想政治教育者的主体责任愈发必要和重要，这关系到培养民族复兴的接班人的重任。当然，强化思想政治教育者的主体性并不意味着忽视甚至否定教育对象的主动性，恰恰相反，高校思想政治教育的实践证明，教育对象主动性的发挥不仅是顺利开展思想政治教育的前提条件，而且是思想政治教育取得良好效果的重要保证。思想政治教育者必须摒弃将教育对象物化的错误思维，尊重教育对象的能动性和创造性，在灌输过程中从教育对象的实际困惑出发，努力将主流意识形态灌输和满足教育对象需求结合起来。

第一节 "互联网+"高校思想政治教育的主体

习近平总书记在十九大报告中对青年寄予了殷切的期望，强调："青年兴则国兴，青年强则国强。青年一代有理想、有本领、有担当，国家就有前途，民族就有希望。"❶ 在日新月异的"互联网+"时代，高校思想政治教育者担

---

❶ 习近平谈治国理政：第3卷 [M]. 北京：外文出版社，2020：54.

负着培养时代新人的重要使命，更加责任重大、使命光荣。因此，思想政治教育者必须把握时代脉搏，顺应时代潮流，抓住时代机遇，迎接时代挑战，正视并分析所遇困境，从多方面不断提升自己的教育教学素质和能力，开启思政教育新的未来。

一、"互联网＋"视域下高校思想政治教育者的困境

（一）育人理念相对滞后

马克思主义唯物史观认为：社会存在决定社会意识，社会意识是对社会存在的反映，社会意识反作用于社会存在。那么，教育者的教育理念是根源于时代的，是对不断变化发展的时代的反映。因此，教育理念必须要与时俱进、不断更新。"互联网＋"时代的来临，给高校思想政治教育带来了新机遇和新挑战，教育者的教育理念只有与时偕行，才能创新新时代的高校思想政治教育工作。

目前，依然有一些高校思想政治教育者习惯于传统教学方式，思想保守，固化落后，懒于创新，缺乏"互联网＋"的思维，不重视"互联网＋"带来的教育领域的革命性变化，更不懂得如何向"互联网＋"借力。因此，这些教育者在现实教学实践中固守传统教学模式，对网络教学模式有抵触心理，排斥"互联网＋"与思想政治教育的融合，缺乏创新精神及信息化教学能力。

（二）信息素养储备不足

"互联网＋"时代的到来，客观上要求高校思想政治教育者是复合型人才，不仅要具备较高的思想政治教育专业素养，同时还要具备一定的网络素养。

高校思想政治教育者首先应具备丰富的专业理论知识，这是最基本的素养，是顺利开展教学实践的基础。教育者只有政治素质过硬、理论功底深厚、专业知识储备丰富、前沿学术问题熟知，才能有底气地、沉稳自如地完成教学工作。作为一名思想政治理论课教师，首先要具有广博的马克思主义理论学科的知识储备，此外还要具备教育学、教育心理学、思想政治教育学等教育理论，能够在尊重大学生心理发展规律和教育学发展规律的基础上从事教育教学。同时，思想政治理论课教师还需要广泛涉猎各种图书，扩充知识面，丰富教学内容。然而，在现实中，高校思想政治理论课教师的专业素养参差不齐，有些教师缺乏终身学习意识，专业知识储备明显落后于学术发展水平。

"互联网＋"时代的到来，对高校思想政治教育者提出了更高水平的要求，客观上要求教育者还应具备必要的网络素养，能够较熟练地利用信息化手段收集、分享、处理和发布数字教育资源，能够较熟练地掌握音视频的录制，能够较熟练地操作运用学习平台，等等。然而目前，大部分高校在思想政治教育队伍方面存在不足，教师的年龄主要集中在35岁到60岁，由于年龄的差异和其他工作的牵制，一线教师网络信息素养还较欠缺，在课程视频制作、新兴网络教学模式、利用网络平台宣传政策等方面都明显和时代要求不符。存在懂计算机的不懂思想政治教育，懂思想政治教育的不懂信息技术的尴尬局面。

（三）角色转换不适应

"互联网＋"为教育主客体平等关系的塑造创造了条件，但也给教育者带来了巨大挑战。一方面，教师的权威性面临挑战，大学生和教师实时接收互联网信息，教师在传统教学时代可以提前备课、提前掌握资料的情况受到挑战。大学生已经成年，他们往往对突发事件有浓厚的兴趣，喜欢在网上关注其最新动态，获取了一手的讯息后又往往表现出不满足的态度，于是，他们会在现实空间里与舍友、同学等探讨、交流、沟通、碰撞，对突发事件、热点新闻等形成较深入的认识，孕育出更深刻的思考和问题，在此基础上再向老师发问渴望得到老师的专业解答，这种积极探索的学习导致高校思政课教师的权威在一定程度上减弱，教师的知识架构和应急能力受到较大挑战。

（四）工作压力增大

互联网时代的高校思想政治教育，早已突破了固有的45分钟界限，而变成了全天候的思想回应，解惑释疑。教师的工作变得更加细化和复杂。在备课内容上，传统课堂时代，教师的备课主要是备知识，而互联网时代备课除了备知识，教师还需要投入更多的精力去预测和前瞻各种可能，还要随时随地在"网上"和"网下"解答大学生的困惑，如果一味地不去关注和理睬，任由其滞延，可能会带来严重的后果。这样，就会占用老师大量的精力。在教学手段上，教师要及时地掌握各种最新的功能并有效利用，这也是对教师的巨大考验。以最近疫情防控阻击期间的线上上课为例，教师要提前建立微信群、QQ群等和学生形成互动，还要在钉钉、腾讯会议、腾讯课堂、雨课堂、超星学习通等一些平台建构课程，对老教师的用网能力是一种考验。

二、"互联网＋"视域下高校思想政治教育者的应对策略

在"互联网＋教育"的时代背景下，网络教育不仅与传统教育模式发生

着碰撞，更直接地重构了师生关系。习近平总书记在系列重要讲话中对高校思想政治理论课教师的素质也提出了明确要求：在 2013 年教师节慰问信中提出了"三个牢固树立"，对广大教师在理想信念、终身学习、改革创新三个方面提出要求❶；2014 年第 30 个教师节前夕，习近平总书记考察北京师范大学时发表重要讲话，勉励广大教师做"四有好老师"，即有"理想信念、道德情操、扎实学识、仁爱之心"❷；2016 年第 32 个教师节前夕，习近平总书记在北京市八一学校考察并发表重要讲话，强调广大教师要做学生锤炼品格的引路人，做学生学习知识的引路人，做学生创新思维的引路人，做学生奉献祖国的引路人，即"四个引路人"；在 2016 年 12 月召开的全国高校思想政治工作会议上，习近平总书记提出教师要坚持"四个相统一"，即"教书和育人相统一、言传和身教相统一、潜心问道和关注社会相统一、学术自由和学术规范相统一"❸；在 2019 年 3 月 18 日召开的学校思想政治理论课教师座谈会上，习近平总书记向思想政治理论课教师提出了"政治要强、情怀要深、思维要新、视野要广、自律要严、人格要正"❹的新要求。这些要求，一脉相承，对广大教师尤其是思政课教师提出了全方位的要求，是"互联网＋"时代思政课教师提高自我修养的行动指南。高校思政课教师应当未雨绸缪、及早谋划，以积极主动的姿态去顺应时代潮流。

（一）更新教育者的教育理念，这是增强思想政治教育效果的首要条件

第一，要树立"互联网＋"思维。教育者的教学理念只有树立"互联网＋"的教学理念，与时俱进，大胆创新，才能适应变革中的思想政治教育工作。高校要有前瞻性视野，加强在教师队伍中宣扬"互联网＋"理念，通过开展讲座等方式，引导教育者客观看待"互联网＋"的革命，正确解读"互联网＋"的内涵和价值，健全奖励激励机制，鼓励教师积极探索网络资源与平台的开发和建设，营造积极拥抱"互联网＋"的文化氛围。高校思想政治教育者要走出舒适区，在教育教学实践中积极探索运用"互联网＋"。

第二，要树立大学生主体思维。新时代的大学生群体是使命感、责任感和自豪感非常强的群体，他们具有参与学习的积极性、主动性和创造性，主张彰显自我价值，主张在参与中理解和运用。因此，教育者要树立大学生思维，接

---

❶ 习近平向全国广大教师致慰问信［N］. 人民日报，2013－09－10.

❷ 习近平. 做党和人民满意的好老师——同北京师范大学师生代表座谈时的讲话［N］. 人民日报，2014－09－10.

❸ 习近平谈治国理政：第 2 卷［M］. 北京：外文出版社，2017：379.

❹ 习近平谈治国理政：第 3 卷［M］. 北京：外文出版社，2020：330.

纳大学生已从原来传统教学方式下的被动的教育客体变为积极学习的教育客体这一动态趋向，积极引导大学生完成角色的转变。教师要放下权威的身份主动与大学生平等对话，要重视大学生的生命体验和自我表达，在自由、平等、民主的理念下提高大学生的积极性、主动性和参与性，高质量地和谐地开展思想政治教育。

（二）提升教育者的政治素养，这是增强思想政治教育效果的方向保证

对高校思想政治教育者政治素质的要求源于课程鲜明的政治属性，因为思想政治理论课的本质是社会主导意识形态的灌输，而社会主导意识形态是具有鲜明的阶级性的，所以思想政治理论课不同于其他课程，其最大的特点就是鲜明的政治性。

高校思政课教师"政治要强"。2019年中共中央、国务院办公厅印发的《关于深化新时代学校思想政治理论课改革创新的若干意见》明确提出要建设一支政治强、情怀深、思维新、视野广、自律严、人格正的思想政治理论课教师队伍，并做了专项规定。摆在第一位的就是政治强，思想政治理论课姓党，是中国高校思想政治教育的鲜明特色。习近平总书记在全国高校思想政治工作会议上指出，高校教师要"努力成为先进思想文化的传播者、党执政的坚定支持者"。思政课教师作为马克思主义理论和社会主义主义意识形态的传播者，党的路线、方针、政策的宣讲者，大学生世界观、人生观、价值观的引导者，首先自身必须政治素质过硬，对马克思主义理论做到真学、真懂、真信和真用，彻底杜绝"姓马容易信马难"的现象。要坚定对中国共产党的信任，在大是大非面前，与党中央保持高度一致，保持清醒政治头脑，站稳政治立场，把好政治方向，恪守政治原则。要坚定对中华民族伟大复兴的信心，正确认识全面建成小康社会、建成社会主义现代化强国和实现中华民族伟大复兴的重要意义。自觉承担起培养中国特色社会主义建设者和接班人、培育能够担当民族复兴大任的时代新人的神圣使命。

思想政治理论课教师的政治素养还体现在树立家国情怀的政治情感之中。习近平总书记明确强调思政课教师"情怀要深，保持家国情怀，心里装着国家和民族，在党和人民的伟大实践中关注时代、关注社会，汲取养分、丰富思想"[1]，为新时代思政课教师全面提升情怀素养提供了基本遵循。立德树人是思政教师的根本任务，培根铸魂是思政教师的神圣使命，树人者先要树己，铸魂者先要自铸。因此，思政课教师首先应厚植自己的的家国情怀，从我做起，

---

[1] 习近平谈治国理政：第3卷［M］．北京：外文出版社，2020：330.

率先垂范，自觉把"小我"和"大我"相结合，把个人的职业理想、发展规划同国家和民族的命运紧密结合起来，心系国家和民族，关注国家和社会的发展，在服务人民、服务社会的实际行动中实现个人的人生梦想。

（三）提升教育者的专业素养，这是增强思想政治教育效果的理论基础

上好思想政治理论课绝不是一件轻松的事情。习近平指出："马克思主义理论体系和知识体系博大精深，涉及自然界、人类社会、人类思维各个领域，涉及历史、经济、政治、文化、社会、生态、科技、军事、党建等各个方面，不下大力气、不下苦功夫是难以掌握真谛、融会贯通的。"❶ 因此思政课教师不但要做到过硬的政治素养，还要苦读、通读马克思主义经典著作，深耕时代重大课题，不断提升专业素养，努力做到政治性和学理性相统一。

一方面，提升专业素养，思维要新。思政课教师作为大学生的引路人，要有敏锐的触角关注理论前沿与社会热点，决不能有故步自封、墨守成规的思维。马克思主义是不断发展的学说，与时俱进是马克思主义的重要理论品质，一系列马克思主义中国化的理论成果，鲜明地体现了马克思主义创新发展的品格。毛泽东曾指出："普遍地深入地研究马克思列宁主义的理论的任务，对于我们，是一个亟待解决并须着重地致力才能解决的大问题。❷"对于思政课教师更是如此，做到"在马信马，在马言马"，潜心学习辩证唯物主义和历史唯物主义的理论思维方法，掌握思想政治理论课教学的"看家本领"，只有自己领悟彻底，才能给学生讲透讲懂。思政课教师必须坚持与时俱进，要充满求知精神，肯读书，读好书。著名教育家陶行知先生曾说："做先生的，应该一面教一面学，并不是贩买些知识来，就可以终身卖不尽的。"❸ 半个世纪前陶先生的话在今天更加具有重要的意义，这是一个知识爆炸、信息拥挤的互联网时代，这是一个全民学习、终身学习的学习型社会，思政课教师绝不能固守思想，要在知识面前要永不满足，不断丰富自己的知识积累，不断增强自己的专业底蕴，不断提升自己的专业素养，不断增强马克思主义理论的解读优势和话语优势，弘扬时代主旋律，传递社会正能量，批判错误思潮，践行社会主义核心价值观，不断增强"四个自信"，明确使命担当，变"点名课"为"网红课"。

另一方面，提升专业素养，要视野开阔。思政课教师要把目光聚焦于"两个一百年"奋斗目标，要在世界大维度的开放视域中理解中国的制度优

---

❶ 习近平．在哲学社会科学工作座谈会上的讲话［EB/OL］．新华网．2016-05-18．
❷ 毛泽东选集：第2卷［M］．北京：人民出版社，1991：533．
❸ 陶行知．陶行知教育名篇［M］．方明，编．北京：教育科学出版社，2013：2．

势。当今世界正处于大发展大变革时期，经济全球化已成为不可阻挡的时代潮流，各国联系越来越紧密，遇到的风险和挑战也是前所未有的。这就要求思政课教师提升国际视野，及时捕捉世界变化，把握时代发展脉搏，在全球化的世界大格局中讲好中国故事，发出中国声音，树立好中国的国际形象。思政课教师要开拓历史视野。历史是一本"教科书"，掌握历史分析法非常重要。思政课教师要在历史变革的思维中纵向看待世界各国的变化和各种事物的发展。加强历史思维，反对历史虚无主义，增强思政课解释当代中国巨大变革的历史感，要善于从世界社会主义五百年的历史变迁中解释马克思主义的魅力及影响力。思政课教师要有丰富的知识储备与敏锐的洞察力，不仅要成为自己领域的"专家"，还要掌握丰富的、跨学科的教育学、心理学、人文科学和自然科学知识，做一个学识渊博的人，做到在教学中对知识整合、融会贯通，以透彻的说理和开阔的视野让学生心服口服。

（四）提升教育者的道德素养，这是增强思想政治教育效果的动力之源

据调查显示，大学生喜欢某位思政课教师，不仅是因为该教师理论功底深厚，学识渊博，还有一个更重要的原因是其身上散发着崇高的道德修养和闪光的人格魅力。

著名教育家陶行知先生曾说："学高为师，德高为范。"2018年在《关于全面深化新时代教师队伍建设改革的意见》中，"突出师德"是新时代教师队伍建设的五项原则之一，强调"把提高教师思想政治素质和职业道德水平摆在首要位置，把社会主义核心价值观贯穿教书育人全过程，突出全员全方位全过程师德养成"❶。在2018年北京大学师生座谈会上的讲话中，习近平总书记就曾指出："评价教师队伍素质的第一标准应该是师德师风。"❷习近平总书记之后也对思政课教师提出了"自律要严"和"人格要正"的要求。思政课教师具有良好的道德素养，要明大德、守公德、严私德，传承中华传统美德，发扬中国革命道德，借鉴人类文明优秀道德成果，以共产主义道德为目标，以社会主义道德为基本准则，践行社会公德、职业道德、家庭美德等。总之，思政课教师要不断提升知善能力，增强向善情感，增强趋善倾向，养成行善习惯，率先垂范，慎独自律，用崇高的师德影响学生塑造学生，把真善美的种子播撒给学生，把自己锤炼成大学生的道德楷模。

思政课教师要具有高尚的人格魅力。教师的人格魅力是吸引大学生学习思想政治理论课的重要推手。"非淡泊无以明志，非宁静无以致远"，远离喧嚣，

---

❶ 中共中央国务院关于全面深化新时代教师队伍建设改革的意见[N]. 人民日报，2018-02-01.
❷ 习近平. 在北京大学师生座谈会上的讲话[N]. 人民日报，2018-05-03.

让内心平静地专注教育事业是对生命的尊重。一些老教授用职业精神支撑自己直到生命的尽头，是真正的师魂。古人说得好，"亲其师，信其道"。教师高尚的人格魅力，是对大学生最深远最持久的教育，能够潜移默化地影响和塑造学生的心灵。要始终坚持"学高为师，身正为范"，用高尚人格感染鼓舞学生，在润物细无声中实现对学生的言传身教，做到教书育人、立德树人。

（五）提升教育者的网络素养，这是增强思想政治教育效果的时代要求

"互联网＋"时代对高校思想政治教育工作者提出了更高的要求，既要具备扎实的专业素养，以理服人，还应具备一定的网络素养。教育者要创新教学方法与教学手段，不断提升网络素养。要积极探索"互联网＋"教育的实践模式，推动网络教学方式与思政课程的结合，提高教学艺术，构建既符合学科规律又满足学生需求的网络课程。要充分利用大数据提供的信息全方位地把握学生的学习兴趣、学习过程、学习时间、学习效果等，提升教育者利用大数据组织教学和管理的能力。要充分发挥主观能动性，树立共建共享思维，合理配置线上与线下、校内与校际教学资源，积极借鉴优质课程资源组织思政教学。要处理好内容和形式的关系。内容是核心，形式是外在。要在立足于专业知识扎实功底的基础上，开展教学手段和形式的革新。推进"互联网＋教育"并不是一刀切，更不是只要美丽的包装而忽视真实的内在。

（六）重视对教育者的激励保障，这是增强思想政治教育效果的队伍保障

高校要重视对高校思想政治教育者的激励保障。第一，要贯彻落实"课程思政"理念，努力构建"大思政格局"。高校要在正面用力，确保思想政治教育工作队伍数量充足，配齐相关专业人员。2015年中宣部、教育部关于印发《普通高校思想政治理论课建设体系创新计划》指出："本科和专科院校分别严格按照1∶350～400和1∶550～600的师生比配足配强专职教师。"❶ 同时高校要特别重视把思想政治工作贯穿教育教学全过程，实现全程育人、全方位育人和全员育人，提高所有教师的综合素质，既能传授知识，也能承担起对青年大学生价值引领的使命，推动"思政课程"向"课程思政"转变，加强各学院教师与思政课教师的协同合作。第二，高校要落实中央政策，注重对教师队伍尤其是青年教师新媒体应用能力的培训。2015年国务院发布的《关于积极推进"互联网＋"行动的指导意见》中就提出，"鼓励学校利用数字教育

---

❶ 中宣部、教育部关于印发普通高校思想政治理论课建设体系创新计划的通知〔2015〕2号. [EB/OL]. 教育部网站, 2015－07－30.

资源及教育服务平台,逐步探索网络化教育新模式"❶。2016年末的全国高校思想政治工作会议上,习近平总书记再次强调,要"推动思想政治工作传统优势同信息技术高度融合,增强时代感和吸引力"❷。顶层设计的理念只有切实有教师队伍的素质做保障,才能真正落地开花。所以高校要落实落细,下真功夫下狠功夫,制度化、常态化地开展网络信息技术培训工程,培养出一支既熟悉线下教学又能灵活、熟练操作微课、慕课等线上教育平台的队伍。第三,高校要制定和完善对教师创新育人的激励政策,调动教师积极利用网络开展教学和学生管理的主动性,通过物质的和精神的奖励,长久地激发教师学习网络、利用网络进行网络育人的内在原生动力。在考核考察制度上,在教师职称晋升上,给予相应的奖励和惩罚,倒逼教师不断提升现代化的教学水平,与时俱进地开展工作。

第二节 "互联网+"高校思想政治教育的客体

一、互联网对高校大学生思想政治的影响

当前,互联网正以前所未有的深度、广度和力度,影响并改变着大学生的行为模式、价值选择、心理发展和道德观念,这给高校思想政治教育工作带来了全新挑战。

(一)思维方式浅表化

网上海量的信息冲击着大学生的眼球,使其乐享于信息的包围圈中,体验着世界的种种改变,又使其眼花缭乱无暇筛选,逐渐形成停留在浅层信息上而无法深入分析信息的思维方式,追求对信息的"一手占有"而忽视对信息的理性甄别和批判思考,"标题党"应运而生。这种"浅表化"的思维方式使得大学生们在学习思想政治理论知识时,往往满足于表面的获得而不知思想政治教育的深刻内涵,这种不求甚解的思维方式会大大影响思想政治教育的效果。

---

❶ 国务院. 国务院关于积极推进"互联网+"行动的指导意见[2015] 40号[EB/OL]. 中国政府网. 2015-07-04.

❷ 习近平谈治国理政:第2卷[M]. 北京:外文出版社,2017:378.

（二）价值选择迷惘化

网络的出现打破了地域的界限，开阔了大学生的视野。同时，网络是一个多维度的空间，为文化的多元提供了存在的介质。互联网作为联通全球的最大互动平台，给西方发达资本主义国家利用信息技术优势向社会主义国家强行灌输自己的文化标准与价值取向提供了良好的机会，其特有的信息爆炸使得大量未经筛选的信息展现在大学生眼前。同时，大学生的价值观仍未定型，西方的文化意识和伦理道德很容易对他们产生影响。少数意志不坚定的大学生的价值取向受到干扰，造成其在价值选择时的迷惘和价值取向上的紊乱。面对纷繁复杂的社会现象和风云变化的世界形势，在世界范围内价值道德相碰撞的过程中，要求青年大学生提高慎辩能力、增强慎诚情感、坚定慎微信念、磨练慎隐意志、养成慎行习惯。

（三）心理发展片面化

一方面，青年大学生每天花大量时间沉迷网络，热衷"人机交往"，而疏远现实的社交活动，甚至有一些大学生将网络作为其精神寄托，沉溺于网络社交而排斥正常的人际交往活动，造成其现实人际关系障碍。长期的心理空间封闭最终会导致其处理人际关系的能力退化，人际关系冷漠、性格脾气孤僻、意志萎靡消沉。特别是有些性格内向的大学生，在现实生活中不善沟通故而将其对人际交往的需求转嫁到互联网中，容易被不法分子利用，陷入网络诈骗、传销、色情等网络犯罪中，极大伤害身心健康。另一方面，由于政府、学校等对网络监管不到位，虚假恶俗、粗制滥造的信息充斥在网络空间，加大了大学生对有价值信息的筛选困难。尤其是大学生的世界观、人生观、价值观还未成熟，理性思考能力、客观评价能力、价值选择能力和自我控制能力不强，面对繁杂的信息，往往不知所措、迷茫困惑，易产生心理焦虑。特别是面对网上色情、暴力信息等轮番冲击，易诱发其性心理的畸形发展及性行为的冲动。如果不加以及时疏导，会造成非常严重的后果。

（四）道德观念失范化

现实生活中，大学生受到道德和法律规范的制约，会自觉控制自己的言行，但网络上的交流主要是通过代号进行的，主体的身份具有隐匿的特点，削弱了道德和法律对大学生言行举止的约束。由于大学生的自我约束力较差、道德自律意识不强以及网络本身的弱规范性，带来了一些道德失范现象。有些大学生在网上呈现出和现实中截然相反的两幅面孔，借助网络工具发泄不满、消除责任、摆脱约束，在网上粗言粗语、言论偏激、放纵不羁。有些大学生扮演起"键盘侠"的角色，总是认为无须对网上的言论承担责任，传播谣言、煽动民众。甚至有些大学生凭借自己的专业技能，将传播色情信息、侵犯知识产权、盗用账号密码、制传网络病毒和黑客骚扰破坏等当作对自我智力的一种挑战。这就呼唤大学生自律性的提高，以维系网络空间的正常秩序。要求他们增强慎辩、慎诚、慎微、慎隐、慎言行的能力，达到儒家所提倡的以高度自律为本质特征的"慎独"境界。

（五）行为模式放纵化

网络的触角已深入到大学生的生活、学习、文娱、交友、求职等方方面面。在实际应用中，大部分大学生并没有充分发挥网络的学习属性，而是更多地是利用网络进行休闲娱乐，具有明显的娱乐化倾向。世界观、人生观、价值观尚未完全成熟稳定的大学生特别容易被网络的自由性和放纵性吸引，多数大学生网络行为管理能力较差，遨游网络空间，缺乏时间观念，甚至有些大学生沉迷网络不能自拔，网络成瘾现象出现。特别是伴随着移动费用的降低和手机上网的普及，一批大学生机不离手，成为"低头族"，出现了人被网络奴役的"异化"现象。

二、"互联网+"时代大学生网络素养的提升

在高校思想政治教育过程中，大学生既是思想政治教育知识的接受者，也是思想政治教育活动的践行者，还是思想政治教育效果的体现者。大学生的网络道德素养、网络法治素养、网络应用水平及网络行为习惯等都影响着大学生对教育内容的接受程度，对"互联网+"思想政治教育的实效性产生巨大影响。促进大学生网络素养的提升，加强大学生网络素养教育是"互联网+"高校思想政治教育的关键内容和应有之义。习近平总书记曾指出："思想政治工作从根本上说是做人的工作，必须围绕学生、关照学生、服务学生，不断提高学生思想水平、政治觉悟、道德品质、文化素养，让学生成为德才兼备、全面发展的人才。"❶ 中共中央、国务院联合发布的《中长期青年发展规划（2016—2025年）》从顶层设计层面强调要"把互联网作为开展青年思想教育的重要阵地"，"在青年群体中广泛开展网络素养教育，引导青年科学、依法、

---

❶ 习近平谈治国理政：第2卷［M］．北京：外文出版社，2017：377．

文明、理性用网"❶。

(一) 提高大学生的网络道德素养

高校思想政治教育要引导大学生形成高尚的思想追求和道德境界。努力做"一个高尚的人,一个纯粹的人,一个有道德的人,一个脱离了低级趣味的人,一个有益于人民的人"❷。

第一,启发大学生的网络道德自律意识。网络人际关系的间接性使大学生网民构成一个相对独立的生活空间,对于网线的另一端,上网大学生的网络语言和网络行为可以不受他人限制。但是自由永远与规范相伴,没有限制的自由只能带来不计后果的放纵。这就要求大学生在没有法律和舆论等他律性约束的独立时空中,具备良好的自我规范能力,靠高度的道德觉悟和自觉精神来实现行为的理智抉择、自我管理和自我调节。这也就是儒家提倡的"慎独"修身之法。发扬慎独自律精神,既是对中国传统道德修养方法的批判性继承,也是在互联网时代进行自我教育、自我管理和自我发展的重要因素。在运用网络的过程中,大学生应该主动深化对网络道德伦理的认识,从内心深处认同网络道德,积极拥抱"互联网+",要懂得自身主观能动性的发挥,要懂得网络空间有所为有所不为,自觉抵制网络色情、暴力、西方资本主义意识形态等的侵蚀,达到"从心所欲不逾矩"的道德境界。同时,在网络交往中依然要坚持诚信为本,网络交往说到底也是现实中的人的交往,虚拟世界也只是现实世界的延伸。最后,要能够积极主动发声,在网络空间凝聚正能量。

第二,将大学生的网络道德素养提升与高校育人工作相结合。高校是大学生生活学习的场所,不仅担负着向大学生传递科学知识的责任,更承担着立德树人的责任,高校是对大学生进行网络道德培育的关键力量。中共教育部党组印发的《高校思想政治工作质量提升工程实施纲要》详细规划了课程、科研、实践、文化、网络、心理、管理、服务、资助、组织等"十大育人"体系。高校需将大学生网络道德的培养与"十大育人"体系相结合,构建多层次、全方位、宽领域的大学生网络道德素养提升体系。比如,将大学生网络道德素养提升和课程育人相衔接。在大学四年的所有课程体系中,思想政治理论课是引导大学生树立正确思想观念和价值规范的"前沿阵地"和"主渠道"。不论是什么专业的大学生,都要学习思想政治理论课,可以说,思想政治理论课包含了所有学科类别的学生,是覆盖学生类别范围最广泛的课程之一,高校要实

---

❶ 中共中央,国务院. 中长期青年发展规划:2016—2025 年 [EB/OL]. 中国政府网,2017-04-13.

❷ 毛泽东选集:第 2 卷 [M]. 北京:人民出版社,1991:660.

现全员育人。将大学生网络道德素养教育融入到高校教学体系，开设网络道德教育专题，及时回应大学生在使用网络过程中出现的新情况、新问题，引导大学生树立崇高的理想信念和正确的价值观念。同时，大学生网络道德素养的形成绝非一课之功，要推动其他各门课程和道德素养课同向同行，形成协同效应。习近平总书记在全国高校思想政治工作座谈会上指出："做好高校思想政治工作，要用好课堂教学这个主渠道，思想政治理论课要坚持在改进中加强，其它各门课都要守好一段渠、种好责任田，使各类课程与思想政治理论课同向同行，形成协同效应。"又比如，要将大学生网络道德素养提升和文化育人相衔接。高校通过营造健康向上的网络文化，为大学生道德素质的提升提供文化的沃土。结合网络热点开展丰富多彩的主题文化活动，如组织网络知识竞赛、网络辩论赛等，培养大学生正确的网络道德观。再比如，将大学生网络道德素养提升和网络育人相衔接。充分利用网络新媒体终端，不断拓展网络思想政治教育新疆域，搭建线上线下一体化平台，宣传马克思主义中国化的最新理论成果，引领青年大学生的思想方向，为大学生的全面发展营造良好的网络精神家园。

（二）提高大学生的网络法治素养

"互联网＋"使高校思想政治教育的环境变得更加复杂。在规范大学生网络行为的过程中，道德和法律应该相辅相成、共同作用。

第一，高校应该充分利用资源优势进行校园法制宣传，培养大学生的法律意识，引导其合理合法使用网络工具，正确利用网络平台表达诉求，不得触碰法律的底线。高校还应该引导大学生增强网络安全意识，提高学生运用法律保护自己、抵制网络侵害的能力。同时，要从制度规范层面健全校规校纪，尽快弥补制度缺失，完善对大学生网上行为的现实约束管理制度。抓紧制定"网络使用规范管理办法""大学生网络道德规范""大学生文明用网倡议书"等。

第二，大学生必须做到学法、懂法、守法、用法。首先要认真学习网络法律知识，自觉遵守网络相关法律及管理条例，增强法律意识，树立正确的网络思维。其次，在网上要以法律为准绳严格要求自己的行为，任何时候紧绷法律之弦，不能越过法律红线。不得借助网络参与危害国家主权、安全和利益的活动，不得参与极端宗教活动。

第三，发挥政府的保障作用。首先，政府要依法治网，健全法律法规，加强对网络的管理。建立一支政治素质过硬的网络警察队伍，坚决打击网络违法行为。从源头上清理各种乌烟瘴气的污染网络环境的信息，杜绝其蔓延和传播。其次，政府要充分发挥职能和作用，联合社会各界努力维护良好的网络公共秩序，建设安全健康的网络环境。积极在网上宣传正能量，疏导社会负能量；主动用社会主义意识形态占领网络阵地，运用马克思主义科学的世界观和方法论及时回应大学生的诉求，解答大学生的困惑；还要加强对网络媒体平台的管理，对于黄赌毒等危害大学生健康成长的内容要坚决从网上消失，最大限度地净化网络空气。

（三）养成良好的网络行为习惯

首先，引导大学生端正上网动机。网络是一把双刃剑，我们既要看到其消极的一面，也应该正视其积极的一面，充分发挥其积极作用。青少年阶段是人生的"拔节孕穗期"，最需要精心引导和栽培，所以对于大学生网络异化行为的预防不应讳疾忌医，更不能"一刀切"地隔绝网络和大学生的联系，而应该耐心引导，积极教育。引导其树立正确的用网观念，端正上网的目的，将获取有价值信息和促进学习作为上网的第一动机。大学生群体是享受着社会主义改革开放发展成果成长起来的一代人，他们有着社会主义意识形态先进性的心理体验，也特别渴望受到主流价值观正能量的熏陶。高校思想政治教育要充分利用人民网、新华网、中国大学生在线等官方权威网站，宣传习近平新时代中国特色社会主义思想，引导大学生用马克思主义的立场、观点和方法去解读最新信息，以思辨的态度甄别网络信息的真假。引导其树立底线思维，严守用网底线。

其次，净化校园网络环境。高校是青年大学生"拔节孕穗"的最主要土壤，健康向上的校园氛围对于大学生健全人格的形成至关重要。高校要完善大学校园网络硬件设备，提升校园网络的安全系数，建立健全校园网络防护体系，降低校园网络安全隐患，加强网络安全知识培训，使大学师生掌握必备的的网络安全问题应对策略，做到自觉避开、及时举报。

再次，发挥社会各方面的合力。在政府层面，充分利用新媒体发挥宣传引领作用。当下，大学生基本不看主流媒体，他们大多是通过网络获取信息，所以政府在通过广播、电视、报刊等主流媒体开展网络素养宣传教育的同时，需要抓住问题的关键，把更多的精力投注在营建绿色健康、积极向上的网络环境上。家庭教育是大学生网络素养提升的不可忽略的辅助方式。家长要以身作则，加强与学校的沟通，了解大学生的最新思想动态，努力跨越代际沟壑，加强对大学生网络行为的监督，倒逼大学生正确使用网络。同时，家长要特别注意对大学生抗压能力方面的教育。互联网时代，社会发展突飞猛进，社会节奏日益加快，大学生的心理健康受到挑战。人际交往压力、经济压力、学业压力和就业压力等各种压力袭来，所以一些大学生选择以逃避的方式作出回应，其外在表现就是沉迷网络，浑浑噩噩度日，麻痹自己。家长需要有前瞻性视野和直面现实挑战的勇气，要积极干预、疏导大学生的复杂心理。在社会层面，全社会要形成讲道德、树新风的良好风尚。共同遵守网络道德规范，齐心协力构建健康文明的绿色上网环境，自觉抵制谣言的传播，严厉打击网络犯罪，根除网络毒瘤。

总之，青年大学生世界观、人生观和价值观尚未完全形成和确立，面对当今世界和当代中国的大变革，面对各种文化思潮的交流交融交锋，高校思想政治教育要正确引导大学生始终站在人民群众立场，与历史同步伐，与时代共命运，与人民同拼搏，与祖国共前进，努力成为中国特色社会主义事业的建设者和接班人。

第五章 "互联网+"高校思想政治教育的原则与方法

"互联网+"高校思想政治教育既要讲原则，又要讲方法。"互联网+"高校思想政治教育的原则是"互联网+"条件下高校思想政治教育应当遵循的准则。"互联网+"高校思想政治教育的方法是"互联网+"条件下开展高校思想政治教育的思想方法和工作方法。二者是依据和基础的关系。"互联网+"高校思想政治教育的原则是"互联网+"高校思想政治教育的方法的依据，而"互联网+"高校思想政治教育的方法则是"互联网+"高校思想政治教育原则的基础。只有坚持"互联网+"高校思想政治教育的原则，巧妙运用"互联网+"高校思想政治教育的方法，高校思想政治工作者才能做好学生人生道路的引路人，才能用学生喜闻乐见的形式和语言讲活马克思主义、讲好中国特色社会主义理论，才能因事而化、因时而进、因势而新地做好高校思想政治工作，提升高校思想政治教育育人效果。

因此，开展"互联网+"高校学生思想政治理论教育的原则与方法研究，不仅是提升思想政治理论教育水平的需要，也是"互联网+"的大背景下不断提高高校思想政治理论教育效果的需求。新时代，加强在校大学生思想教育和道德教育的重点之一就是要坚持与时俱进，同时这也是高校思想理论政治教育基本原则和方法跟上时代发展的现实需要。传统的高校思想政治理论教育教学往往教师是培养主体，学生是培养对象的模型，没有充分重视培养学生主体的潜能发展，影响了思想政治教育的教学效果。因此，遵循合理的教学原则，采用有效的教学方法，改进高校思想政治理论教育的现状已迫在眉睫。"互联网+"为我们提供了广阔的学习舞台和崭新的发展天地，拓展了思想理论教育教学方法途径的宽度，应该得到充分利用。

2019年是中国教育改革与发展处在"深水区"并加速推进之年，是中国互联网教育发展进入监管、优化升级之年。审视教育的发展历史，科技革命对教育的变革影响巨大，新的科学技术会融入和革新教育体系。当今，以人工智能为核心的科技革命正在引领第四次工业革命,将在教育现代化中发挥积极作用。❶ 教育信息化2.0行动计划是顺应智能环境下教育发展的必然选择,是推进"互联网+教育"的具体实施计划。人工智能、大数据、区块链等技术迅猛发展,将深刻改变人才需求和教育形态。智能环境不仅改变了高校思想政治理论教育教与学的方式,而且已经开始深入影响到教育的理念、文化和生态。在这种态势下,高校思想政治教育变革势在必行,2017年2月,中共中央国务院印发《关于加强和改进新形势下高校思想政治工作的意见》,我国从国家层面发布高校思想政治工作和教育创新战略,设计思想政治教育改革发展蓝图,积极探索新模式、研究新方法,推进新技术支持下的高校思想政治理论教育教学不断创新。

"互联网+"大背景下,高校深入开展在校大学生思想政治素质提升工程是思想政治教育的迫切需要。人才资源是社会发展进程中最优质的人力资源。大学生是我国社会主义发展与经济进步的重要组成部分,他们肩负着建设现代化强国、实现中华民族伟大复兴的历史重任。因此,在不断发展的信息网络时代、人工智能时代,思想政治素质教育工作者应该抓住机遇,探索高校思想政治教育新原则和新方法,成为高校思想政治教育的大势所趋。

第一节 "互联网+"高校思想政治教育的主要原则

原则简单而言就是人们行事所依据的准则。毛泽东在《增强党的团结继承党的传统》中强调:"理论与实践的统一,是马克思主义的一个最基本的原则。"思想政治教育的原则,是思想政治教育规律与思想政治教育价值相结合而形成的准则,是指在思想政治教育过程中,正确处理各种关系、矛盾必须遵循的准则。❷ "互联网+"高校思想政治教育的原则是指在"互联网+"条件下,运用"互联网+"思维、采用"互联网+"技术、体现"互联网+"特征,尊重网络育人规律,充分调动各种载体、借助多种育人平台发挥"全员"力量,认真研究"全程"育人渠道,积极探索"全方位"育人方法,"五育"并举促进学生德智体美劳全面发展的育人准则。主要包括尊重人性之以人为本,跨界融合之思政联盟,创新驱动之德育革命,重塑结构之网络话语,开放生态之美美与共,连接一切之"三全"育人。

---

❶ 张伟,马陆亭. 教育要主动助力新一代人工智能发展[N]. 光明日报,2018-11-20.
❷ 《思想政治教育学原理》编写组. 思想政治教育学原理[M]. 北京:高等教育出版社,2016:230.

一、尊重人性之以人为本

（一）尊重人性

人性的光辉是推动科技进步、经济增长、社会发展、文化繁荣的最根本的力量，互联网的力量之强大最根本的是来源于对人性的最大限度的尊重、对人的体验的敬畏、对人的创造性发挥的重视。对于人的认识，核心在于认识人的本质。马克思运用辩证唯物主义和历史唯物主义的立场观点方法，认为"人的本质不是单个人所固有的抽象物，在其现实性上，它是一切社会关系的总和"❶。任何人都是处在一定的社会关系中从事社会实践活动的人。新时代，影响和改变人的本质的社会关系有很多，如家庭关系、友邻关系、地缘关系、业缘关系、人际关系、经济关系、政治关系、教育关系、道德关系、法律关系、买卖关系等。而这一切的社会关系在互联网和移动互联飞速发展的今天都离不开网络和"互联网＋"。2020年4月14日，国家信息中心发布《2019中国网络媒体社会价值白皮书》（以下简称"白皮书"）。网络媒体在提供信息知识、引导社会舆论、影响思想潮流等方面发挥着越来越大的作用，深刻影响着人们的信息获取方式，以及思维方式、生活方式等。白皮书指出，网络媒体承担社会责任、体现社会价值的意义正日益凸显。随着互联网技术迭代更新，网络媒体在新闻信息传播、网络舆情引导、社会公共事务等方面发挥着更加重要的作用。❷作为技术创新和融合变革的先行者，网络育人的优势愈来愈突出，可以运用大数据技术快速了解大学生的知识经验、能力基础和思想状况，根据大数据分析的结果可以更好地因材施教，制定德育知识目标、能力目标和价值引领目标，可以运用大学生喜闻乐见的网络语言通过视频会议或者一对一心理辅导消除沟通壁垒。随着云计算、大数据、区块链等技术的快速发展，网络通信技术也日新月异衍生出众多应用形式。视频会议因更直观、更高清、更便捷的特点，已经成为一种常规的跨地域沟通方式，也逐渐成为网络思想政治教育的重要手段。综上，"互联网＋"逐渐发挥着越来越有影响力的思想政治教育作用，其尊重人性的独特特征、全时空育人的巨大优势有助于构建网络意识形态话语权，引导大学生网民的理性追求，促进网络空间的理性回归，激励受教育者更好地履行社会责任，扩大正面影响等。

---

❶ 马克思恩格斯文集：第5卷 [M]．北京：人民出版社，2009：208.
❷ 国家信息中心发布白皮书：人民网居网络媒体最具社会价值 TOP10 首位 [EB/OL]．人民网，2020-04-14.

由于人们的家庭环境、教育环境和所处的周边环境不同,不同的人对待同一种事物、同一件事情会产生不同的情感。因此,在大学生思想政治教育中,要坚持具体问题具体分析,结合实际,从简单到复杂循序渐进,不要行动过于仓促、急于求成。尤其是新进入大学的学生,由于生活环境、学习环境的变化,很多人难免出现一些心理问题。❶ 因此"互联网+"思想政治教育要正视这些心理问题,尊重人性,根据大学生的不同情况对他们给予指导,开展思想政治教育教学工作。

(二)以人为本

"互联网+"的尊重人性其实就是科学发展观的核心"以人为本"。思想政治教育是以人为中心、以立德树人为目的的活动。以人为本是高校思想政治教育应该首要坚持的原则。❷ 以人为本原则体现了本科一流课程建设中以学生为中心,促进学生德才兼备,德智体美劳全面发展。坚持这一原则对于高校思想政治教育工作的开展具有十分显著的重要性和必要性,同时也契合了"互联网+"特别有温情的特征,即尊重人性。

"互联网+"高校思想政治教育涉及领域和学科十分广泛,这就要求教育工作者不断研究学生的日常行为、分析学生的心理并深入研究其内在规律,从而培养出社会、国家需要的人才。目前,对于高校思想政治教育来说,坚持以人为本就是要根据大学生的成长成才需求,建立思政课程和课程思政的协同育人机制,利用大学生乐于接受的方法手段开展一切有利于培养中国特色社会主义接班人和建设者的思想政治教育,以学生的全面成长和创新协调绿色开放共享发展为切入点,深入探索网络育人规律,有效增强教育者"互联网+"思想政治教育的主动性,切实提高"互联网+"思想政治教育的吸引力,为开放教育环境下的大学生成才与发展提供帮助,引导青年学生树立正确的世界观、人生观、价值观和道德观、法治观。习近平总书记将世界观、人生观、价值观妙喻为"总开关",形象生动地阐述了"三观"的根本性地位和决定性作用。只有坚持尊重人性、以人为本,科学的世界观、人生观、价值观才能走进学生的内心深处,才能激励青年学生追求科学高尚的人生目的,确立积极进取的人生态度,在社会实践中努力创造有价值的人生,才能在学生的内心深处埋下真善美的种子,提升他们的思想道德素质和法治素养。

---

❶ 肖辉,杨丹.艺术类特岗教师素质结构的实然分析与应然讨论——基于湖南省九个地州市的调查[J].当代教育论坛,2014(5):65-73.
❷ 冯开甫.高校思想政治教育原则新论[J].西南师范大学学报(人文社会科学版),2005(2):61-63.

在网络时代，思想政治教育工作者不再仅仅照搬课本知识或根据个人经验获取德育信息从而对学生进行教育，而是通过互联网实现德育信息的现代性和实效性。在互联网普及的今天，使思想政治教育形式更具趣味性以及多样化，符合大学生心理特点和兴趣爱好，更容易为广大学生所接受，提高了说服力，优化了思想政治教育信息的传播方式。强调"以人为本"的思想，学生不再仅仅是被教育者、被接受者，他们也可以成为思政教育的发布者，实现了思想政治教育的双向传播。

二、跨界融合之思政联盟

（一）跨界融合

2018年12月30日，围绕"跨界融合"，由党和国家领导人出席并发表重要讲话的会议"2019跨界融合与创新发展高峰论坛"在天津举办。从经济发展的角度，与会的众多权威经济学专家、教授也发表了自己对于"跨界融合"的看法，普遍一致地都对"君子道"生命共同体平台提出的"跨界融合"给与了高度赞扬。跨界其实就是从某一属性的事物，进入另一属性的运作。其本质就是变革、开放、创新、协同、重塑、融合。不论是经济还是教育，敢于跨界了，创新的基础就更坚实；融合协同了，群体智能才会实现。进入互联网教育时代，跨界更加明显、广泛，特别在高校思想政治教育方面，通过"内圈""中圈""外圈"三个"圈"逐渐扩散育人环境、载体，在时间上强调大学时期各个学段的一体贯通、各个环节的齐头并进、各个节点的有效把握，在空间上强调各个场域的全面覆盖、各方主体的深度参与、各种资源的有效利用，使育人的体系更加科学化、立体化、具象化。❶ 各个独立的高校育人主体，不断融合、渗透，就可以创造出更多的育人元素和手段。

（二）思政联盟

1. 大中小学思政教育联盟

思政联盟首先是大中小学思政课一体化建设联盟。2019年8月，中共中央办公厅、国务院办公厅印发了《关于深化新时代学校思想政治理论课改革创新的若干意见》（以下简称《意见》）。《意见》提出循序渐进、螺旋上升地开设思政课，精准定位统筹大中小学思政课一体化建设。《意见》分四个阶段

---

❶ 江鸿波. 论"三圈三全十育人"的时空意蕴 [J]. 思想理论教育，2019（10）.

进行整体规划，提出了大学阶段重在增强使命担当、高中阶段重在提升政治素养、初中阶段重在打牢思想基础、小学阶段重在启蒙道德情感这一具有针对性、阶段性的思政课工作方向。这一规划体现了大中小学思政课教育一体化的要求，从小学初中高中到大学紧密结合青少年成长规律和教育梯次循序渐进，逐步深化，目的就是建立"互联网+"立德树人教育链，抢占舆论"制高点"，占领育人"主阵地"，牢牢把握网络"话语权"，给学生以不间断的德育营养，因事而化，因时而进，因势而新。

其次是大中小学思政教育联盟。2020年5月，天津外国语大学与天津市第一中学、新华中学、天津外国语大学附属外国语学校、天津外国语大学附属滨海外国语学校、第四中学、第四十一中学、岳阳道小学、新华南路小学、马场道小学等学校成立了大中小学思政课一体化建设联盟。十所学校在云端围绕"同上一堂抗疫思政课"展开教学讨论。2020年6月，成都市金牛区发挥高校密集、科教资源聚集优势，成立区委主导、区委教育工委牵头、高校协同的大中小学思政教育联盟，以大中小学思政教育"一体化"破局，打通区域、学段、校际界线，构建开放共融的"大思政"格局。如何借助"互联网+"打造大中小学思政教育联盟呢？首先要突出育人主体，注重顶层设计。要坚持以习近平新时代中国特色社会主义思想为指导，以立德树人为根本任务，以"共建、共享、共融"为建设思路，从理论和实践两个维度依据不同阶段的学生心理特点建立针对性强的思想政治教育数据链，形成可持续的世界观、人生观、价值观教育，将每一个环节的育人通过数据驱动开展精准教育，进而落实、落细、落小，让网络成为传播社会主义核心价值观的高地。

2. 推动思政课程与课程思政协同育人

推动"思政课程"与"课程思政"协同育人是解决"培养什么样的人"和"怎样培养人"的关键。教育的首要问题是"培养什么样的人"，高等教育应培养社会主义建设者和接班人。育人先育德，"立德树人"是教育的根本任务，习近平总书记在谈到培养什么样的人时强调，要有坚定的理想信念、深厚的爱国主义情怀、高尚的品德修养、广博的知识见解，具备综合素质和奋斗精神。❶ 培养什么人、怎样培养人、为谁培养人是教育的根本问题，立德树人成效是检验高校一切工作的根本标准。落实立德树人根本任务，必须将价值塑造、知识传授和能力培养三者融为一体。全面推进高校课程思政建设，就是要寓价值观引导于知识传授和能力培养之中，就是要运用"互联网+"的优势跨界融合，调动起所有的育人主体，挖掘更多的思想政治教育元素，建立德育

---

❶ 韦颜秋. 推动"思政课程"与"课程思政"协同育人 [N]. 天津日报，2020-04-06.

共同体，形成育人合力，通过显性教育与隐性教育相结合的方式帮助学生塑造正确的世界观、人生观、价值观。全面推进课程思政建设这一落实立德树人根本任务的战略举措，影响甚至决定着接班人问题，影响甚至决定着国家长治久安，影响甚至决定着民族复兴和国家崛起。在经济全球化、政治多极化、文化多元化、网络信息化背景下，只有紧紧抓住高校思想政治教育教师队伍"主力军"、高校一流课程建设"主战场"、高校所有课堂教学"主渠道"，让所有高校、所有教师、所有课程都承担好育人责任，才能守好一段渠、种好责任田，使各类课程与思政课程同向同行，将显性教育和隐性教育相统一，知识教育、能力培养与价值引领相统一，形成协同效应，构建全员全程全方位育人大格局。

三、创新驱动之德育革命

（一）创新驱动

创新是以新思维、新发明和新描述为特征的一个概念化过程，它既包括更新、创造，同时也代表着改变。创新创造是中华民族最深沉的民族禀赋，改革创新是时代精神的核心，创新驱动是"互联网＋"的重要特征。创新驱动本意是指从个人的创造力、技能和天分中获取发展动力的企业，通过对知识产权的开发可创造潜在财富和就业机会的活动。思想政治教育的创新驱动指的是通过新手段、新载体、新途径扩大思想政治教育的主体，创新思想政治教育的内容，改变思想政治教育的客体，激发教育者的育人潜能，以高质量完成立德树人目标。高校开展思想政治教育工作的目标就是培养有理想、有本领、有担当的时代新人，就是为了促进学生德智体美劳全面发展，帮助学生坚定理想信念、厚植爱国主义情怀、追求高尚的品德修养、具有广博的知识见解、具备综合素质和奋斗精神。"互联网＋"条件下要想实现这一目标，必须与时代接轨、与历史同向、与祖国同行、与人民同在，在服务人民、奉献社会的创新实践中砥砺奋斗、努力前行，教育主体率先成长为科学信仰的坚定者、伟大事业的奋进者、创新创造的搏击者。因此，在实施"互联网＋"高校思想政治教育的过程当中，思想政治教育工作者必须尊重人性、注重学生体验、强化内容创新、手段革新。要遵循"内容为王"的建设规律，紧密结合国际国内大事、时代热点、时代精神，积极研发大学生喜闻乐见、形式多样的网络文化精品，开展线上线下联动德育活动，力求把网络育人工作做到极致，让网络育人"随风潜入夜，润物细无声"。

(二) 德育革命

在互联网时代,许多新事物因"网"而生,高校思想政治教育也因"网"而发生着改变。首先,教育者和受教育者都发生了很大改变。教育者逐渐接受了网络育人方式并开展了有效的研究与实践,能够不断更新自己的知识结构,以民主、平等、开放的姿态与受教育者展开充分交流,主动适应受教育者的多变需求。网络打破了受教育者获取信息的时空局限,使其不再只是"坐等受教"的角色,并且拥有选择教育内容和学习时间、进行教育互动等方面的自主性。❶ 其次,教育内容和形式也发生了很大改变。网络安全、网络道德、网络监管、网络话语、网络生态、网络文明、虚拟实践等日益成为高校思想政治教育的重要内容。网络空间拥有海量信息,为受教育者带来了多元选择可能,但各类信息鱼龙混杂,搅在一起冲击着青年学生的思维和价值取向,为育人工作带来很大困难。最后,正如前面所言,教育从单打独斗转向"组合拳""混合拳"。一方面是课程思政与思政课程协同育人的"组合拳",另一方面是教育教学方式的线上线下"混合拳"。移动互联时代,教育手段日益多样化、多元化、精细化,慕课、翻转课堂、线上线下混合式一流课程、虚拟仿真、云平台、大数据运用、微课、微视频、微动漫等都在育人过程中发挥着越来越重要的作用。在整个德育革命的实施中,高校思政课的课堂革命是最重要的一环,而思政课教师的创新性思维和创造性转换又是最为关键的要素,他们不仅要推动思政课的课堂革新以适应变化了的环境和学生成长需求,同时还要帮助其他课任教师更好地融入课程思政元素,撰写课程思政教案,让教育更加有温度、有情怀,构成德育共同体。

四、重塑结构之网络工程

(一) 重塑结构

互联网改写了地理边界的同时也变迁了各种结构。信息革命、全球化、互联网、移动互联、人工智能已经打破原有的社会结构、经济结构、关系结构、地缘结构、业缘结构、文化结构。结构被重塑的同时带来很多要素的改变,思想政治教育也不例外。如目标、资源、环境、主体、客体、载体、方法、途径、效果、评价以及对话方式的转变。"互联网+"思想政治教育是现实教学

---

❶ 鲁良. 强化"互联网+思政"充分发挥网络育人功能 [EB/OL]. 华声在线,2018-11-20.

育人的具体延伸，具有教学虚实二重性和相互影响模塑性。教育者应当积极探索建立结合现实和互联网信息的新型全域性思想政治教育机制，把互联网信息技术充分地与线下思想政治教育实践结合起来，加强实践教学育人、体验教学育人、创新教学育人的探索。要更加深刻、准确、清醒地认识到"互联网＋"思想政治教育不仅仅是一种教学形式，更是教育内容，不仅仅是一种教育手段，更是教育方法。要坚持以习近平新时代中国特色社会主义思想作为理论指导，与广大学生的基本认知、思维特点、成长需求、信息接受方式等相匹配相合拍。要不断提高资源配置的效率，不断提升网络思想政治教育的技术应用，不断创新网络思想政治教育的方式方法，从而增强大学生接受教育的满意度与获得感。

（二）网络工程

网络工程本意是指按计划进行的以工程化的思想、方式、方法，设计、研发和解决网络系统问题的工程。在这里特指网络思想政治教育立德树人工程，即以网络工程化的思想、方式、方法来分析、设计、解决网络思想政治教育面临的种种问题。例如，受教育者主体性转变问题。在信息网络环境下，大学生群体作为高校信息的传播者和接受者，其主动性使得他们也成为信息网络传播活动的主体，进而成为思想政治教育正能量信息的传递主体。这就需要教育者运用大数据、云计算等方式快速判断或者诊断，"对症下药"。一方面，要充分发挥高校思想政治教育工作者教育的主导作用；另一方面，要充分尊重高校信息服务接受者的主体地位，帮助他们完成由受教育者向教育者转变。这样，"互联网＋"思想政治教育不仅充分调动教师作为高校信息传输者的责任功能，还能够促使学生成为高校传播正能量的重要主力军。此外，尊重学生的差异性。大学生在互联网环境中既会受到现代社会各种思想活动的影响，又会受到高等学校思想文化教育的影响，因此学校应适度把理论性、政治性、实践性、体验性、接受性加以区分呈现，针对不同学生的特点，突出成长性需求。最后，在开展网络思想理论教育中，要不断创造潜移默化的网络舆论传播环境，给学生创设风清气正的网络空间，鼓励学生遵守网络文明公约，自觉抵制不良信息，不造谣不信谣不传谣，努力维护网络良好秩序。网络语言传播承担着信息传递和人际互动的重要功能，要想赢得网络话语权，价值引导是核心。因此，加强高校网络空间的意识形态建设，牢牢把握高校思想政治教育网络话语权，最重要的任务是将社会主义意识形态和主流价值观源源不断地"输入"网络空间，根据青年学生的思想状况，用习近平新时代中国特色社会主义思想引领网络意识形态发展的正确方向，将社会主义核心价值观所体现的理想信念、价值理念、道德观念、法治思维内化为网络空间的思想共识和价值标准，打造网络意识形态话语的"主心骨"。习近平总书记曾特别要求："创新改进网上宣传，运用网络传播规律，弘扬主旋律，激发正能量，大力培育和践行社会主义核心价值观，把握好网上舆论引导的时、度、效，使网络空间清朗起来。"❶

五、生态开放之美美与共

（一）生态开放

生态是"互联网+"非常重要的特征，而生态的本身就是开放的。推进"互联网+"，其中一个重要的方向就是要把过去制约高校思想政治教育创新的环节化解掉，把孤岛式创新连接起来，让思想政治教育由教育者主宰转变成教育者主导、受教育者由客体逐渐转变成主体，彻底打破教育者和受教育者的沟通壁垒，最大限度地实现高校思想政治教育的价值。如果说高校的思想政治理论课是生态大树，那么高校的其他课程的课程思政就是生态雨林。如何推动高校课程的生态开放建设呢？首先，教育者要不断进行批评与自我批评，不断推动课程教学信息化改革，积极探索一流课程建设，依据学情分析确立三维教学目标，探索新的教学手段、教学方法、教具，不断提高自身的政治素养、道德情操、人格自律、创新思维，让自身强起来。其次，通过线上线下混合教学鼓励学生自主学习、创新学习、合作学习、全面学习、终身学习，通过各种方式和手段让学生忙碌起来。再次，革新考试方式，采用过程考核、阶段考核、线上线下混合考核，努力让教学考评严起来。最后，在教学的新课导入、新课讲授、教学活动、课堂练习、课后作业、教学反思等环节中，注重知识传授、能力培养与价值引领相统一，让教学效果实起来。

此外，高校在对大学生进行思想政治教育的过程中，一定要坚持教育与管理相结合，刚性管理与柔性约束相匹配，达到更好的育人效果。在实际操作中，要建立起成文的、严密的、合理的、有效的关于网络教育管理的制度，并且切实运用这些制度规范约束大学生的网络言行举止，从而实现网络思想政治教育的良好效果。

（二）美美与共

"各美其美，美人之美，美美与共，天下大同。"高校思想政治教育最重

---

❶ 吴荣生. 赢得网络话语权的四个关键点［EB/OL］. 学习强国，2019-05-17.

要的就是要在学生的内心深处埋下真善美的种子,这需要各个学科、所有师生、每门课程都努力地追求真理、向上向善、崇尚美丽,在"各美其美,美人之美"的同时,能够"美美与共、合力育人"。只有在欣赏自己创造的美的同时,还能包容地欣赏别人创造的美,将各自之美和别人之美拼合在一起,取人之长补己之短,才能实现理想中的和谐美。人与人之间的尊重、友善、互助是"美美与共",社会的自由、平等、公正、法治是"美美与共",国家的富强、民主、文明、和谐、美丽是"美美与共"。这些都是社会主义核心价值观的重要内容,也是高校思想政治教育的重要内容,他们都需要通过"美美与共"来实现。而"互联网+"的生态开放能够给人们提供更多的平台和交往方式来展示美、学习美、合作美、共享美、创造美,它还能够把所有的美汇聚成一股强大的力量激励人们创造更多的美。在勠力同心打赢疫情防控阻击战的过程中,一线医护人员冲锋陷阵,以职业操守和专业能力守护着人民群众,传递着生命的力量,创造着守护生命之美。人民解放军、人民警察、社区服务人员、快递小哥、超市工作人员……万家灯火背后,他们在默默奉献,逐渐扩大扩散"守护生命之美"。人民教师把这样的感人事迹编成教科书、写入教案、带进课堂,影响着一个又一个的青年学生,再一次扩散、放大"守护生命之美",努力呈现着"美美与共"。

"美美与共"其实就是创新协同,即高校思想政治教育要优化协调各部门、各学科、各专业,实现"大思政"育人功能。要形成"点—线—面"同频共振、线上线下全覆盖的网络思想政治教育新矩阵,实现网络育人工作由"条块分割"到"协同育人"的新局面,建立立德树人长效机制,推动形成网络育人科学格局,建构健康文明、风清气正的网络育人空间。

高校思想政治教育工作者应该充分利用网络的主要特点和强大优势,加强学生思想政治教育的系统性和管理性,实现美美与共、协同育人。思想政治教育在虚拟网络上传播迅速、信息量大,利于有效解决大学生存在的一系列来自学习、生活、工作上苦恼和心理问题,也有助于引导思想政治教育者深入了解大学生的真实想法和身心发展规律,因此,正确使用和管理网络信息的传播导向,开展更有针对性网络思想政治教育,高校思想政治教育管理者、教育者、所有教师形成育人合力,才能有效提升新时代高校思想政治教育的育人效果。

六、连接一切之"三全"育人

(一) 连接一切

"互联网+"的核心就是连接一切。一根网线、一个平台、一块屏幕、一个 App、一场直播、一次视讯，可以将远在千里万里的人聚集到一起共商、共建、共享、共学、共创；可以将文字、文件、图形、图片、视频、动画、动漫、电视、电影、音乐、音频等汇集到一次直播，一场视讯会议；可以将不同的直播平台混合育人，如超星学习通 App + 钉钉直播等，实现签到、投票、选人、抢答、提交作业、观看视频、连麦互动等线上线下混合教学，这就是"互联网+"连接一切的魅力。

连接一切不仅是"互联网+"的手段，更是"互联网+"的目标。它试图通过"连接一切"来达到"连接一切"。当然前面的连接一切指的是人、信息和资源，后面的连接一切指的是经济、政治、文化、教育、科技等。对于"互联网+"高校思想政治教育来说，就是要通过汇聚所有教师力量、运用全部教育元素、调动一切育人资源，实现"全员全时空全方位"立德树人目标。

（二）三全育人

2017 年 2 月 27 日，中共中央国务院《关于加强和改进新形势下高校思想政治工作的意见》提出，坚持全员全过程全方位育人（以下简称"三全育人"）。

高校要把立德树人作为根本任务，融入思想道德教育、文化知识教育、社会实践教育各环节，把思想政治工作贯穿教育教学全过程，把思想价值引领贯穿教育教学全过程和各环节，形成教书育人、科研育人、实践育人、管理育人、服务育人、文化育人、组织育人长效机制。❶ 2020 年 5 月，《高等学校课程思政建设指导纲要》正式印发。纲要立足于解决培养什么人、怎样培养人、为谁培养人这一根本问题，围绕全面提高人才培养能力这个核心点，强调在全国所有高校、所有学科专业全面推进课程思政建设，要紧紧抓住教师队伍"主力军"、课程建设"主战场"、课堂教学"主渠道"，让所有高校、所有教师、所有课程都承担好育人责任，守好一段渠、种好责任田，使各类课程与思政课程同向同行，将显性教育和隐性教育相统一，形成协同效应，构建全员全程全方位育人大格局。❷

如何打破长期以来思想政治教育与专业教育相互隔绝的"孤岛效应"，"互联网+"的连接一切无疑是最好的选择。习近平总书记认为的思想政治工作应该像盐，但不能光吃盐，最好的方式是将盐溶解到各种食物中自然而然吸收。全面推进课程思政建设就是要把思政元素的盐溶解到每门具体课程的各个

---

❶ 中共中央、国务院. 关于加强和改进新形势下高校思想政治工作的意见 [EB/OL]. 中国政府网，2017-02-27.

❷ 教育部. 高等学校课程思政建设指导纲要 [EB/OL]. 教育部网，2020-06-01.

教学环节当中，自然而然沁润心田。

全面推进课程思政建设，教师队伍是"主力军"。习近平总书记指出，教师做的是传播知识、传播思想、传播真理的工作，是塑造灵魂、塑造生命、塑造人的工作。课程思政成效如何，很大程度取决于教师。教师能不能认识到课程思政的重要性、紧迫性和艰巨性，能不能将马克思主义的世界观、认识论、历史观应用于课堂教学，能不能自觉在教学环节中融入爱党、爱国、爱社会主义、爱人民、爱集体教育，能不能围绕政治认同、家国情怀、文化素养、宪法法治意识、道德修养等重点优化课程思政内容供给，对大学生系统进行中国特色社会主义和中国梦教育、社会主义核心价值观教育、法治教育、劳动教育、心理健康教育、中华优秀传统文化教育，关系到课程思政的落实力度和建设效果。而教师如何才能解决上述这几个"能不能"呢？最重要的是教师队伍的共商、共建和共享。高校可通过教师发展中心建设高校教师队伍课程思政网络交流平台，建立马克思主义学院教师和其他学院教师一对一帮扶机制，特别是鼓励思政课教师与专业课教师建立互加计划 N 师课堂。

为深入贯彻人工智能战略，推动互联网＋教育深入发展，2019 年 4 月 9 日，由教育部教育管理信息中心、数字学习与教育公共服务教育部工程研究中心、百度教育共同编著的《2018 年中国互联网学习白皮书》在青岛发布。伴随中国互联网学习发展的深入，对"互联网"学习的再认识以及"互联网学习评价"的再发展成为 2018 年互联网学习白皮书研究的重要旋律。《2018 年中国互联网学习白皮书》年度代表案例中，"互加计划"作为互联网平台案例入选。以网络参与教育扶贫，激活师生内在学习动力，缩小城乡教育数字鸿沟，助力乡村教育底部攻坚。图 5 – 1 为互加计划 N 师课堂模型图。

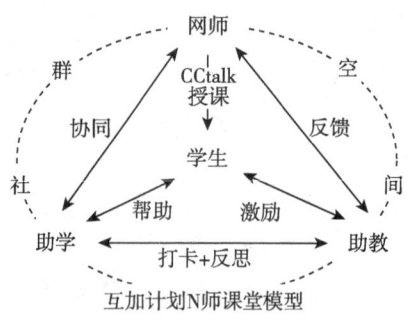

图 5 – 1 互加计划 N 师课堂模型❶

---

❶ 2018 年中国互联网学习白皮书［EB/OL］．新浪教育网，2019 – 04 – 19．

"互加计划"致力于用教育的技术连接教育的人,通过网络课程激活师生成长的内驱动力,陪伴乡村师生成长,从关注技术的应用到关注人的提升,从关注近期的成功到关注远期的成长,互联网带来的不仅仅是技术的改变,更是行业的颠覆与教育跨界融合新生态的开始。对于新时代高校思想政治队伍的建设来说,"互加计划"可以帮助思政课教师与其他课程教师打破壁垒,消除鸿沟,共同致力于立德树人伟大工程,对于新时代高校思想政治教育教学形成最大合力也是一个很好的启示。

此外,全面推进课程思政建设,课程建设是"主战场"。推进课程思政不能简单"相加",结合专业特点分类施策方能达到更好效果。课程思政建设应立足于国家需要和学校人才培养目标,优化顶层设计,明确课程思政建设的重点,提出具体建设目标,使各个专业院系、各位专业课教师都能在课程思政建设工作中找到角色、干出特色。

当然,全面推进课程思政建设,课堂教学是"主渠道"。全面推进课程思政建设,就是要寓价值观引导于知识传授和能力培养之中;就是要在教学的各个环节如课程目标设计、教学大纲修订、教材编审选用、教案课件编写和教学设计中融入思政元素,贯穿于课堂授课、教学研讨、实验实训、作业论文各环节。要不断创新课堂教学模式,推进现代信息技术在课程思政教学中的应用,激发学生学习兴趣,引导学生深入思考;不断健全高校课堂教学管理体系,改进课堂教学过程管理,提高课程思政内涵融入课堂教学的水平。要综合运用第一课堂和第二课堂,理论课堂和实践课堂,现实课堂和虚拟课堂,深入开展"青年红色筑梦之旅""百万师生大实践"等社会实践、志愿服务、实习实训活动,不断拓展课程思政建设方法和途径。

第二节 "互联网+"高校思想政治教育的方法

方法是人们在认识世界和改造世界的过程中,为达到预期目的所采用的手段或方式。"互联网+"高校思想政治教育的方法,是指教育者运用"互联网+"思维、"互联网+"技术为实现立德树人目标对受教育者进行思想政治教育所采用的思想方法、工作方法和教学方法。思想政治教育的方法包括基本方法、具体方法和借鉴其他学科的教育方法。"互联网+"条件下,网络给高校思想政治教育带来了新的机遇,同时也为创新思想政治教育的思想方法、工作方法和教学方法提出了挑战。传统的基本方法被赋予新的内容和形式,大数据、云计算、人工智能等信息技术也日益变成思想政治教育的重要手段。

一、资源挖掘法

（一）资源整合

用于思想政治教育的相关内容很多，这些资源在互联网上比比皆是。高校思想政治教育在网络思维的冲击下，必须向多元化方向发展。因此挖掘优质的资源、方法势在必行。首先，要竭尽全力，挖掘一切可以挖掘的教育资源，丰富思想政治教育内容；其次，要正确整合、分析、处理这些资源。比如在课堂教学时，仅仅只是依靠单纯的教学课程知识讲授与教学课本知识的输入，难以达到良好的教书育人教学效果，而通过利用网络搜索，挖掘与本课程内容相关的各种教育资源、信息资料，经过加工整理后，在课堂上积极进行综合性教学，不但可以丰富学生思想政治素质教育的内容，还可以提高广大学生自主学习的参与度，激发广大学生的学习积极性。

互联网时代的到来，有利于充分发挥在线开展思想政治宣传活动，提高思想政治理论教育的宣传效果。如设置本校专门的教育微博、微信公众号等，打造优质的教育网络平台，提升学生思想政治理论在线教育教学实效性。此外，在各类智能终端应用程序不断出现的情况下，高校思想政治教育也可以针对应用程序进行专门设计开发，并将一些学生的网络实践与应用程序相关联，这样就可以将创新实践教育渗透到思想政治教育中，最大限度地发挥思政育人的实效性。

（二）网络监管

新形势下，将网络与大学生思想政治教育相结合，可以加强与校内外优秀资源的合作与联系，激发学生学习的积极性。以助力学生成长为主的综合网络平台建设为中心和出发点，打造点线面结合的网络教育体系。调查、分析和整合学生的各种信息资料，形成完整的大学生教育的电子档案和信息数据库。在学生日常教育工作中，要建立系统的教育管理综合数据平台，在现有设施的基础上统一对学生进行教育和管理的标准，并按照标准进行操作，更好地促进大学生思政教育的发展。

要切实建立起对于有害信息的规避，防止网络上的有害信息散布传播开来侵蚀大学生的思想、观念、意识。首先，要不断提高网络信息安全管理技术水平，加大专业技术人员素质修养，加大资金投入，更新网络安全系统设备，弥补网络安全技术漏洞，提高抵御各种网络攻击的防御能力。及时更新电脑网络防火墙、防病毒软件，及时更新系统用户密码和网络密码，改进防病毒软件的技术。其次，运用技术手段进行信息隔离，将不利于国家发展、社会进步的言论和信息有效隔离，以达到网络清净的效果。鼓励和倡导学生积极参与到网络教育教学中，阻止不当使用网络行为，组织相关部门工作人员，通过听取学生的投诉，及时反馈存在的问题，及时进行解决。

二、协同教育法

（一）优质网络平台的建设与推广

思想政治理论教育方法、思想政治实践教育方法、思想政治自我教育方法是思想政治教育的基本方法。"互联网+"条件下这三种基本方法都有了浓厚的网络色彩，并且能够在"互联网+"的"结构重塑"中融为一体。如2019年1月1日上线的"学习强国"App。该学习平台是由中宣部组织建设的立足全党、面向全社会的科学理论学习阵地和思想文化聚合平台。平台不仅开设了"新思想""十九大时间"这样的重磅栏目，也有中央主要新闻媒体提供的原创优质内容。海量、免费的图文和音视频资源，让"学习强国"学习平台成为了习近平新时代中国特色社会主义思想最权威、最全面的信息平台，既可以确保广大党员干部随时进行学习，同时也可以对学生进行思想政治教育，有利于大学生增进理论修养，提高思想觉悟。"学习强国"学习平台由PC端、手机App端两大终端组成。平台聚合了大量可免费阅读的期刊、古籍、公开课、歌曲、戏曲、电影、图书等资料，PC端内容包括学习新思想、十九大时间、学习理论、红色中国、学习科学、环球视野、习近平文汇、学习电视台、学习慕课、学习文化、强军兴军、美丽中国等板块。已经陆续有马克思主义学院的教师将"学习强国"App引入思想政治理论课堂教学，该平台也逐渐受到更多的大学生的关注和喜爱。通过该平台的学习，大学生既可以随时随地地进行思想政治理论的学习，同时也能看到同龄人的出色表现，在学习道德模范典型事迹的同时，"见贤思齐焉，见不贤则内自省"，既能丰富虚拟实践，同时还能进行自我批评，实现网络自我教育。

（二）"互联网+"协同育人

中国互联网学习的发展反映了中国互联网教育的动态进程，将教育信息化置于"能者为师、愿者为生"的格局中来推进。而功能强大、资源丰富、内容全面、形式多样的网络思想政治教育平台能够在科学把控"互联网+"高校思想政治教育中以高远的视野开创实践新境界。它吸引思政教育工作者到网络平台上,对学生的问题进行指导,多方面、多角度关注和帮助学生。在网络平台讨论区与学生沟通,针对棘手的问题,可以邀请学生深入讨论,从而形成思政课教师、辅导员在内的网络沟通系统连接点,使思想政治教育工作更加高效快捷,通过这些环节,达到思想政治教育"协同教育"目的。

三、线上线下混合法

(一) 线上线下融合的必要性

要提升思想政治教育的效果,线上和线下两块阵地都要守护好。线上线下混合式教育方法,可以把线下群体学习优势与网络学习的个性化融为一体,这是信息技术与教育深度融合的有效方法。随着互联网、信息技术、人工智能快速发展,线上线下混合式教育已成为高校思想政治教育研究和实践的新形态,这种教育方式需要综合运用不同的学习理论、技术手段和应用方式,对教师的教育资源建设、教育设计和教育管理提出了更高的要求。

(二) 线上线下结合的可操作性

开展线上线下相结合的高校思政教育,一方面,在日常学习时,学生可以通过网上授课的教育平台与教师、同学进行及时沟通交流,解决学习中的难题。将答疑解惑的过程拓展到了日常生活中,使得高校思想政治教育真正进入到学生的生活。另一方面,线上线下相结合的教育方法,打破了时空地域的限制,在教育实践和教育评价反馈中构建出更完善的教育体系。在线上教育中,常用的教育方法有直观法,通过放映视频、音频片段向学生直观地展示所要传达的内容,并结合传统的教育法进行要点讲解,使学生印象更深刻。线下教育中可使用的教育方法更加多样,如讲授法、谈话法、讨论法、演示法、参观法、陶冶法、评价法、练习法、实验法、作业法、示范法等,还可以借助心理学的精神支持法、自我放松法、情绪排解法、注意转移法、正向暗示法、目标激励法、反向思维法等[1]。除此之外,教师还可以采取情景教学法、类比推理法等进行教育。线上线下教育的结合可以促进课上课下的连接、理论与实践的结合、现实与虚拟的碰撞。丰富的教育形式能够吸引学生的注意力,提高学生

---

[1] 《思想政治教育学原理》编写组. 思想政治教育学原理[M]. 高等教育出版社, 2016: 253.

的参与度，进而取得更好的教育成果。

四、沉浸体验法

（一）沉浸式学习

沉浸式学习（Immersive Learning），是指通过虚拟现实技术为学习者提供一个接近真实的学习环境，借助虚拟学习环境，学习者通过高度参与互动、演练而提升技能。思想政治教育沉浸体验在积极心理学领域是指：当人们在进行社会实践活动、实验、学习活动时，如果完全投入到所创设的情境当中，注意力专注，并且过滤掉所有不相关的知觉，即进入德育沉浸状态。沉浸体验教育是一种正向的、积极的心理体验，它会使参与者获得极大的愉悦感。伴随着计算机技术的发展，沉浸教育还可以延伸至人机的互动讨论，这时沉浸体验教育也指活动参与者进入共同经验模式，意识集中在很小的范围之内，其他不相关的知觉和思考都被过滤，仅对具体的目标和明确的回馈有反应，并且对环境产生控制感，如仿真模拟训练、游戏化学习（Serious Game）、角色扮演、大型多人在线交流。这样既可以给受教育者创设量身定制的德育套餐，又能够丰富思想政治教育的内容。比如通过对《大国重器》中的中国精神、中国智慧、中国智造的感性认识，深化爱国主义理性认识，在以后的社会实践中自觉转化为爱国的实际行动。

（二）沉浸式体验

VR、AR等虚拟智能提供了沉浸式体验，通过营造氛围让参与者享受某种状态，使用户有一种身临其境的感觉。网络思想政治教育既是教学形式又是教育内容，既是教育手段，更是教育目的。要想实现内容与形式的统一、手段与目的的统一，就要运用"互联网+"的学习优势、教育特征，坚持以习近平新时代中国特色社会主义思想为核心内容，加强教育的选题设置和教育内容的资源提供，建设思政教育虚拟仿真实践平台，加强网络思想教育过程的资源整合利用、技术支持和协作创新，加强虚拟网络仿真教育，重视思想政治教育的沉浸式体验教学。

"互联网+"条件下高校思想政治教育的沉浸式体验学习还可以结合榜样事迹和英雄精神展开。以榜样人物、英雄事迹为依托，建设相应的虚拟仿真实验课程讲述典型人物事迹，沉浸体验故事情境，通过榜样示范法来达到思想政治教育的目的。如湖北师范大学创建的"思政虚拟现实（VR）实践实训室"。

虚拟现实是一种具有沉浸感、临场感和多维感的高级人机界面，学生通过感官、语言、手势甚至表情等比较"自然"的方式与计算机进行交互，完全置身于一个"超越现实、身临其境"的综合学习环境中，如"四渡赤水""飞夺泸定桥"等。在这个全新的环境中，学生自主学习的空间更加广阔，创造性的思维更加活跃，学习效果获得了空前的提高。此外，还应加强提高教师的修养与人格魅力，使教育者成为学生身边的榜样。榜样有强大的教育意义，要开发建设弘扬中国精神、宣传英雄人物的虚拟仿真实验，使学生熟悉英雄人物、模范人物。比如红船精神、井冈山精神、长征精神、延安精神、大庆精神、"两弹一星"精神、雷锋精神、改革开放精神以及抗洪抗震精神、女排精神、"抗疫精神"的先进人物的沉浸式教育，燃起了学生深深的敬佩之情、爱戴之意，英雄们高大的形象深深地印刻在了学生的内心深处，激励学生要做他们那样的人，拥有正直、无私、乐观、坚守的品质。[1]

五、融通协调法

（一）对话沟通

社会发展的新形势对当代高校思想政治教育提出了更高的目标。首先，建立党委的统一领导，明确责任分工；其次，学校内部还应建立同步协调的机制。在国家重大政策或社会事件发生时，要科学安排工作，按照认同原则进行教育，为学生营造上下呼应的良好学习氛围。此外，辅导员也要发挥自己的作用，加强与思政课教师的沟通，通过联席讨论，找到更有效的解决学生思想问题的办法。不仅要管理日常教育，还要在具体事务中动态把握学生的思想，具体问题具体分析，并不断总结经验，丰富教育内容，从而增强思想政治教育的生命力和针对性。

"互联网+"新时代下，想要推进思想政治理论教育常态化、范式化，真正取得实效性效果，就必须加快建立一个资源整合的长效协调机制。各职能部门、全体员工都要主动开展立德育人的工作责任制，充分发挥各部门的相互帮助、协调促进作用。要联合组织起来，由学校思政课牵头，联合宣传部、校团委、学生处、网络教育中心等具体开展工作。各学院团委、学生处、宣传部共同承担学校思想政治教育和教育资源网站的建设，使用网络开展思想理论政治教育资源和网络教育舆情动态监测、思想政治教育教师的队伍体系建设。思想

---

[1] 陈登源. 女大学生价值观教育接受问题的实然分析与应然追求——基于女性主义教育观视角[J]. 凯里学院学报, 2015（1）: 142-145.

理论政治课程教研室，要深入了解当代中国大学生实际的思想政治状况，相关学术教师和人员可根据各学生的不同成长、发展需要，协助制订更合理的思想政治教育教学计划。

(二) 共商共促

网络是一个公共的虚拟空间，高校的思想政治教育一定要紧紧依靠、牢牢守住、彻底用好这块阵地。高校思想政治教育要尽己所能最大化地将正能量的知识、信息、内容散播、传递到互联网之中，运用、依靠网络的磅礴力量扩大主流意识形态、主流价值观、社会主义核心价值观等的传播力、影响力，占领网络空间，加强思想政治教育的实效性。[1] 在信息网络不断涌现和快速更新的今天，高校建立信息网络的关键和难点，仍然在于如何有效保持网络用户的参与度。平台发挥作用的重要基础就是满足广大学生的学习需求，增强大学生对网络教育平台的依赖性。在活动形式上，要不断增强广大学生的自主参与意识和互动交流意识。在开发设计和运行开发软件方面，应特别注意改善用户操作体验。

目前，高校思政教育从面对面的教育逐步转向以网络技术为依托的线上教育，这对思政教育来说，要改进教法，要更加注重教育内容和教育形式相统一，不断增强思政教育的思想性、理论性和亲和力。青年学生思想活跃，接受新鲜事物快，但知识结构、思维方式还处于逐渐完善的阶段，为了提高学生思政教育的参与度，要从青年学生的思想实际入手，多用通俗易懂的语言、生动鲜活的事例、新颖活泼的形式，多运用信息化、数字化手段活跃教学气氛，让青年学生积极参与思政教育。还要引导学生参与现实问题讨论，有表达、有辩论，激发他们深入思考理论问题的兴趣和潜能。网络形式的思政教育提供了更多互动式、交流式、展现式、宣传式的教育方法，有益于增强学生的参与性和主动性，在活动与行动中长知识、受教育。

在网络环境下，思想政治教育还要坚持稳定一致的方法，增强思想政治教育的权威性，加强思想政治教育的有效性。要加强网络规范，切实加强大学生网络安全法制教育，提高其网络安全保护意识。要避免或及时消除有害的网络信息环境因素，尽快确立新标准来改善网络环境。净化、优化网络信息环境，势在必行。

信息文化素养在当今时代显得格外重要，网络学习环境的不断优化、发展离不开大学生的积极参与和大力支持。大学生的网络信息安全意识与素质对网

---

[1] https://www.21ks.net/lun.

络信息环境的不断调整与完善起着关键作用。因此，要借助网络技术开展思想政治教育，加大全体大学生网络法律与道德的提升教育，加强大学生的道德修养与法律意识，增加他们善于发现问题并且善于解决问题的能力，帮助大学生们既知法又守法，使其在网络上的言行举止符合法律法规的基本要求，提高网络信息的免疫力。

第六章 "互联网+"高校思想政治教育的载体与途径

高校思想政治教育不仅关系着大学生正确"三观"的形成,更重要的是它涉及未来国家建设者和接班人的素质培养。随着经济社会和互联网的高速发展,思想政治教育工作也面临着新挑战。互联网的高速发展,不仅改变着人们的生活和交往方式,也改变着学生的学习方式,并较为深刻地改变了高校思想政治教育的方式、载体和途径。新时代,随着思想政治教育的内容不断丰富,教育载体与教育途径对受教育者来说愈显重要,教育对象需要更加多元化的载体与实施途径,以便教育者和教育对象实现双向互动。因此,要想提升思想政治教育的有效性,更好地实现思想政治教育的目标,必须有相关的载体和途径来支撑。❶

第一节 "互联网+"高校思想政治教育的载体

在"互联网+"的时代背景下,大学生的学习方式、思想观念都发生了深刻变化。在这种形势下,高校思想政治教育同样也面临着改革,与传统思想政治教学相比,新载体下的大学生思想政治教育更具多样性、创新性、广泛性和持久性,面对新挑战,助力大学生树立正确的世界观、人生观以及价值观,成为提高大学生思想道德素质的重要内容。

---

❶ 戚佳锐. "微时代"背景下的大学生思想政治教育研究——以微博、微信为例 [J]. 华夏地理, 2014 (12): 23-24, 25.

一、"互联网+"高校思想政治教育的载体类型

(一) 课程载体

"互联网+"思想政治教育课程载体既包括高校思想政治理论课又包括课程思政。当然,思想政治理论课是高校立德树人的关键课程,是核心的课程载体。"互联网+"的跨界融合、创新驱动、重塑结构、尊重人性、开放生态、连接一切可以很好地打破长期以来思想政治教育与专业教育相互隔绝的"孤岛效应",将立德树人贯彻到高校课堂教学全过程、全方位、全员之中,推动思政课程与课程思政协同前行、相得益彰,构筑了立德树人、"三全"育人大格局。习近平总书记指出:"要用好课堂教学这个主渠道,思想政治理论课要坚持在改进中加强,提升思想政治教育亲和力和针对性,满足学生成长发展需求和期待,其他各门课都要守好一段渠、种好责任田,使各类课程与思想政治理论课同向同行,形成协同效应。"

"互联网+"条件下,如何借助课程载体"因事而化、因时而进、因势而新"呢?这需要大力推动五大类一流课程(线上一流课程、线下一流课程、线上线下混合式一流课程、虚拟仿真实验一流课程、社会实践一流课程)建设。毋庸置疑,课程依然是对大学生进行马克思主义基本原理教育、宣传爱国主义思想教育的主要载体,但随着"互联网+"时代的到来,思想政治教育课程载体的整合与共享被进一步丰富与发展了。一方面,一些一流院校可以利用本校独有的优势去开发共享型的网络思想政治教育课程资源,供其他地方院校学习和使用,弥补国家教育资源不平衡的现状做出努力;另一方面,一些地方高校也可以通过互联网,利用相关的优质资源去开设一些特色思想政治教育课程,鼓励大学生选择对自身有帮助且感兴趣的课程来学习,努力提高学生自身的综合素质与能力。

(二) 活动载体

教育者要在思想政治教育过程的实践性特征的引领下,从实际出发充分挖掘受教育者的潜能,提升学生的思想政治素质,引导学生通过实践活动去认识和改造客观世界,促进自身的全面发展。要利用互联网信息资源的共享和互动,充分调动社会各方面力量,最大限度的发挥应有的作用,形成思想政治教育与育人效益最大化;要努力打造实践教育的特色主题活动,充分利用互联网教育平台,改变以往教育信息的滞后性,让更具特色的思政实践活动使学生锻

炼成长，形成网络实践活动新模式。

教育者要充分利用网络学习平台大数据来分析各项网络教育实践活动的指标，开展"好学生排行榜""时事政治演说家""大学生讲道德榜样""思政微电影"等系列活动，着力打造微信公众号、官方微博号、校园专属 App 等，探索"师生面对面""网络中的你和我""身边好故事"三大板块教育模式，使"互联网＋"与学风建设相结合，推动网络实践育人效果。

（三）管理载体

思想政治教育的管理载体是思想政治教育载体系统的一个有机组成部分，是一种客观存在，在思想政治教育中发挥着重要的作用。管理载体是指思想政治教育主体通过建立组织把教育客体有效地组织起来，对他们进行教育，或引导他们进行自我教育。高校管理载体的典型如团支部、学生会、班级、社团等，它们都是由思想政治教育主体（政工干部）按照一定的原则和形式将教育客体（学生）组织起来的基层。互联网平台在党团建设、学生会、社团等方面，已经发挥出了非常大的作用，也取得了一定的实效，但是仍被因信息不对称和信息滞后制约着。发挥管理载体的有效途径之一，就是利用互联网实现高校、组织和个体三方的信息资源共享，打造思政育人管理一体化模式。

（四）网络平台载体

当今世界无时无刻不在发生着变化，而网络思想政治教育环境和教育对象的需求也在发生着变化。网络教育资源的丰富和网络学习途径的便捷，使教育对象对学习时间、场所和方式等自主性的要求越来越高。与过去的思想政治教育载体相比而言，网络思想政治教育载体更具时代特色，更能体现出当代社会信息化、网络化的发展趋势。因此，我们既要重视时代变化以了解当前环境，又要顺势时代变化以适应当前环境。每个时代有每个时代的课题，随着中国特色社会主义进入新时代，我国高校思想政治教育改革发展也站上了新的历史起点，思想政治教育工作者要时刻保持创新观念，依据新情况，运用新载体来开展网络思想政治教育工作。

高校可以利用校园网络平台创建线上学习模块，并联合学校的网络技术人员去完善、维护系统。采用交互式的网络平台学习模式，使每个大学生都能参与到思政的学习当中，在特定的网络框架中进行双向交流互动，改变过去"填鸭式""漫灌式"的教育模式，师生还可以在网络平台上进行深度的交流与讨论。思政教师可以通过平台与学生共同探讨生活、学习中遇到的问题，进而增加了大学生思想政治教育中的"人情味"。此外，在"互联网＋"的时代背景下，面对多元价值观和多元文化的多重冲击，高校思政教师应该要牢牢坚守住主流文化，加强主流文化引导，优化思政教育模式，整合教学内容，提高大学生思想政治教育的实效性。

二、"互联网+"高校思想政治教育的载体建设

（一）一流课程载体建设

线下一流课程。这主要指以面授为主的思政课程和课程思政，它以提升学生综合能力为重点，重塑课程内容，将思政教育元素与创新教学方法相结合，打破传统教育状态，焕发课程育人生机活力，适当借用网络教学技术，较好发挥课程育人主阵地、主渠道、主战场作用。线下一流课是理论与实践一体化课程，需要根据所教专业不同进行特定设计和按需实践。课程围绕教育技巧、教育思维、教育方法、教育目标等方面，帮助学生提高综合素质水平。

线上一流课程（精品在线开放课程）。随着互联网的迅捷发展，在线开放课程变得越来越普遍化、常态化。其中，最成功的在线开放课程当属慕课。与传统的思政课程相比，慕课具有高度的优越性。具体而言，高校要积极洞察学生的心理特点，深入了解学生的兴趣所在，明确学生的多样化需求，对症下药，不断优化在线开放课程平台，不断激发学生学习的积极性、主动性，不断增强学生的充实感、获得感，不断提升在线开放课程的育人效果。"线上一流课程"平台最大的亮点就在于它强大的互动性特点。一方面，学生可以将自己遇到的疑难问题以及实际困难传递给教师，另一方面，教师也可以为学生提供有针对性的指导和建议。一来一往，师生之间的友好关系和感情得到了加强，学生的困难和问题也得到了有效解决。对于提升思想政治教育的育人效果也起到重大作用。

线上线下混合一流课程。此课程是"互联网+"思想政治教育的另一种形式新颖、内容丰富的载体，教育界对其给予了充分重视。混合课程有着自身独特的特点与优势，它打破了机械呆板的课程授课形式，生动丰富的视频、灵活的互动方式受到了学生的青睐与喜欢。除此之外，混合课程的共享特征也是它的一大亮点，学生只需要使用手机或者电脑，就能够随时随地观看教师录好的视频。混合课程使思政教育取得了良好的育人效果，开创了全新的育人局面。对于思政教师而言，要增强对网络课程的了解，熟悉操作流程，运用好混合课程载体，结合本校实际对校内课程进行改造，要安排20%~50%的学时，打造混合课程载体"金课"。

虚拟仿真实践一流课程。虚拟现实技术是当前信息技术快速发展的代表，高校思想政治教育可以充分运用这一新技术，增强思政教育的时代感和吸引力。虚拟仿真课程能够全方位调动学生的视觉、听觉、触觉等，实现身心感受的联结，增强学生学习的感受力。虚拟仿真技术在思政教育的应用潜力源于其在激发学习动机、增强学习体验、创设心理沉浸感、实现情境学习和知识迁移等方面的优势。它实现思想政治教育由"教师为中心"向"学生为中心"转变，把被动学习变为主动学习，把单向传递变为双向互动，把主要用"心"学习变为"身心"并用，激发了学生的学习兴趣，提高了育人实效。它使教育手段由相对单一向丰富多样发展，让学生观察到在现实生活中不能观察到的事物。借助虚拟仿真技术，可以对无法到达的场地和过往的历史事件进行仿真，形成了新的教育模式，形成了开放立体的教育空间，增强了思想政治教育的感染力和影响力。

社会实践一流课程。以培养学生综合能力为目标，通过"青年红色筑梦之旅"、"互联网＋"大学生创新创业大赛、创新创业和思想政治理论课社会实践等活动，推动思想政治教育、专业教育与社会服务紧密结合，培养学生认识社会、研究社会、理解社会、服务社会的意识和能力，建设社会实践一流课程。课程配备实践指导教师，具有稳定的实践基地，学生用70%以上学时深入基层，保证课程规范化和可持续化发展。

思创融合课程。创新是新时代的最强音，培养具有创新精神和创新素质的时代新人，既是高等教育的使命，也是思政教育的新任务。思创融合课程就是以学生的创新、成长和成才需求为切入点，将思政教育的育人功能和学生综合素质发展有机统一起来，创新教育内容、方法和手段，促进学生成为有创新精神、创新素质、创新能力的人。思创融合课程从教育系统论的角度，突出"创新教育设计、融合教育模式、特色实践活动、创新项目指导"四大特征，结合学生创新、成长、成才培养目标，将"知识传授、素质提升、能力培养、人才开发"教育原则渗透在教育过程中，通过集成新媒体教育资源、网络时空教育延伸、融合实践教育方式，实现思创融合课程育人目标。

（二）活动载体建设

营造"新语态"交流活动。开展网络思想政治教育，教师要学会倾听学生，学会运用网络流行语言对学生开展思想教育工作，与学生平等地交流，抛开传统的说教，放下教师的威严，尊重理解学生，真心关心和帮助学生，满足学生的心理需求，使思想政治教育更具亲和力和感染力，进而促进学生健康地成长成才。要真正做到与大学生平等交流、沟通，就要读懂大学生的话语，走进大学生的内心，学会运用当下流行的词汇与大学生进行日常交流，这样就能拉近与大学生之间的距离。因此，要多把眼光放在大学生所喜爱的网站及多媒体应用上，及时了解并掌握最受大学生热捧的潮流语言，通过学习使用这些词语，不仅能拉近与大学生的距离，也能大大加强同环境下生活的亲切感。

打造"新形态"主题活动。主动占领网络思想政治教育的"微阵地"。在"微时代"的背景条件下，高校应该充分运用微博、微信等大学生喜闻乐见的网络平台，建立并能有效控制属于大学生自己的网络空间，利用这些"微阵地"，对大学生进行有针对性的思想教育和引导。要鼓励更多优秀的大学生去主动担任各类微博、网站等的小管理员，使他们能够成为微时代的引领者，能够在舆论中引领正面导向，在谣言、虚假信息中勇于纠错。[1]要引领大学生深入开展网络"微活动"，还可以组织大学生去创作并积极参与反映社会主流价值观的微视频、微电影。通过这种大学生喜闻乐见的互动式交流，将枯燥乏味的"大道理"转化为大学生更易接受的"小道理"，思想政治教育也能够取得更大的实效性。

构建"新生态"的网络环境。以更加积极的主导力量去驱逐当前网络中存在的负能量，更多地去建设政治色彩鲜明、反映大学生心理诉求的思想政治教育主题网站，争取在网络空间占有更多的领地。建立大学生网络媒介素养评价机制，发展完善思想政治教育考评体系。[2]提高对大学生网络素养教育的重视程度，注重对大学生的网络诚信意识、网络安全意识和网络运用能力的培养，提高大学生创新能力和网络技术水平的培养。

（三）管理载体建设

思想政治教育工作者应该改变以往的僵化思维，以平等、开放的眼光审视网络，促进思想政治教育不断取得进步，获得新发展。无论是党团组织，还是学生会、研究生会、班级、社团等组织，都是先进青年和广大学生的桥梁和纽带。这些组织队伍庞大、联系面广，有广泛的群众基础，对广大学生有强烈的吸引力。开展各类"互联网+"主题活动在学生中有很大影响，可以为不同需求的学生提供广阔的发展空间，从而有效地增强思想政治教育的针对性和吸引力。要以发展的眼光、开明的心态看待网络中的大学生，"互联网+"时代下，面对学生出现的问题不能回避、不能拒绝，更不能压制，要学会正确去处

---

[1] 戚佳锐. "微时代"背景下的大学生思想政治教育研究——以微博、微信为例 [J]. 华夏地理, 2014 (12): 23-24, 25.

[2] 戚佳锐. "微时代"背景下的大学生思想政治教育研究——以微博、微信为例 [J]. 华夏地理, 2014 (12): 23-24, 25.

理、引导和沟通，主动到虚拟世界中寻访大学生的需求和渴望，深入倾听大学生心声和诉求，积极回应虚拟世界中大学生所关切的热点问题，因势利导解决大学生成长成才的需求。

科技的日新月异带来了网络信息的高速发展，对高校开展思想政治教育活动也提出了更严格的要求。任何事物的发展都不能离开人，高校思政教育工作者是网络载体的建设者，他们的专业素养和理论水平影响着高校思政教育载体建设，因此，必须要建设一支理论素养高、专业能力突出的人才队伍。首先，最重要的就是要掌握丰富的专业知识与网络技能，不仅要加强基础理论知识的学习，还要努力提高专业素养与能力，要认真学习新思想、新观点和新理论，扎实提升教学教育技术，提高自身全面素质与能力。其次，要不断提高处理网络信息的能力，学习掌握相关网络技能，能够将思想政治教育的内容通过网络学习平台进行创新结合，弘扬网络正能量，唱响思政主旋律，不断深化思想政治教育的实效性，提高思政教育的影响力。最后，在构建高校思想政治网络载体的过程中，一定要坚定地突出对马克思主义信仰，树立坚定的政治方向，坚定正确的理想信念，凝聚社会主义建设的青春力量。

(四) 网络载体建设

新时代背景下，构建网络载体有利于提高高校思想政治教育的运行，一方面，必须要坚定思想政治教育的信念，改变填鸭式的传统教育教学方式，充分利用信息化技术加强校园网络建设，使广大师生在网络平台中潜移默化地接受教育，达到润物无声的效果。另一方面，高校提高对网络载体建设的重视程度，重点关注并有效解决运行过程中出现的问题。

创造一个绿色健康、文明和谐的网络载体。互联网作为当下最流行的传播途径，有着非常强大的舆论导向功能，对受教育者来说，这种载体会直接影响高校思想政治教育教学的实践活动，当然也会使教育效果受到一定的影响。网络舆论可以反映某种共同的社会心理和社会思潮，也可以为实现调控提供制约的力量，但是由于网络舆论本身存在着自发性的弊端，所以往往带有很多的非理性成分，在表达意志时，往往也存在着偏见。真理和错误同时混杂在网络舆论当中，即便如此，人们也依然向往着"言论自由"的虚拟网络世界，因此，必须适度引导大学生的言论走向，建设网络精神文明。作为网络思想政治教育的工作者，必须注意信息的方向性和正确性，要有意识地组织并去传递某些信息，帮助受教育者去理解和分析某些信息，提高思想政治教育在互联网中的质量。通过正面的宣传引导，形成正确且强有力的舆论态势，及时对网上的有害信息进行有力地回击并予以清除，促进大学生的思想发生正向的变化，真正做到以正确意识引导学生发展。

在互联网高度发达的时代背景下,高校可以开展各式各样的网络思想政治教育活动,丰富教育教学工作。不断地建设网络学习平台,并利用网络学习平台将思想政治教育活动注入其中,进而拓宽网络载体的影响力,增强思想政治教育活动的运行效力。首先,在高校思想政治教育网站建设方面要加强监督力,用正确的舆论导向对网络信息及时进行净化处理,摒弃不良信息,最大限度地降低错误信息的侵害;紧跟时代潮流,不断更新网站信息,确保信息实时化,为高校思想政治教育的发展营造一个良好的氛围。其次,思想政治教育的发展需要网络学习平台的有力推动。思想政治教育网站平台的建设并不是一蹴而就的过程,一定要确定指导思路和原则,保持耐心,循序渐进地推动其建设。在对思想政治教育网站进行建设的过程中,高校应该依据当前大学生的心理现状和思想现状,来对其进行思想政治教育,引导其通过网络学习平台的学习提高自身品格,健康成长。再次,拓宽网络载体的效力还要在内容和方式上进行丰富和创新。时代的迅猛发展和人们个性需求的不断变化,都在彰显着社会需要,我们应当充分考虑这些情况,比如可以将思想政治教育的内容注入大学生喜闻乐见的网络社交平台,使大学生在休闲娱乐的同时也能不断接受思想政治教育的理论知识,进而提高育人效能。❶ 最后,在开展网络思想政治教育活动的过程中,可以适量增加一些充满趣味性又体现教育意义的案例,或是增添一些趣味图片、视频资料等,摒弃单一的文字形式,丰富教学形式,使学生能够更好地去理解并掌握思想政治教育的内容,提高学习积极性,提升学习的效果。

(五) 完善网络载体的规章制度

高校思想政治教育网络的正常运行必须要有严格有力的规章制度来保障。也就是说,高校思想政治教育网络载体必须要建立健全规章制度,这样才能更充分地发挥出应有的功效。第一,在网络载体运行的过程中必须要建立明确的权责管理制度,使各个岗位的工作人员都能够按规章制度办事,按职责办事,真正做到在其位谋其职。此外,要明确高校思想政治教育网络载体的管理地位,推动高校思想政治教育网络载体能够有序运行。第二,要注重信息之间的交流与反馈,确保高校思想政治教育网络载体在运行中能够实现顺畅交流,这不仅有利于提升网络载体的运行效率,更有利于思想政治教育管理者吸收更多的建议对策,最终也达到丰富思想政治教育工作内容的目的。第三,要建立切

---

❶ http://www.ict.edu.cn/ht.

实有效的监测机制,对网络信息的数据分析进行及时、有效的反馈和总结,对高校思想政治教育网络载体的运行进行监测,通过监测结果推进网络载体的建设,最终推动高校思想政治教育通过网络载体继续创新、继续发展。❶

另外,要注重创建完备的保障机制。网络是表达观点引起舆论讨论的中介平台,但是由于大学生心智尚未完全成熟,思想很容易受到波动,而且从众行为较为突出,一旦对消极网络舆论的引导不及时,极有可能会引起群体性事件,因此,完善网络载体的保障机制对营造良好的网络环境有着非常重大的意义。第一,做好大学生对舆情的讨论及监督反馈,利用相关设备系统对其关键的词汇等进行数据处理和分析,对有关信息进行分类汇总与整合,形成对网络热点话题、网络动态以及主体意见等的实时统计报表。第二,优化网络的组织保证,要培养一支既懂高校思想政治教育方法又懂网络技术应用的新型高校思想政治教育工作者队伍,以及精通网络技术且富有网络道德的"网络环保"志愿者队伍。新时代,随着网络技术的不断发展和普及,网络要想成为一种教育手段,成为高校思想政治教育的一个新阵地,就要使高校思想政治教育的工作者不仅仅会使用网络,还要与计算机工程技术人员结合,成为高校思想政治教育网络建设的工程师,及时地发现并抓住网络中存在的问题,有的放矢地开展工作,担当起高校网络思想政治教育的重任,做网络环境优化的"排头兵"。

第二节 "互联网+"高校思想政治教育的途径

"互联网+"视域下思想政治教育方法进行创新就要将互联网和思想政治教育充分融合。21世纪,互联网的全面发展促进了移动互联网和移动互联设备的革新,移动设备纷纷进入5G时代。而手机作为最普遍的移动设备,已经成为学生学习的重要工具,此时,思想政治教育教师更应该与时俱进,不断更新教育理念,引导大学生辩证地看待手机,正确使用手机。这是高校思想政治教育教师必须积极面对并思考的问题。以大数据为技术手段,通过平台统计大学生参与各类思政教育活动的情况,分析哪种活动更受大学生的喜爱,同时对大学生进行相关满意度的测评,并依据学生提出的意见建议进行整改。思政教育工作者还可以利用大数据去分析大学生的不同需求,对不同学生开展有针对

---

❶ 陈大鹏. 移动互联网背景下高校思想政治教育的困境与超越 [J]. 江苏高教,2017(1):64-66.

性地教育和引导。这些不仅有助于思想政治教育工作者优化教育内容、创新教育方式,更有助于积极探寻思想政治教育新的实践路径,促进网络思想政治教育的继续发展。

一、以学生为本

在"互联网+"背景下,高校思想政治教师要改变过去"一刀切"的教学理念,要以个性化学习理念指导教学工作。现阶段,信息大爆炸为大学生思想政治教育带来了海量的学习资源,这些资源内容、表现形式存在显著的差异,可以满足不同层次、不同理解能力学生的学习需求,学生可以根据自己的喜好来选择学习的内容。思政教育工作者应该充分认识到"互联网+"时代带来的变化,要围绕学生的实际需求整合教育资源,不要只是一味地灌输,要针对不同基础、不同学习能力的学生而制订不同的学习方案,努力做到因材施教。学生各项信息都可以通过大数据进行分析,根据学生动态学习状态,不断调整教育方案,有针对性地开展教育互动。教师还可以依托系统的数据模型技术,从基本素质、实践能力、未来方向等方面为学生提供相应的指导。[1]

"互联网+"思想政治教育具有柔性特征,这种柔性主要集中体现在对受教育者个体的人文关怀和激励功能。随着"互联网+"时代的到来,思想政治教育更多地从关注社会价值到个体成长价值转变,增加了思想政治教育对受教育者的吸引力和感染力。人文关怀教育理念对思想政治教育的有效性提升起着积极的促进作用。人文关怀注重人的本质,主张人的价值实现,以尊重人、关爱人、发展人、塑造人为目的,而思想政治教育个体价值其核心也是以人为宗旨,重视人的价值实现,以提升人的思想品德的全面发展,最终为促进个人的全面发展从而带动社会的和谐发展作出贡献。"互联网+"思想政治教育要充分将人文关怀与思政教育相结合,"以学生为本"提升其思想政治品德的全面发展。思想政治教育的激励功能,能够诱发与活化思政教育的动力,使其产生向教育目标积极靠拢的精神力量与推动力度。在激励活动中深度开发与挖掘"互联网+"思想政治教育的潜能,使学生的学习变得更加积极、主动、富有创造力,进而推动学生创新实践锻炼自己,提高素质和能力,实现思政教育效益的最大化。

---

[1] https://www.gwyoo.com/lu.

二、双向教育

受"互联网+"技术发展的影响,教师的权威地位与话语权受到了一定程度的挑战,而今,思想政治教育更是强调了学生的主体地位,这对学生和教师的地位都产生了极大的影响。在"互联网+"的时代背景下,大学生往往更为主动,掌握着更多的信息与网络话语权,教师要跟上"互联网+"这一时代潮流,否则教师往往将被动,面对这一情况,高校思政教师应该树立学生主体性的理念,将主动权交给学生,充分认识当代大学生在网络新环境下的新特征,认识到学生并不是无条件地接受课本知识与课堂教学内容,他们在学习过程中也逐渐成为思想政治教育资源与信息的发布者,由过去的单向学习变为双向学习。因此,高校思政教师在教学过程中应该及时转换教学地位,转变教学理念,要比学生更为主动地学习与了解新的知识,积极地走在时代潮流的前端,以便更好地指导思政教学。

学生是思想政治教育的对象,因此,教师必须牢牢树立"以人为本"的教育理念。新时代未来的发展方向应该是学生个人发展的导向,在对大学生进行思想政治教育的过程中,必须秉持"一切为了学生,为了学生的一切"的理念,在努力引导大学生的同时,也要充分尊重每位大学生的个性。在高校思想政治教育理念的创新过程中,必须始终坚持"以人为本"的教育理念,即使大学生与思政教育者的教育地位发生了巨大的变化,教师也应正确地看待这一变化过程,及时转变角色,由过去的绝对权威变为促进者,以学生为中心,真诚尊重、理解和关心学生。

三、新媒体教育

在思想政治教育中,教师掌握着教育的主导权,因此,教师有责任引导学生合理使用移动端的学习。例如,教师可以通过移动学习平台、微信等工具设置一些小问题,让学生在手机端进行充分讨论、交流等,这有助于增加同学们之间的协作能力,加强学生对教育内容的深入了解,在一定程度上激发学生学习知识的热情和积极性,强有力地提升了育人效果。当下的移动学习平台数不胜数,教师与学生们可选择性非常多,但一般而言使用学校许可的相关教育平台进行学习,教师将一些最新教育内容发送至学习平台上,让同学充分的研究讨论。教师利用移动学习平台,上传课件和相关学习资料供学生进行科学研究或创新活动,使学生能够随时随地进行学习。学生可以通过留言等功能实现与教师的及时沟通，加强师生联动，不断激发学习的热情。

除此之外，思想政治教育教师还应该审时度势，把更多的眼光关注在新媒体上。随着科技的进步和互联网技术的不断发展，当下流行的"抖音 App""快手 App"等新媒体也逐渐成为人们的手机必备软件。在此情况下，思想政治教育教师可以将理论知识以更具趣味性的短视频的形式呈现在这些应用上，使学生们能够潜移默化地接受思想政治教育。当然，这带来的不仅仅是教育过程的创新，还有教育理念的进步，更能充分调动学生学习的积极性。

四、拓展教育

互联网的快速发展使得思想政治教育的教学方法更为多种多样，高校思政教育工作者应该要紧跟时代潮流，进一步改善了学科的教学效果，以学生喜闻乐见的方式开展思想政治教育。

首先，教师可以根据教育内容借鉴互联网资料与素材，结合学生专业情况，立足实践体验设计教育活动，改变过去思政教育传统方式，利用互联网创设相关教育情境，为学生营造轻松、愉悦的教学氛围，让学生在契合自身心理特点的情境中学习理论知识，进而改善思想政治教育的效果。

其次，教师还应该注意"互联网+"技术在课外教育中的优势，探索适合大学生身心发展特点的课外教育方法。现阶段，大学生群体越来越离不开微信、QQ 等社交软件，所以思政教育工作者完全可以利用 QQ、微信等软件成立公众号或者组建班级群，在班级群中上传学习资料，学生可以将学习资料下载并进行线下自主学习。除此之外，微信公众号、官方微博等可以成为大学生思政教育的主阵地，定期向学生推送消息；还可以利用校园广播、公共宣传栏等媒介播放与思政教育有关的视频，使学生在日常生活中随时可以接触到思政教育的素材。相信大学生长期在此环境的影响下，思想政治素养自然会得到快速提高。

最后，利用信息技术与学生家长合作，实现协同育人。高校思政教育工作者可以通过微信等实时与学生家长交流，就学生的价值观、思想道德水平、思想政治学习情况等与学生家长积极沟通，与家长合作共同引导学生树立正确的价值观。同时，高校思政教育工作者也可以通过与家长的沟通进而了解学生在家的行为，调整思政教育内容，进而提高学生的思想政治素养。

五、顺应共生

从根本上而言，思想政治教育的目标及内容就是服务和顺应学生成长成才,通过教育活动帮助学生塑造提升和自我管理,解决制约发展的突出问题,进而提升思想政治教育的实效性。网络世界毕竟是一个虚拟环境,在这样的环境中,思想政治教育必须充分发挥出应有的作用,营造良好的网络氛围。当今时代,各种文化相互碰撞,在这种情况下,一定要坚守住马克思主义的阵地,加强理想信念教育,用开放、灵活的方式,突出社会主义核心价值观教育,覆盖虚拟生活,丰富学生的思想及现实生活,使正确的价值观入心、入脑、入行,通过通俗化、网络化的语言和形式,弘扬爱国主义和集体主义主旋律。思想政治教育教师负责设计和规划各类主题教育,同时对各类活动进行辅导和指导,❶重点在于确保学生的活动能够形式多样、多姿多彩,并在活动发起、组织实施和过程管理等方面都给予学生充分的主动权。"互联网+"技术也为广大学生群体自主选择感兴趣的内容提供了更大的便捷,他们可以依据自己的专业、感兴趣的热点问题,创新主题活动内容与形式,使大学生的主体地位得到充分的尊重与体现,进一步调动了学生参与活动的热情。

良好的教育环境是受教育者学习的外部动力,在"互联网+"时代下,学生接触的信息丰富多样,当接触到不良信息时,不仅会对学生本人产生影响,甚至还会对周围人群产生负面影响。因此,必须加大对网络设施建设和管理的投资力度,在"互联网+"的背景下,借助网络通信技术更好地服务于思想政治教育,充分挖掘出优秀的教育资源,创建良好"互联网+"思想政治教育环境。

六、"微思政"

其实每个人都可以是思想政治教育的工作者,都可以利用微博、微信等做正能量的传播者和良好网络舆论环境的塑造者。当代大学生和互联网技术共同成长,他们对各种各样的多媒体应用和网络社交平台有着非常娴熟的技巧,也正是因为紧跟潮流,他们有着这个时代特有的个性化特征以及独到的见解。"微思政"使思想政治教育的主体由教师逐渐转移为学生,通过利用有趣、多样、便捷的传播渠道,吸引了广大学生群体,满足了大学生们多样化、个性化和自主性的需求。要运用新媒体新技术使思想政治教育工作活起来,将思想政治教育的传统优势与信息技术相融合,切实发挥"互联网+"的创新驱动作用,探索"微思政"的思想政治教育途径。❷适应"互联网+"时代的必然选

---

❶ 殷一璀.开拓创新 切实加强高校思想政治教育工作队伍建设:在上海高校学生思想政治教育工作队伍建设推进会上的讲话[J].思想政治教育,2007(5).

❷ http://www.doc88.com/p-0.

择就是"微思政"。一方面，在网络舆论信息高度发达的环境下，各种信息泛滥，好坏掺杂，最为突出的就是西方政治意图的不良信息侵害，这些都给网络环境的发展带来了严重影响。另一方面，发展迅速的网络信息技术也为思想政治教育提供了丰富的教育资源，创新了教育形式以及拓宽了教育渠道。在思想政治教育的重心向网络逐渐转移的情况下，"微思政"也逐渐成为一种新趋势。

思想政治教育只有真正地走进学生，才能使影响力和感染力发挥出最大效益。"微思政"模式的运用充满感染力且符合实际，因而具有强有力的针对性。"宽带中国"战略的深化和移动通信网络环境的不断完善，使大学生的学习、生活和娱乐等都与网络息息相关，网络具象化、碎片化的传播特征，也使思想政治教育变得更加日常化和生活化。❶网络上的"微言微语""秒懂百科""微动漫""微视频""微解读"将会成为思想政治教育网络隐性教育的重要载体。除了强化主流网站的建设，在保持网站信息内容严谨性的同时，彰显出大学特色，提高网站的吸引力和影响力。还要强化新媒体的建设，弘扬正能量，唱响主旋律，实现各类媒体的资源共享和同频共振。

繁荣思政教育"微产品"。推出以大学学科特色为主题的系列展览活动，组织大学生拍摄社会主义核心价值观系列微电影，并举办网络评比活动，开展线上线下有机结合的网络文化节系列活动，最终达到在乐中学、在学中乐的润物于心的教育效果。❷提升网络媒体的服务功能，坚持以学生为本的教育工作理念，提供全方位的服务，利用网络积极开展各类咨询帮助服务，及时解决师生学习、工作以及生活中遇到的问题和困惑。围绕党的创新理论、重大主题教育等学习内容，开辟专栏，进行学习讲解；建立经典著作文献、优秀理论文章等网络资料库，大力推进网络公开课建设，推行网络教学，提高学生学习的兴趣和热情。精心设置网络议题。以重大节日、纪念日等时间点为契机，围绕社会主义核心价值观、理想信念、"三观"培育等内容设置话题，引导学生在新媒体平台上自由表达看法，充分了解并掌握学生的思想情况，积极构筑师生互动的长效机制，培育师生互动的良好局面。培育网络意见领袖，学校着力建设一支包括党政干部、思想政治理论课教师、网络管理和技术人员、学生党员骨干等相对稳定的"红客"队伍，取长补短，彰显综合优势，在应对舆情、引导舆情中积极、勇敢发声。❸

---

❶ http：//xsc.slzyjsxy.com/.
❷ 高军.科学探索 改革创新 努力开创大学生思想政治教育工作新局面：在哈尔滨理工大学加强和改进大学生思想政治教育工作会议上的讲话［J］.思想政治教育研究，2006（5）：1～5.
❸ 郑运旺."互联网+"背景下的高校"微思政"模式［J］.红旗文稿，2017（3）：9.

七、"大思政"

"互联网+"的大背景下,高校应当充分利用其带来的便利,开展多种形式的思想政治教育工作。具体来说,教师应当以大学生的实际情况为出发点,利用多媒体等设备,将理论性较强的思想政治教育内容与网络教育教学相融合,使大学生能够受到潜移默化的影响。与此同时,还应该紧随时代脚步,结合时代特色,充分利用新媒体平台适时更新网站内容,加强与大学生的交流与沟通,及时了解大学生的思想动态。

构建"互联网+"高校思想政治教育大平台:课程平台+实践平台+校园文化平台。高校应当建设"互联网+"思想政治教育良好育人环境,促使大学生树立正确的政治理想,坚定理想信念。此外,还要引导大学生树立正确的"三观",最大限度地发挥网络舆论在思想政治教育工作中所起的重要作用,加大校内外合作的力度,以思想政治教育的目标任务为基点,全方位净化网络信息。应用"三大课堂"联动理念,积极推进"思创专融合"教育教学,通过网络课程平台,开展思创专融合教育,使其成为"第一课堂";发挥网络的资源优势,建设"互联网+"新媒体学习平台,使其成为"第二课堂";利用网络虚拟系统开展大学生思政实践教育,使其成为"第三课堂"。通过这三大课堂"联动融合"的教育,使学生在学习相关知识的同时获得技能的培养和自信力的增强。

八、有效监管

在"互联网+"的时代背景中,大学生可以掩饰自己的个人信息与他人进行沟通交流。因此,高校应当重点加强对大学生的网络道德教育,严格规范大学生的网络言行,提高大学生辨析网络信息的能力。此外,还应当通过讲座、主题班会等形式,着力提高学生分析问题与解决问题的能力,引导学生学会正确识别各种网络信息,吸收有益的网络信息,屏蔽不良的网络信息。通过一系列的思想政治教育活动,提高高校大学生自身的互联网抵抗力、免疫力。

在"互联网+"的发展背景下,每个人都可以在互联网上自由地发声去表达自己的观点和看法,通过微博以及微信公众号等途径,很多信息都能在较短的时间内迅速地传播开来。而大学生群体正处在价值观养成的重要时期,心智尚未完全成熟,很容易受到不良思想文化的影响。因此,高校应当强化相关的制度规定,加强校园网管理,建立完备的网络信息监管机制,由专人负责看

管并维护学生经常活跃的网站,及时对负面信息进行过滤,为高校学生营建良好的网络文化环境,开展思想政治教育工作。❶

为使网络教育内容新颖、符合潮流,吸引大学生,高校应强化网络管理队伍的建设,形成专人负责网络管理的格局。组建一支政治觉悟高且立场坚定的网络评论员队伍,研究制定参与网络评论的机制办法,发挥好网络的正面引导作用。队伍中主要以青年优秀教师和学生党员骨干为主要成员,能对生活中重大事件以及突发事件进行舆论引导;开展网络志愿者活动,倡导绿色上网、文明上网,净化网络环境;通过定期召开工作例会的形式及时进行沟通与交流,让网络评论员更熟练地掌握网络评论工作,进而提高网络评论的能力。

加强监管,优化思想政治教育的"微环境"。一要明确监管职责,高校的党委宣传部、工作部、团委、信息办等部门要分工协作,形成思想政治工作网站建设的合力。二要健全监管机制,学校要建立健全网络思想政治教育监管机制,积极构建绿色健康的网络教育环境。三要加强自我管理,培养一批优秀可靠的学生党员担任思政专题网站的"特约记者"、微博微信的"小管理员"等,组建网络志愿者服务队伍,及时对网上不健康的信息进行有效监控和清除,防止有害信息侵蚀大学生的头脑和心理,营造积极向上的网络环境。

九、教育者的自我提升

思想政治教育工作者的任务和使命不只是简单的思想宣传,还应该包括心理教育、管理培训等职责。因此,要大力加强思想政治教育工作者的队伍建设,努力提升他们的政治、业务水平。对于思想政治教育工作者而言,一方面,要树立主动学习的意识;另一方面,要不断反思自我的工作水平,及时发现工作中存在的问题,并且及时加以解决。此外,思想政治教育工作者还应当坚持与时俱进的原则,掌握好、运用好互联网技术,使之更高效地服务于自己的思想政治教育工作。

要坚持马克思主义理论的主导地位,同时不断总结、探索网络思想政治教育的特点与规律,不断提升网络思想政治教育的价值。思想政治教育课程的教师、相关学科的教师、辅导员、班主任都应当纳入培训的队伍之中,专题研究、网络培训、外出进修等都应当成为培训的形式,学生的爱好、身心发展特点、思维特点等都应当成为培训的内容。总之,通过培训,要达到高校思想政治教育工作者的素质、修养、能力、水平提高的目标。由于互联网上的信息良

---

❶ http://www.doc88.com/p-2.

莠不齐，这就需要高校的思想政治教育工作者切实深入互联网、了解互联网，更重要的是要树立自主学习的意识，不断学习互联网的知识、技术、方法，不断优化自己的互联网知识体系，不断扩充自己的互联网知识库存，从而极大地提升自己的思想政治素养、能力和水平。

由于互联网教育行为具有明显的感染性与解构性，人们常常在价值取向上出现道德上的双重性、政治上的激进性和文化上的叛逆性等特点，这就需要思想政治教育工作者的积极引导。"互联网＋"思想政治教育过程的前提和基础就是使教育者和受教育者之间能够实现高效沟通，因此，"互联网＋"思想政治教育工作者需要紧密贴近大学生的网络生活，准确而及时地把握大学生的思想行为动态，善于用生动形象的网络语言来加以引导，有的放矢地展开思想政治教育工作。一方面，"互联网＋"思想政治教育工作者要学会熟练使用计算机，同时能够利用网络将教育内容以声音、图片和影像等多样化的形式进行传播，将严肃的思想政治教育内容以易于接受的形式精彩纷呈地展现在受教育者面前，使思想政治教育内容的宣传载体更贴近受众群体的偏好。另一方面，"互联网＋"思想政治教育作为一种特殊的教育活动，往往极具挑战性和创造性，需要厚实的心理学、伦理学、法学等多种专业知识背景，只有掌握多种专业知识素养才能更好地结合网络的特点去分析不同大学生的心理特征，从而准确把握网络教育所反映的政治诉求。

当今社会多元化发展成为一种不可阻挡的趋势。在这种趋势下，互联网领域也凸显了一些问题，为此，思想政治教育工作者要认清现实，立足整体，把握全局，不断探索、打造高校思想政治教育的新载体、新途径，拓宽传播渠道，开创新时代高校思想政治教育工作的新局面。

第七章 基于超星泛雅的思政课网络教学平台建设

第一节 思政慕课网络教学平台

MOOC 即大规模在线开放课程,是当前流行于国内外的一种新兴的在线学习模式,它具有大规模、开放性、即时性、在线学习等特征。它以学习者为中心,改变了传统网络教学内容单一、形式固定的缺陷,倡导自主学习、碎片化学习、个性化学习。作为一种教育创新,MOOC 的发展有助于优质教育资源的共享,有助于终生教育体制的构建,有助于知识的迅速传播。思想政治理论课作为立德树人的关键课程,也迎来了思政 MOOC 时代。思想政治理论课承载着对大学生进行系统的马克思主义理论教育的任务,是巩固马克思主义在高校意识形态领域指导地位、坚持社会主义办学方向的重要阵地,是全面贯彻党的教育方针、落实立德树人根本任务的主干渠道和核心课程,是加强和改进高校思想政治工作、实现高等教育内涵式发展的灵魂课程。思政 MOOC 平台建设水平直接影响着教学质量和育人效果,在搭建网络教学平台时,思想政治理论课教师应针对学生思想和认知特点,结合教学实际创新课堂教学方法,坚持以学生为主体,以教师为主导,努力实现思想政治理论课教学"配方"先进、"工艺"精湛、"包装"时尚。

一、设计理念

(一)坚持立德树人,尊重知识产权

坚持立德树人,要将思想政治教育内化为课程内容,弘扬社会主义核心价值观；要反映学科专业最新发展成果和教改教研成果，具有较高的科学性水平。课程内容要及时更新和完善，无危害国家安全、涉密和其他不适宜网络公开传播的内容，无侵犯他人知识产权内容。

（二）尊重学生需求，以学生为中心

课程建设要体现现代教育思想、教学理念，符合教育教学规律，及时反映马克思主义理论最新发展成果和教改教研成果；根据教学目标、学科特点、学生认知规律及教学方式，围绕马克思主义理论学科核心概念及教学内容和资源间关系，按照教学单元、专题或模块，合理、有序地设计知识单元和拆分、配置知识点及技能点。

2018年，大批"00后"走进大学校园。大学生出生或成长在互联网时代，有不少甚至"还没学会认字，就先学会了上网"。他们与互联网几乎形影不离，网络侵入了日常生活的方方面面，也直接影响了他们认识世界、看待世界和进行价值判断的方式。生活在网络时代，数字化生存是他们从小就开始的生存方式，对于他们而言，网络就是他们的生活，因此被称为"网络原住民"。

"原住民"是和互联网同生同长的一代，他们对于互联网的依赖感天然有别于"60后""70后""80后"。这也就意味着，无论教育、传播还是文化浸润，都需要在原先的基础上，多考虑一些"青年学生的思维习惯""青年学生的学习方式"，更要深究其背后的思想和心态。

尊重并不意味着一味迎合。相反，在每个个体都可以成为信息、数据、视频、游戏的发布者、传播者的时候，针对"原住民"群体的内容生产与传播，在立足现实的基础上更要着眼于学生的德智体美劳发展，因此，运用大数据和云计算科学判断出学生的学情特点是开展好线上教学最为基础和关键的一环。图7-1为笔者运用数据追踪法分析的河北农业大学在校大学生学习特点。

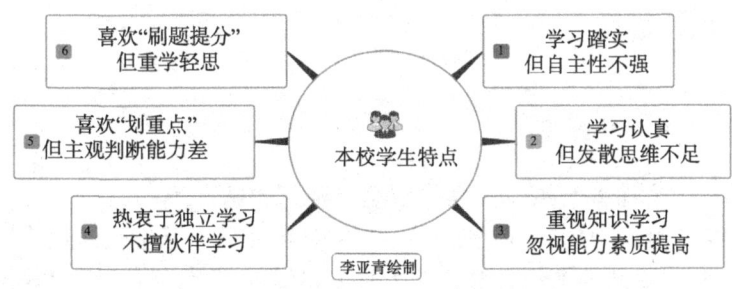

图7-1 河北农业大学学生特点分析

透过上图我们看出，授课对象亟须提高自主学习能力、创新学习能力、合作学习能力、创造学习能力、是非善恶判断能力和行为选择能力，需要提升综合素质。据此，教师可以结合自主学习、创新学习、全面学习、合作学习、生态学习五大学习理念为学生制定五大发展（创新发展、协调发展、绿色发展、开放发展、共享发展）教学规划。

(三) 符合"两性一度"金课建设要求

2019年10月30日教育部发布的《关于一流本科课程建设的实施意见》强调，要确立学生中心、产出导向、持续改进的理念，提升课程的高阶性，突出课程的创新性，增加课程的挑战度，这就是金课建设的"两性一度"要求。高阶性重在强调课程目标坚持知识、能力、素质有机融合，培养学生解决复杂问题的综合能力和高级思维。提升高校思想政治理论课程的高阶性，就要在课程内容设计时既满足学生知识需求还要满足学生的能力和素质需求，拓展知识的广度和深度，及时地把党和国家最新的政策进教案、进课堂、进大学生头脑，突破习惯性认知模式，培养学生深度分析、大胆质疑、勇于创新的精神和能力。创新性要求教学内容体现前沿性与时代性，特别是高校思想政治理论课，要及时将党和国家的最新政策、理论成果、学术研究、科技发展前沿成果引入课程。采用的教学方法能够体现先进性与互动性，大力推进现代信息技术与教学深度融合，积极引导学生进行探究式与个性化学习。增加挑战度是指思想政治理论课设计增加研究性、创新性、综合性内容，加大学生学习投入，科学"增负"，比如请学生讲"思政课"、微型剧表演、微动漫展示，让学生体验"跳一跳才能够得着"的学习挑战。考试环节也要严格考核考试评价，采用分阶段过程式综合测评，增强学生经过刻苦学习收获能力和素质提高的成就感。

二、课程建设

(一) 教学团队建设

1. 结合"六个要"要求，建设"金教师"团队

2019年3月18日，习近平总书记在主持召开学校思想政治理论课教师座谈会时强调："思政课教师，要给学生心灵埋下真善美的种子，引导学生扣好人生第一粒扣子。"时至今日，通过每日"学习强国"、每周"周末大讲堂"、每月"党支部集体学习"坚持政治学习、坚定政治信仰、坚守政治规矩；借助"爱国主义教育""带班班主任""三全育人"深厚家国情怀；运用大数据、

"互联网+"、人工智能开启线上线下思政课混合教学新思维;践行知识视野、国际视野、历史视野三合一,努力把课程讲准、讲活、讲透,讲到学生心坎里去。德高为师,身正为范。课上课下一致、网上网下一致,使自己的言行风范成为学生的"活教材";用高尚的师风师德感召学生,用严谨的做学问态度带动学生,用言行和人格魅力熏陶学生。拉近与学生的空间距离、情感距离和思想距离,自觉做为学为人的表率,做让学生喜爱的人,做能撼动学生心灵、开发学生潜能、助学生全面成长的好老师。

思政课网络平台建设还要着眼于国家级一流课程建设,有了一流课程才会有一流教学效果。国家级精品在线开放申报要求课程负责人须为高校正式聘用的教师,具有丰富的教学经验和较高学术造诣。主讲教师师德好,教学能力强,积极投身信息技术与教育教学深度融合的教学改革。课程团队结构合理、人员稳定,除课程负责人和主讲教师外,还应配备必要的助理教师,保障线上线下教学正常有序运行。2020年1月16日,《新时代高等学校思想政治理论课教师队伍建设规定》正式公布,自2020年3月1日起施行。该规定指出,思政课教师的首要岗位职责是讲好思政课。思政课教师要引导学生立德成人、立志成才,自觉树立正确世界观、人生观、价值观,做到信仰坚定、学识渊博、理论功底深厚,努力做到政治强、情怀深、思维新、视野广、自律严、人格正,坚持用习近平新时代中国特色社会主义思想武装头脑,做学习和实践马克思主义的典范,做为学为人的表率。

抓住思政课教师这个思政课教学关键,结合总书记"六个要"要求,通过读经悟典、视讯会议、破题攻坚、教学研讨、"互联网+"思政、担任班主任、模范教师示范引领等方式,建设"政治强、情怀深、思维新、视野广、自律严、人格正"的"金教师"教学团队。

2. 坚持自我教育,不断增强社会责任感

读了陈先达老先生的《高校思政课教师的社会责任》之后,再一次深刻地感受到身为一名高校思想政治理论课教师"责任重大,使命光荣"。特别是对"社会责任"四个字有了更加深刻的理解。陈先达老师是当代著名的马克思主义哲学家教育家,他将一甲子的教学实践的丰富经验对高校思政课教师进行了谆谆教导,让笔者对以下三方面有了更加深刻的感受。

首先,思政课如何做到"浇花浇根、育人育心"。习近平总书记强调,思想政治理论课是落实立德树人根本任务的关键课程,办好思想政治理论课关键在教师。青少年阶段是人生的"拔节孕穗期",最需要精心引导和栽培。我们如何更加积极主动地开展教学改革、技术革新、方法创新,在学生心灵埋下真善美的种子,引导学生扣好人生第一粒扣子,将是思政课教学改革必须深思的问题。

其次，思政课教师如何当好坚守意识形态工作前沿的战士。尤为深刻的是陈先达老先生认为思政课教师也是战士，他提出"战士不可不作为或乱作为"。战士如何把握好度，运用好"枪"法，提升教学艺术，将马克思主义真理讲清、讲明、讲透，坚定学生的政治立场，引导好他们的价值取向。

最后，树立问题意识，把道理讲到学生心坎里去。理论源于实践，理论指导实践。对学生关心的重大社会问题，如何运用马克思主义的世界观和方法论巧妙地分析问题、解决问题，如何用高超的教学手段将真理输入到学生的内心，提升学生的是非善恶判断能力、行为选择能力，这应当成为教学创新的重中之重。

3."八个相统一"推动思政线上线下金课探索

2019年3月18日，习近平总书记在主持召开学校思想政治理论课教师座谈会时强调：思政课教师应当深化教学改革创新。要按照政治性和学理性相统一、价值性和知识性相统一、建设性和批判性相统一、理论性和实践性相统一、统一性和多样性相统一、主导性和主体性相统一、灌输性和启发性相统一、显性教育和隐性教育相统一的要求，增强思政课的思想性、理论性和亲和力、针对性，全面提高思政课质量和水平。❶

河北农业大学马克思主义学院教学团队为推动"八个相统一"，结合课程教学和科研进行改革，开启了线上线下混合教学模式探索，打造"一体两翼、一平三端、一线四连、一学五位"及"浇花浇根、育人育心"的"思想道德修养与法律基础"课智慧教学系统。

精心设计、录制兼具政治性和学理性微课视频；教学设计中运用大数据精准分析学情，紧密联系现实在知识传播的同时强化价值引领；通过主题讨论积极传递正能量，直面各种错误观点和思潮，旗帜鲜明坚持真理；运用微型剧教学法鼓励学生理论和实践相结合、做到知行合一；运用鹰架教学法制订线上线下混合教学实施方案，鼓励教师结合学生学情、发展需求因材施教；坚持教师主导、学生主体通过拼图互助教学法、世界咖啡馆教学法、曼陀罗教学法激励学生参与课堂、创新学习，通过课前导学、课中精学、课后研学将灌输教育和启发教育融为一体，借助国际国内大事、特殊节假日，利用公告、通知、讨论、直播等方式推动隐性教育，形成显隐教育合力。

(二) 教学内容与资源

1. 课程基本资源

课程基本资源系统完整，视频、音频、动漫、动画、教案、图片（思维

---

❶ 新时代高等学校思想政治理论课教师队伍建设规定［EB/OL］. 教育部网站，2020-01-16.

导图或者知识导图）和演示文稿等经过精心设计和制作，内容准确、系统、完整，对教学内容、教学方法、教学手段等进行了统筹、集成，应用效果好，有助于提高学生学习兴趣，改善教学效果；拓展资源能反映本课程教学特点、建设优势，应用于教或学的某一环节，支持教学或学习过程。

2. 微课教学视频

微课教学视频能够依据学情分析、根据高校思想政治理论课最新版教材预设教学目标、学科特点、学生认知规律及教学方式，围绕学科核心概念及教学内容和资源间的关系，颗粒化组织教学内容及资源、设置教学情境，形成围绕知识点展开、清晰表达知识框架的短视频模块集。每个短视频应针对各模块知识点或专题设置内嵌测试的作业题或讨论题，以帮助学习者掌握学习内容或测试学习者学习效果，时长以5~20分钟为宜。每门课程应有负责人介绍、课程介绍、教学大纲、预备知识、教学辅导、参考资料、考核方式、在线作业、在线题库和在线答疑等。申报省级、国家级精品在线课堂课程教师录制视频需为申报者原创视频。

3. 拓展资源

拓展资源指反映高校思想政治理论课特点，应用于各教学与学习环节，支持课程教学和学习过程，较为成熟的多样性、交互性辅助资源。例如：案例库、专题讲座库、素材资源库，学科专业知识检索系统、演示/虚拟/仿真实验实训（实习）系统、试题库系统、作业系统、在线自测/考试系统，课程教学、学习和交流工具及综合应用多媒体技术建设的网络课程等。

（三）课堂教学活动丰富

精品在线开放课程要求教师通过课程平台，按照学校的教学计划和要求为学习者提供测验、作业、考试、答疑、讨论等教学活动，及时开展在线指导与测评。各项教学活动完整、有效，按计划实施。学习者在线学习响应度高，师生互动充分，能有效促进师生之间、学生之间进行资源共享、互动交流和自主式、协作式学习。

1. 课堂主题讨论

每个教学单元可以安排一个或多个课堂主题讨论，讨论主题应与教学内容紧密相关。课堂讨论是教学团队在教学单元中发起的讨论，教师可采用课堂积分形式将学生发言情况记入学生的互动成绩。图7-2为笔者在"马克思主义基本原理概论"课上发起的主题讨论：微视频《中国答卷》反映了哪些哲学道理？图7-3为本次主题讨论学生们回答结果的词云展示。

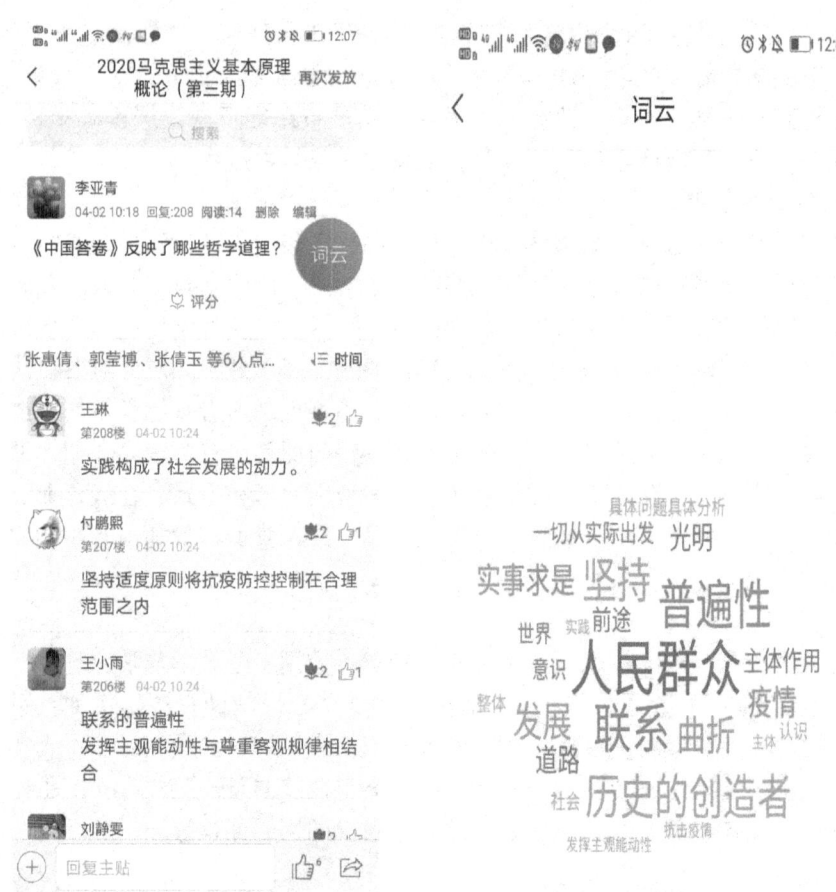

图 7-2　主题讨论　　　　图 7-3　主题讨论词云

2. 测验

测验包括随堂测验和单元测验。随堂测验可以安排在某个教学单元中的多个教学视频间，可以方便学生即学即练，也便于老师随时考查学生对教学内容的理解和掌握程度；单元测验一般安排在整个教学单元学习完成之后进行。随堂测验和单元测验一般由客观题组成，题型可以是单一的单选题、多选题、填空题、判断题，或是上述多种题型的组合，平台自动判分。图 7-4 为"马克思主义基本原理概论"课认识论部分随堂练习。

3. 作业

作业的形式可以是主观题、客观题，或是两者的组合，可以采用学生互评或教师批改的方式进行判分。可以结合特定节日布置创意作业，如结合世界读书日完成一篇高质量读书笔记，结合世界地球日完成一个保护地球的海报设计，等等。

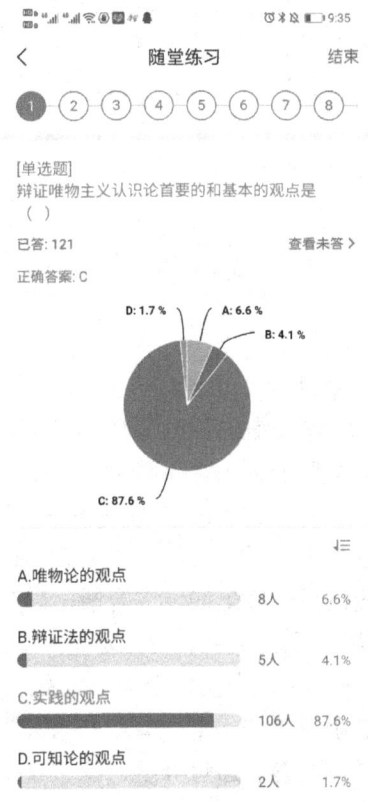

图7-4 "马克思主义基本原理概论"课认识论随堂练习

4. 试卷

试卷是检测学生课程阶段性或整体学习情况的正式测验题,可以包括客观题、主观题及两者的组合题;试题满足测试目标的要求,涵盖考查范围内的主要知识点,考查内容的题量和试题难度分布应与教学内容结构一致,具有一定的效度和信度,前后顺序必须合理,试题之间不能相互提示,不能相互矛盾。客观题由平台自动判分,主观题采用学生互评或教师批改的方式进行判分。

5. 课程评价

课程评价包括完成课程学习必需的课程整体评价策略和各学习周、知识单元的评价策略。评价策略明确了完成每个知识单元、每个学习周以及整门课程学习所必须按时完成的各项学习活动的数量、评分标准及成绩合成比例等,列入评价的学习活动包括视频点播、学习讨论、在线测试、在线作业、材料阅读等。

总之,高校思想政治理论课MOOC平台建设,应当遵循教育教学规律,体现现代教育思想，符合大规模在线开放课程教学特征。教学设计应注重以学生为中心建立教与学新型关系，构建体现信息技术与教育教学深度融合的课程结构和教学组织模式，课程知识体系科学，资源配置全面合理，适合在线学习和混合式教学。

第二节　思政慕课探索实践

创新教育是新时代赋予高校思想政治教育的重要任务。2016年项目组对"互联网+"条件下高校思想政治理论教育教学开展了理论研究与实践探索。本项目基于百年老校誉满全国的创新文化精神，挖掘丰富的创新文化成果，通过资源的整理与超星合作，制作了精美共享的思政课创新文化教学视频。同时，开发创新文化的课程教案、教学设计、实践教学设计资料，形成示范教学包，供其他高等院校交流使用。线上线下混合教学以学生为中心，按照课程内容的建设和学生的需要搭建网络教学平台，坚持"以教师为主导、以学生为主体"，引导学生线上线下自主、全面、合作、创新、终身学习，激发学生的问题意识、创作意识，鼓励学生充分参与课堂，在情境中、互动中、合作中、实践中体悟课程教学的具体内容。通过分组讨论、互助合作、主题表演、在线测试等过程考核方式综合测评学生，旨在充分调动学生的积极性、参与性和创造性，是融知识传授、能力提升、素质培养为一体的教学方式。

一、项目特色："互联网+"思想政治理论课育人育心

本项目研究特色为：借助"互联网+"思维、"互联网+"技术将思想政治教育与创新育人深度融合，探索新时代思想政治理论课改革创新途径，为高校创新人才培养提供新思路。

依据此理念，建设了集课程宣传片、微视频（教师设计脚本并讲授、超星录制）、动漫视频（教师指导、学生制作）、思维导图（教师原创）、微电影（教师指导、学生表演、超星制作）、学生讲思政课（教师指导、学生讲授、超星录制）、知识图解（学生绘制）和大量习题集的省级精品在线开放课程《思想道德修养与法律基础》。该课程被超星公司收录为"示范教学包"，形成的教学成果"'互联网+'高校思想政治理论课育人育心实践探索"获2019年度河北省教学成果二等奖。

第七章
基于超星泛雅的思政课网络教学平台建设

二、2018 年度河北省精品在线开放课程："思想道德修养与法律基础"

（一）课程简介

该课程 2018 年 9 月 25 日在学银在线正式上线，已在线运行 4 期。在本校有广泛学习者基础，国内 40 余所其他高校学生选择本课进行在线学习。截至 2020 年 7 月 20 日，累计页面浏览量为 19363800 次，累计选课人数为 9134 人，累计互动次数为 162323 次。教学团队具有丰富的教学经验和较高学术造诣。主讲教师师德好，有 2 名全国模范教师（其中 1 名入选全国最美思政课教师），有 4 名校级优秀教师，1 名教师录制的微课视频《爱情的真谛》获 2019 年度全国信息技术微课大赛一等奖；1 名教师录制的微课视频《为人民服务是社会主义道德的核心》获 2019 年度河北省信息技术微课大赛二等奖；2 名教师分别录制的视频《大学之道在明明德》《得其大者可以兼其小》获 2019 年度河北省信息技术微课大赛三等奖。教学团队能力强，能够积极投身信息技术与教育教学深度融合的教学改革，连续 5 届在学校举办的移动教学大赛上获奖。课程团队有 5 名教授、3 名副教授、3 名讲师，结构合理、人员稳定，除课程负责人和主讲教师外，还配备 2 名助教和 10 名研究生助理，保障线上线下教学正常有序运行。

图 7-5 "思想道德修养与法律基础"课学银在线慕课截图

（二）资源基础统计数据

资源基础统计数据如下，包括 79 个视频，8 个音频，13 个文档，其他资源18个,图片50个(含思维导图)。

图7-6 "思想道德修养与法律基础"课在线资源基础统计数据

(三)任务点资源列表

表7-1 在线课程任务点资源表

序号	任务名	类型	说明	学生完成数	详情
1.2 大学欢迎你					
任务点1	2019河北农业大学宣传片.mp4	视频	6.3分钟	16/16	查看
1.3 我们的新时代					
任务点1	时代新人.mp4	视频	12.4分钟	16/16	查看
1.4 大学之道在明明德					
任务点1	大学之道 在明明德.mp4	视频	10.7分钟	16/16	查看
2.2 正确认识人的本质					
任务点1	正确认识人的本质.mp4	视频	13.0分钟	16/16	查看
2.3 人生观的主要内容					
任务点1	人生观的主要内容.mp4	视频	13.3分钟	16/16	查看
2.4.1 科学高尚的人生追求					
任务点1	太行新愚公-李保国.mp4	视频	6.1分钟	15/16	查看
2.4.3 人生的价值在于贡献					
任务点1	人生的价值在于贡献.mp4	视频	11.3分钟	16/16	查看
2.5.1 奋斗的青春最美丽					
任务点1	奋斗的青春15931812626.mp4	视频	12.1分钟	16/16	查看
2.5.2 幸福是奋斗出来的					
任务点1	幸福是奋斗出来的.mp4	视频	13.7分钟	16/16	查看

第七章
基于超星泛雅的思政课网络教学平台建设

续表

序号	任务名	类型	说明	学生完成数	详情
2.6	成就出彩人生				
任务点1	成就出彩人生.mp4	视频	11.8分钟	16/16	查看
3.2	有志者事竟成				
任务点1	胸怀共产主义远大理想.mp4	视频	11.0分钟	16/16	查看
任务点2	理想的含义与特征.mp4	视频	11.8分钟	16/16	查看
3.3	信仰的力量				
任务点1	信仰的力量.mp4	视频	12.3分钟	16/16	查看
3.4	马克思主义"真经"				
任务点1	中国特色社会主义是我们的共同理想.mp4	视频	10.1分钟	16/16	查看
任务点2	闫永超+为什么要信仰马克思主义.mp4	视频	17.4分钟	16/16	查看
3.5	补足精神之钙				
任务点1	理想信念是精神之钙.mp4	视频	13.2分钟	16/16	查看
3.6	厘清理想与现实				
任务点1	理想和现实.mp4	视频	7.8分钟	16/16	查看
3.7	得其大者可以兼其小				
任务点1	得其大者可以兼其小者.mp4	视频	7.7分钟	16/16	查看
4.3	爱国主义的内涵				
任务点1	爱国主义的基本内涵.mp4	视频	14.9分钟	16/16	查看
4.4	建设美丽中国				
任务点1	绿色守望.mp4	视频	14.8分钟	15/16	查看
4.5	创新创造民族禀赋				
任务点1	创新创造是中华民族最深沉的民族禀赋(1).mp4	视频	7.4分钟	16/16	查看
4.6	做改革创新生力军				
任务点1	周燕-做改革创新生力军(终板).mp4	视频	6.0分钟	16/16	查看
4.7	创新创业大赛				
任务点1	创新创业大赛介绍(第一版)_x264.mp4	视频	12.2分钟	16/16	查看
4.10	弘扬中国精神				
任务点1	一朝上岛终身卫国(终板).mp4	视频	9.3分钟	16/16	查看
5.2	扣好人生的扣子				
任务点1	扣好人生第一粒扣子.mp4	视频	18.4分钟	16/16	查看

续表

序 号	任务名	类型	说明	学生完成数	详情
5.5　勤学修德					
任务点1	音乐学：刘念.mp4	视频	8.8分钟	16/16	查看
6.4.2　中国革命道德					
任务点1	发扬革命道德.mp4	视频	11.2分钟	16/16	查看
6.4.3　社会主义道德的核心					
任务点1	为人民服务.mp4	视频	9.5分钟	16/16	查看
6.5.2　网络道德					
任务点1	网络生活的道德要求.mp4	视频	10.9分钟	16/16	查看
6.5.3　职业道德					
任务点1	职业道德.mp4	视频	6.8分钟	16/16	查看
6.5.4　创新创业					
任务点1	大学生创业计划要考虑的重点问题.mp4	视频	9.7分钟	16/16	查看
6.5.5　"互联网+"创新创业					
任务点1	中国"互联网+"大学生创新创业大赛（1）.mp4	视频	13.9分钟	16/16	查看
6.5.6　培养良好家风					
任务点1	注重家庭、家教、家风.mp4	视频	12.3分钟	16/16	查看
6.5.7　爱情的真谛					
任务点1	爱情的真谛.mp4	视频	10.7分钟	16/16	查看
6.6　向上向善					
任务点1	大学生的个人品德.mp4	视频	9.9分钟	16/16	查看
7.2　法律及其历史发展					
任务点1	法律及历史的发展_x264.mp4	视频	5.7分钟	15/16	查看
7.3.1　宪法					
任务点1	宪法的地位（第一版）_x264.mp4	视频	6.7分钟	15/16	查看
7.3.2　侵权责任与刑法					
任务点1	侵权责任 贾柠宁老师 第一版.mp4	视频	13.2分钟	15/16	查看
任务点2	刑法.mp4	视频	6.8分钟	15/16	查看
7.3.3　创新创造与知识产权					
任务点1	大学生创新创造与知识产权.mp4	视频	16.5分钟	15/16	查看
7.5　培养法治思维					
任务点1	培养法治思维.mp4	视频	8.9分钟	15/16	查看

续表

序号	任务名	类型	说明	学生完成数	详情
7.6 依法行使权利和履行义务					
任务点1	周燕——依法行使法律权利.mp4	视频	4.9分钟	15/16	查看
7.7 大学生违法犯罪的预防					
任务点1	大学生违法犯罪的预防.mp4	视频	9.4分钟	15/16	查看

（四）非任务点资源列表

表7-2 在线课程非任务点资源表

序号	任务名	类型	说明
1.1 内容简介			
任务点1	"基础"课的性质与特征.m4a	音频	0.3分钟
任务点2	"基础"课的价值与功能.m4a	音频	0.6分钟
任务点3	"基础"课的定位与内容.m4a	音频	1.2分钟
任务点4	李亚青说课（1）.mp4	视频	9.9分钟
1.2 大学欢迎你			
任务点1	河北农业大学简介.m4a	音频	2.2分钟
1.3 我们的新时代			
任务点1	新时代的意义.m4a	音频	1.1分钟
任务点2	新时代的科学内涵.m4a	音频	0.9分钟
任务点3	周燕指导大学生讲思政课——《新时代、新起点、新青年、新梦想》.mp4	视频	11.1分钟
1.4 大学之道在明明德			
任务点1	大学三关.m4a	音频	0.2分钟
任务点2	大学之道 在明明德.m4a	音频	2.1分钟
1.8 学生动漫作品			
任务点1	一组：你是人间四月天——致敬抗疫逆行者.mp4	视频	3.4分钟
2.4 树立正确的人生观			
任务点1	河北农业大学理学院化学1602班尚洪琳~1.flv	视频	15.4分钟
2.4.2 积极进取的人生态度			
任务点1	韩克新——奉献有我 战"疫"有情.mp4	视频	4.9分钟
2.5 创造有意义的人生			
任务点1	一组：抗疫战场上的生死较量.mp4	视频	7.7分钟

续表

序　号	任务名	类型	说明
3.3　信仰的力量			
任务点1	树立马克思主义的科学信仰.mp4	视频	10.5分钟
3.7　得其大者可以兼其小			
任务点1	计算机四组：得其大者可以兼其小.mp4	视频	7.4分钟
3.8　我们都是追梦人			
任务点1	天眼巨匠——南仁东.mp4	视频	2.9分钟
4.2　可爱的中国			
任务点1	黄硕——思政"战疫"微课堂.mp4	视频	4.9分钟
任务点2	可爱的中国（朗诵）.mp4	视频	3.2分钟
4.3　爱国主义的内涵			
任务点1	爱国主义的基本内涵——王静.mp4	视频	18.5分钟
4.4　建设美丽中国			
任务点1	美丽中国（1）.mp4	视频	13.5分钟
4.8　获奖作品展示			
任务点1	2017"互联网+"金奖《绿环全生降解保鲜膜》视频.mp4	视频	1.0分钟
任务点2	2017"互联网+"银奖《灵达保健型养殖》视频.mp4	视频	1.0分钟
任务点3	2017"互联网+"铜奖《北方苦荞饮品》视频.mp4	视频	0.7分钟
任务点4	2018年"互联网+"银奖《绿色饲用添加剂》视频.mp4	视频	1.0分钟
任务点5	2018"互联网+"铜奖《太行北方茶》视频.mp4	视频	1.0分钟
任务点6	2019银奖.mp4	视频	1.0分钟
任务点7	2019铜奖.mp4	视频	1.0分钟
任务点8	2019省赛铜奖——选种达人.mp4	视频	1.0分钟
4.9　建设创新型国家			
任务点1	郭卓奇——创新型国家.mp4	视频	10.7分钟
5.3　坚定价值观自信			
任务点1	坚定价值观自信（3）.mp4	视频	10.9分钟
5.4　现代化强国			
任务点1	社会主义现代化强国（1）.mp4	视频	15.8分钟
5.6　明辨笃实			
任务点1	奋斗在塞罕坝的农大人.mp4	视频	5.7分钟

续表

序号	任务名	类型	说明
6.2 道德的本质及起源			
任务点 1	道德的本质及起源.mp4	视频	15.9 分钟
6.3 道德的历史发展			
任务点 1	道德的历史发展.mp4	视频	12.2 分钟
6.4.4 社会主义道德的原则			
任务点 1	集体主义.mp4	视频	9.6 分钟
6.5.1 社会公德			
任务点 1	公共生活与公共秩序.mp4	视频	11.0 分钟
6.7 爱的教育			
任务点 1	爱的教育 从零开始.mp4	视频	3.6 分钟
6.11 学生动漫作品			
任务点 1	简志刚、陈俊达、赵鹏博、陈永欣三组视频.mp4	视频	3.7 分钟
7.4 建设法治中国			
任务点 1	建设中国特色社会主义法治体系（3）.mp4	视频	9.7 分钟
7.11 微型剧作品			
任务点 1	亮.mp4	视频	9.0 分钟
任务点 2	电子 1703.mp4	视频	7.0 分钟
任务点 3	计算机 1701.mp4	视频	9.0 分钟
任务点 4	工设张浩然.mp4	视频	11.9 分钟

三、思政微课脚本

2015 年以来，"微课"成为了信息化教学的标志性元素。微课承担了思想政治理论课教学课前翻转的重要角色，如果我们的微课不够吸引、打动学生，学生很可能将微课最小化甚至从屏幕前离身而去。因此，创作优秀的微课作品成为了信息化时代思政课教师的必备技能。

一个优秀的微课作品，一定是依靠优秀的脚本作支撑！教师制作微课时，应该把重心和精力放在脚本设计中。脚本的设计，需要把握好以下四点。

首先，选择合适的教学课题。并不是所有的思想政治理论课知识点都适合做微课。能够被选作微课的课题应该满足四个条件：小、巧、精、整。❶

小：是指知识主题小，一个微课只讲一个特定的知识点或一个问题，5～10 分钟就能将其讲清楚，如果牵扯到其他知识点，则另设微课。

---

❶ 如何写出优秀的微课脚本［EB/OL］. 简书网，2018 - 04 - 23.

巧：是指所选题材是教学中的重难点。微课是为了解决学生学习中存在的问题，所以在选题上要尽量挑选平时学生学习中容易混淆、出错的内容进行制作，使之成为解决重难点的有力武器。

精：微课的课题应当是精选的，其内容必须且只能用视频呈现。如果使用黑板教学或进行活动实践的教学效果更佳，则不符合微课的选题。

整：指的是一个微课应该完整地呈现一个教学知识点，而不是把知识点拆分成若干个微视频。

其次，还要确定脚本的类型。这需要根据教学的具体内容来确定脚本类型。例如：知识原理类、技能操作类、问题解决类、案例故事类。[1] 对于思政课来说，更多的微课视频属于知识原理类、问题解决类和案例故事类的融合。

再次，要厘清内容的逻辑和脉络。整个微课设计遵循什么样的思路？要依据上面的脚本类型做出正确选择。如果是知识原理类可以选择是什么、为什么、怎么办的知识原理讲授思路；如果是问题解决类可以选择提出问题、分析问题、解决问题的讲授思路；如果是案例故事类或者选用故事、真人真事、历史事件集齐故事的元素（时间、地点、人物、情节），创建故事的层次（开端、发展、高潮、结尾）的故事讲授思路。例如《抗疫战场上的家国情怀》就可以选择案例故事类。

最后，微课的讲解、拍摄和剪辑制作也是非常重要的。录制微课时应化淡妆，着颜色较为靓丽与背景搭配视觉效果好的正式服装，声音应当抑扬顿挫，语速适中，辅之以恰当的肢体语言。拍摄时最好选择多机位拍摄，剪辑制作时注意出镜与PPT和声音的流畅衔接。

下面以两个为脚本示例。

1.《思想道德修养与法律基础》课——信仰的力量（知识原理类与案例故事类的结合）

表7-3 脚本示例

序号	景	解说词	画面
0			信仰的力量
1	教师镜头	同学们，你们好！我是河北农业大学马克思主义学院的教师李亚青，今天讲授的内容是：思想道德修养与法律基础课——信仰的力量。 习近平总书记说："心中有信仰，脚下有力量。"信念是什么？信仰与信念是什么样的关系？为什么说心中有信仰，脚下就有力量？	第二章 坚定理想信念 第一节 理想信念的内涵及重要性 信仰的力量

---

[1] 如何写出优秀的微课脚本 [EB/OL]. 简书网，2018-04-23.

第七章
基于超星泛雅的思政课网络教学平台建设

续表

序号	景	解说词	画面
2	PPT	有人说,这个世界没有任何东西能够使你倒下,如果你自己的信念还站着的话。那么信念是什么呢?为什么会有这么大的力量?	出信念的图片
3	PPT 图片	2008 年,航天英雄杨利伟在首届《开学第一课》中说:"在我们航天训练中,航天员的脸往往会拉得变形,眼泪也会不由自主地流下来,当你忍受不了的时候,可以随时把报警器按响,但是十几年来,从来没有一个人把它按响过,正是有这种坚持不懈的信念,让我们航天员克服了种种困难,飞上了太空。""坚持也能创造生命的奇迹。"2014 年 9 月 26 日,家住重庆市巫溪县兴寨乡兴寨村的 14 岁女孩李中俊拿着妈妈给她做好的饭菜去上学,路上不幸失足掉进了一个 40 多米深的天坑里,整整昏迷了三天。	开学第一课:知识守护生命 航天英雄:杨利伟
4	出视频	画外音:李中俊直到第四天才被一场大雨淋醒。她在天坑的石岩上找到了妈妈带给她的饭菜,吃完后就试着爬那 40 米深的天坑,她一次又一次地试着爬上去,但她一次又一次地摔下来,每次她最多只能爬到 1、2 米左右……经历了无数次的攀爬和无数次的跌落,但是李中俊始终坚持着不放弃,终于在 7 天 6 夜后,活着爬出了天坑……	https://www.iqiyi.com/v_19rrh9gke8.html.
5	教师镜头	这个故事深深地震撼着每一个人,7 天 6 夜,我们可以想象在这段漫长的时间里,除了寒冷、饥饿,还有黑暗、痛苦、害怕袭击着她,而她是如何坚持下来的呢?那就是活着爬出去的信念!"坚持就会出现生命的奇迹。"因此,信念就是坚持和坚守。那么,信念是对什么的坚持和坚守呢?	信念就是坚持和坚守,信仰的味道是甜的
6	PPT、视频	信念是对科学真理的坚持和坚守。 170 多年前,一本绿色封面的小册子在英国伦敦出版。作者是两位德国青年——30 岁的卡尔·马克思和 28 岁的弗里德里希·恩格斯。这本名为《共产党宣言》的小书只有薄薄的 23 页,首印仅有几百册,却从最初的德文版被陆续翻译传播,迄今为止有 200 多种语言出版,是全球公认的"传播最广的社会政治文献"。	沙画视频:信仰的力量

续表

序号	景	解说词	画面
7	视频	1920年,《共产党宣言》第一个中文全译本诞生,翻译者也是一个年轻人——时年29岁的义乌青年陈望道。"墨汁为什么那样甜?因为,那是信仰的味道。"92岁的老党员、分水塘村村民陈明奶一次次向年轻党员们讲起陈望道翻译《共产党宣言》时,拿墨汁当红糖的故事。	视频:《信仰之源》
9	教师镜头	陈望道为什么对《共产党宣言》的味道情有独钟,这是因为信念是人们在一定的认识基础上确立的对某种思想或事物坚信不疑并身体力行的精神状态。1915年初,24岁的陈望道赴日本留学。四年里,他除了苦修专业知识,还接触了马克思主义,第一次读到了《共产党宣言》。1919年,陈望道收到了《民国日报》主编邵力子从上海寄来的一封信,邀请他翻译《共产党宣言》的全文并在上海的《星期评论》上连载。	信念是人们在一定的认识基础上确立的对某种思想或事物坚信不疑并身体力行的精神状态。http://dangjian.people.com.cn/GB/136058/345541/.
10	PPT	正如恩格斯所说,"翻译《宣言》是异常困难的"。此前,《星期评论》的主编、有民国才子之称的戴季陶想把日文版的《共产党宣言》翻译成中文,也感到力不从心。他希望找一个既了解马克思主义思想,又精通外语,并且文笔较好的人来翻译。正是因为陈望道之前对于马克思主义的认知、情感,好友邵力子便推荐了他,说"非杭州陈望道莫属"。	出《共产党宣言》图片
11	PPT	信念是认知、情感和意志的有机统一体,为人们矢志不渝、百折不挠地追求理想目标提供了强大的精神动力。1920年早春时节,陈望道回到分水塘村,凭借着一本日文版、一本英文版的《共产党宣言》,他夜以继日地翻译。一天,他在家里奋笔疾书,妈妈在外面喊:"你吃粽子,要加红糖水。吃了吗?"他说,吃了吃了,可甜了。结果妈妈进门一看,埋头写书的他嘴上全是黑墨水,原来他把旁边的墨水当红糖水喝了。他不仅浑然不觉,还说可甜了。由此就有了"真理的味道非常甜"这一句话。1920年8月,第一版《共产党宣言》在上海正式公开出版。1926年5月重印达17版之多。陈望道翻译的《共产党宣言》,是中国共产党成立前后在中国传播最早、影响最大的一本马克思主义著作,为中国共产党的创立和发展奠定了坚实的思想理论基础。	信念是认知、情感和意志的有机统一体,为人们矢志不渝、百折不挠地追求理想目标提供了强大的精神动力。

第七章
基于超星泛雅的思政课网络教学平台建设

续表

序号	景	解说词	画　　面
12	教师镜头	信念因其执着而为信念，信念具有执着性。1934年10月，中国工农红军为粉碎国民政府的围剿，保存自己的实力，也为了北上抗日，挽救民族危亡，从江西瑞金出发，开始了举世闻名的长征。 红军不怕远征难，万水千山只等闲。五岭逶迤腾细浪，乌蒙磅礴走泥丸。 金沙水拍云崖暖，大渡桥横铁索寒。更喜岷山千里雪，三军过后尽开颜。	出《长征》诗歌图片
13	PPT、视频	就算衣难御寒、鞋不裹脚，红军战士硬是靠着嚼生姜、辣椒御寒，翻越了当时的飞机都飞不过去海拔接近五千米的雪山，就算危险丛生、弹尽粮绝，他们靠着一步一探路，靠着挖草根、嚼皮带，穿越遍布沼泽、泥潭的茫茫草地。军需处长把最后一件棉袄留给战士，自己却冻死在冰天雪地里。宣传员在茫茫沼泽里，用体温贴身保存下来七根干柴，留下生命的希望。 毛泽东《忆秦娥·娄山关》：雄关漫道真如铁，而今迈步从头越，从头越，苍山如海，残阳如血。 面对远征之艰难，乐观的精神、信仰的力量让革命者保持了"万水千山只等闲"的从容不迫风度，最终迎来"三军过后尽开颜"的胜利结果。	雄关漫道真如铁，而今迈步从头越，从头越，苍山如海，残阳如血——《忆秦娥·娄山关》毛泽东
14	PPT、图片	中央红军耗时368天的长征途中，仅有44天可以休息，平均行军364里才能休整一次，日均行军74里，平均每天都有1场战斗，每行军300米就有一人牺牲。"砍头不要紧，只要主义真，杀了夏明翰，还有后来人"。崇高的理想，科学的信仰爆发出无穷的力量。中央红军25000里长征路，途经15个省份，遭遇600余次大小战斗，跨越近百条江河，海拔4000米以上的雪山就有20余座，攀越40余座高山险峰。凭借着对"马克思主义"的真诚信仰，1936年10月22日，红军三大主力完成会师，宣告长征胜利结束。	出长征图片

续表

序号	景	解说词	画面
15	PPT	信念具有多样性。一方面，不同的人由于社会环境、思想观念、利益需要、人生经历和性格特征等方面的差异，会形成不同的信念；另一方面，同一个人也会形成不同类型和层次的信念，并由此构成其信念体系。在信念体系中，信仰是最高层次的信念，具有最大的统摄力。信仰有盲目和科学之分。科学的信仰来自人们对自然界和人类社会发展规律的正确认识。	信仰具有多样性
16	教师镜头	志之所趋，无远弗届，穷山距海，不能限也。志之所向，无坚不入，锐兵精甲，不能御也。人民有信仰，国家有希望，民族有力量。习近平总书记指出，每一代人有每一代人的长征路，每一代人都要走好自己的长征路。今天，我们这一代人的长征，就是要实现"两个一百年"奋斗目标、实现中华民族伟大复兴的中国梦。加油，同学们！	

2. "马克思主义基本原理概论"课——科学技术的双重作用（知识原理类与问题解决类的结合）

表7-4 扩散脚本设计

序号	景	解说词	画面
0			本节标题：科学技术是社会发展的重要动力（动画，一个字一个字地出） （要设计呈现方式、背景及音乐）
1	教师镜头	同学们，你们好！今天讲课的主题是"科学技术是一把双刃剑"，主要内容包括： 一、科学技术是第一生产力 二、科技技术的科学内涵 三、科学技术的双重作用 四、创新驱动科技强国梦	出图片和目录 目录： 一、科学技术是第一生产力 二、科技技术的科学内涵 三、科学技术的双重作用 四、创新驱动科技强国梦

续表

序号	景	解说词	画面
2	PPT	"科学技术是生产力"是马克思主义的基本原理。马克思曾指出:"生产力中也包括科学",并且说,"固定资本的发展表明,一般社会知识,已经在多么大的程度上变成了直接的生产力"。 马克思还深刻地指出:"社会劳动生产力,首先是科学的力量";"大工业把巨大的自然力和自然科学并入生产过程,必然大大提高劳动生产率"。	一、科学技术是第一生产力 (一)马克思:科学技术是生产力 出马克思照片
3	PPT	1988年9月5日,邓小平在会见捷克斯洛伐克总统古斯塔夫·胡萨克时提出了"科学技术是第一生产力"的论断。邓小平同志的这一论断,体现了马克思主义的生产力理论和科学观。"科学技术是第一生产力",既是现代科学技术发展的重要特点,也是科学技术发展的必然结果。 党的十四大肯定并发展了科学技术是第一生产力的重要思想。	一、科学技术是第一生产力 出文字和图片: (二)邓小平:科学技术是第一生产力
4	PPT	江泽民在庆祝中国共产党成立八十周年大会上的讲话中指出:科学技术是第一生产力,而且是先进生产力的集中体现和主要标志。科学技术是人类社会进步的重要标志,是生产力发展的重要动力。	一、科学技术是第一生产力 出文字和图片: (三)江泽民:科学技术是先进生产力的集中体现和主要标志
5	教师镜头	科技决定国力,科技改变国运。当今世界是一个瞬息万变的世界,也是一个惟科技马首是瞻的世界,科技是强国的支撑。2016年5月30日,习近平在全国科技创新大会、两院院士大会、中国科协第九次全国代表大会上的讲话中指出:"科技是国之利器,国家赖之以强,企业赖之以赢,人民生活赖之以好。中国要强,中国人民生活要好,必须有强大科技"。	一、科学技术是第一生产力 出文字和图片: (四)习近平:科技是国之利器

续表

序号	景	解说词	画　面
6	教师镜头 PPT	"科技"这个词汇给人的暗示是"科学"和"技术"是差不多的，没有必要加以严格区分。事实上，科学技术是一个复合概念，科学和技术是辩证统一的整体。 科学是指对客观世界的认识，是反映客观事实和客观规律的知识体系及其相关的活动。主要分为自然科学、社会科学、思维科学。 技术有广义和狭义之分。广义的技术包括生产技术和非生产技术。狭义的技术是指生产技术，是人类改造自然、进行生产的方法与手段。 科学活动是一种认识活动或精神性活动。技术活动是一种生产性、实践性活动。科学理论提供认识基础；技术是科学理论的方法和手段。两者相辅相成，相互促进。 科学和技术是辩证统一的整体。 当今时代科学活动与技术活动的联系越来越紧密，出现了科学技术化和技术科学化的趋势，科学和技术日益融为一体，科学技术一体化的趋势日益显著。	二、科学技术的内涵 出表格
7	教师镜头 PPT	近代以来，科技革命大大推动了社会历史的进步。 每一次科技革命，都不同程度地引起了生产方式、生活方式和思维方式的深刻变化和社会的巨大进步。	三、科学技术的双重作用 （一）科技革命是推动经济和社会发展的强大杠杆 出科技革命图片

第七章 基于超星泛雅的思政课网络教学平台建设

续表

序号	景	解说词	画面
8		首先，对生产方式产生了深刻影响。 其一，改变了社会生产力的构成要素； 其二，改变了人们的劳动形式，智能机器代替了人的部分劳动； 其三，改变了社会经济结构，特别是导致产业结构发生变革，第三产业在国民经济中占的比重日益提高。 接下来，请观看视频《科技改变生活：北京"刷手机"芬兰"刷脸"》 其次，对生活方式产生了巨大影响。 现代信息技术给学习、工作、交通、通信、购物、生活带来极大便利。 最后，通过影响思维主体、思维课题和思维工具，引起思维方式的变革。 总之，科学技术是社会发展的重要动力。	出文字和图片： 科技改变生活：北京"刷手机"，芬兰"刷脸"
9	教师镜头 PPT	一看到这两张图片，就会想到一句话"世界上最遥远的距离，莫过于我们坐在一起，你却在玩手机"。 一方面，科技带来的好处不言自明：寿命的增长，贫困的减少，以及更多人拥有了知识和机会。另一方面，社交媒体使我们变得自恋；过多观看屏幕使我们大脑懒惰衰退；我们睡得更少，体重却增加更多；手机依赖症、更高发的忧郁症见诸报道……所有这一切都归咎于科技的迅猛发展还是我们人类自己？ 答案当然不是科技本身，而是我们人类自己。 一是由于人类对自然规律和人与自然的关系认识不够，或缺乏对科学技术消极后果的强有力的控制手段。 二是与社会制度相关。在资本主义条件下，科学技术常常被资产阶级用作剥削人民的工具，有时"表现为异己的、敌对的和统治的权力"。并非都能使人拜托贫困，促进人的身心健康发展。 正确认识和运用科学技术，让科技更加人性化，坚持科学技术为人类社会的健康发展服务，让科技为人类造福。	三、科学技术的双重作用 （二）科学技术是一把双刃剑 出文字和图片： 别让手机"绑架"了我们的生活，我们不要低头族！

续表

序号	景	解说词	画面
10	视频	画外音：党的十九大报告提出，创新是引领发展的第一动力，是建设现代化经济体系的战略支撑。报告中十余次提到科技，五十余次强调创新。到2035年，我国跻身创新型国家前列的目标将激励全社会积极实施创新驱动发展战略，擦亮中国创造、中国智造的闪亮名片。	四、创新驱动科技强国梦 科技引领未来 凝心聚力迈向新征程 中国新闻来源：央视网2017年10月25日 http://news.cctv.com/2017/10/25/ARTImYW1UrNFQArFZKZwT3kF171025.shtml.
11	教师镜头	今天围绕着科学技术学习了四个内容： 一、科学技术是第一生产力 二、科学技术的科学内涵 三、科学技术的双重作用 四、创新驱动科技强国梦 请同学们课下思考两个问题： 怎样才能使科技和人性和谐共处？ 中国智造如何领跑世界？	问题思考： 怎样才能使科技和人性和谐共处？ 中国智造如何领跑世界？

第八章 "一体两翼"思政课翻转教学实践探索

第一节 "一体两翼三端四连五位"思政课翻转教学

打造基于移动端和智慧课堂端的智慧教学系统,研发"一体两翼"线上线下混合教学技术路线,使学习形式和考评方式更加客观、灵活、便捷、全面、公正。"学思兼顾、考学结合、知行合一"的教学机制的建立,将教学过程与考核过程有机地结合起来,有效地提高学生参与教学活动的积极性、主动性和创造性。根据平台统计数据实时掌握学生的学习动态和学习效果,对教学内容、教学方法与手段、考核内容与方式等适时作出相应的调整,实现教与学的深度融合。

依据学生的心理特点、成长需求以及教学目标,教学团队实施了贴近学情、校情和教情的思政课翻转课堂教学改革与实践,提出"一体两翼三端四连五位"思政课翻转教学模式,推出"7+7"线上线下混合教学设计、"一体两翼"思政课翻转教学,构建多元长效学习实践机制,打造"思想道德修养与法律基础"课"浇花浇根、育人育心"线上线下混合智慧教学系统。

一、"一体两翼三端四连五位"思政课翻转教学模式

自2016年以来,课程负责人带领教学团队在全校2016级、2017级、2018级、2019级本科生中实施了"一体两翼三端四连五位"思政课翻转教学。2018年以来,课程负责人带领教学团队在2018级、2019级全校所有一年级研究生中实施了《学术道德与学术规范》翻转教学,提出"一体两翼三端四连五位"思政课翻转教学模式。详见图8-1。

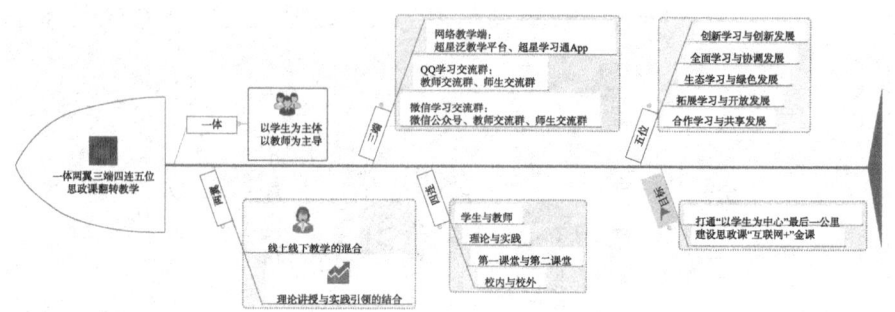

图 8-1 "一体两翼三端四连五位"思政课翻转教学

(一) 一体

"一体"指以学生为主体。教师仅仅是主导者,是导演,是设计师。教学设计和教学环节"以学生的德智体美劳全面发展为中心",结合学生的现实需要引导学生坚定理想,增强本领,勇于担当。

思政课翻转教学坚持"一体"理念,最关键的是要做到坚持以教师为主导,以学生德智体美劳全面发展为中心,按照课程内容的建设和学生的需要搭建网络教学平台,引导学生课前、课中、课后、实践全时空学习,线上线下自主、全面、合作、创新、终身学习,激发学生的问题意识、创作意识,鼓励学生充分参与课堂,在情境中、互动中、合作中、实践中体悟课程教学的具体内容。通过分组讨论、互助合作、主题表演、在线测试等过程考核方式综合测评学生,旨在充分调动学生的积极性、参与性和创造性,融知识传授、能力提升、素质培养于一体。

(二) 两翼

"两翼"指线上线下混合教学设计、理论与实践双向驱动。教学团队将教材分解成图 8-2 中 16 个学习课题,每个课题包含 1 个线上学习课时和 2 个线下学习课时。线上课时主要体现在课前的投票、问卷、互动了解学生学情、视频学习情况,课中的签名、选人、抢答、主题讨论、评分、测试的课堂互动,课后的作业完成、上传作品等。

线下课时主要体现在课前的课本阅读、资料查找、微型剧演练,课中教师的精准教学和学生的微型剧表演、拼图互助研讨,课后学生温习与反思。16个微型剧和 16 个互助学习小组,每个小组认领 1 个微型剧的表演任务,既有对理论的深刻理解,又有实践的直接呈现。

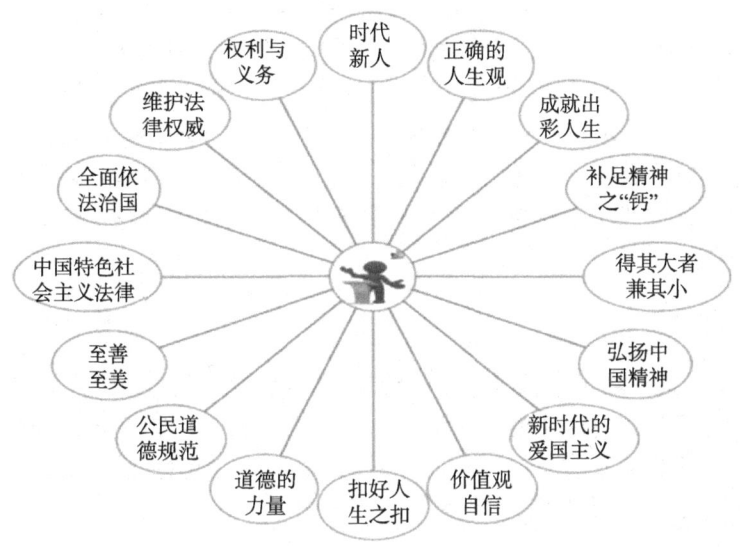

图 8-2　16 个学习课题

（三）三端

超星尔雅的"一平三端"，一平是指云平台，三端是指移动端、教室端和管理端。教师在云平台进行课程准备，学生在云平台进行课程学习；教师在移动端进行课堂备课，学生在移动端进行拓展阅读、交流共享；在教室端，师生共同开展课堂互动；最后所有的教学数据汇集到管理端，管理者通过终端进行听评课和诊改，所有的教、学、诊等活数据传输给网络教学平台进行分析，形成大数据，最终构建成智慧教学系统，为教学质量和人才培养质量提升提供保障。超星尔雅"一平三端"具有简、通、活的特点，同时，还有签到多样、讨论词云、投票问卷、随机点名、遥控 PPT 上课、直播课堂、课堂报告、资源随时看等特点。立足于超星公司的"一平三端"技术支持，以手机、iPad 等为教学工具，充分运用超星网络平台和智慧课堂，结合移动媒体技术，把课程教学内容形象化、教学手段和方法信息化生动化、教学活动多样化。

（四）四连

"四连"指运用"互联网+"的连接，将"学生与教师、理论与实践、第一课堂与第二课堂、校内与校外"形成联动教学。新冠肺炎疫情发生以来，全国超过 2 亿学生在线学习。如何让师生通过一根网线、一块屏幕、一个话筒同频共振，完成知识的传递和思想的交锋？答好在线教育"考题"的关键不是技术,而是人,是教育者。如何通过网络技术与学生顺畅沟通,以便更精准地把握学情?如何通过"一平三端"传授理论知识,同时指导学生在家实践练习?这就需要人们让网络与课堂更好地连接,在第一课堂中融入第二课堂,建立好两大课堂的网络连接,更好地运用校内资源与校外资源,让学生更好地配合教师完成线上教学,将"互联网+"的跨界融合、创新驱动、重塑重构、尊重人性、开放生态、连接一切发挥到极致,才能更好地完成"立德树人"的根本任务。

(五) 五位

"五位"指立足于培养学生的"创新、协调、生态、开放、共享"五大学习能力,着眼于他们在"创新、协调、生态、开放、共享"五大方面的发展。充分运用四种教学方法,着力培养大学生的五大学习能力,全面提升他们的思想道德素质和法治素养。详见图8-3。

图8-3 四种新的教学方法

用鹰架教学法将整门课打造成集"传道、授业、解惑"于一体的线上线下混动教学平台;曼陀罗教学法启发学生创新学习、扩散思维;世界咖啡馆教学法让学生在拼图互助中完成同伴学习、合作学习;微型剧教学法能够让学生身临其境,令他们完成知识学习的两大飞跃:由感性认识上升为理性认识,用理性认识指导社会生活实践。

微型剧教学法、鹰架教学法、曼陀罗教学法、世界咖啡馆教学法鼓励学生注重团队合作的同时,还能引导学生进行探究式与个性化学习,既培养了学生的创新思维,又提升了他们的综合能力,科学"增负",让学生体验"跳一跳才能够得着"的学习挑战。

二、推出"7+7"线上线下混合教学设计促学生全面成长

课程目标坚持知识、能力、素质有机融合,培养学生深度分析、大胆质疑、勇于创新的精神和能力。通过"线上7环节+线下7环节"线上线下混合教学设计(详见图8-4)提升高阶性,突出创新性,增加挑战难度,建设"两性一度"思政金课。

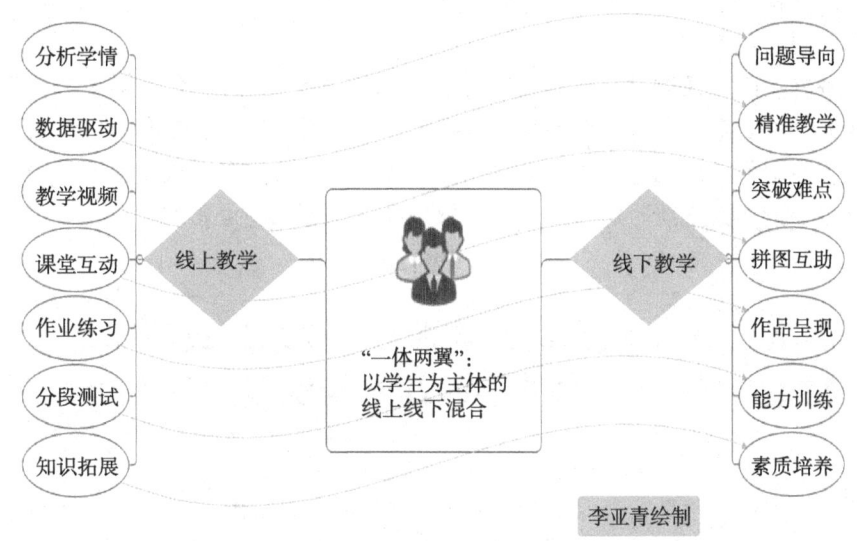

图8-4 "7+7"("一体两翼")线上线下混合教学设计

线上7环节为:分析学情、数据驱动、教学视频、课堂互动、作业练习、分段测试、知识拓展;线下7环节为:问题导向、精准教学、突破难点、拼图互助、作品呈现、能力训练、素质培养。两大环节之间不是孤立的,而是有着深度的交叉和融合。如果线上教学是糖,线下教学就是盐。讲思政课如烹小鲜,要想呈现给学生既有温度又有颜值还能够养胃养心的"一堂课",需要线上教学的糖和线下教学的盐两个比例搭配好,课前、课中、课后、实践设计科学,提问、问卷、测试、教学艺术、教学方法等重要元素添加恰当有效。

三、"浇花浇根、育人育心",构建多元长效学习实践机制

知行合一,构建多元长效学习实践机制,实现思政课程的理论性和实践性相统一。依据涉农高校特点特色开展特殊思想政治理论教育教学。如结合塞罕

坝真人真事开展思想政治教育。55年间,塞罕坝从"黄沙遮天日,飞鸟无栖树"的荒漠沙地,变为"河的源头、云的故乡、花的世界、林的海洋、鸟的乐园",最根本的就在于塞罕坝人听从党的召唤,始终牢记修复生态、保护生态的历史使命。40多年来,河北农业大学一批批毕业生扎根塞罕坝,与许许多多塞罕坝林场人一道用青春和汗水,用苦干和实干,让百万亩沙荒从一棵树变成一片海,诠释了绿色发展的真谛。暑期带队师生到承德塞罕坝进行实践教学,通过参观展览馆、基地实习、开展调研等方式在塞罕坝上了一堂特殊的思政课,带领学生拍摄微电影《绿色守望》,真切感受"牢记使命、艰苦创业、绿色发展"的塞罕坝精神。

将思政课实践教学和雄安新区志愿服务有效融合。自2018年5月份河北农业大学雄安新区发展研究院派驻首批大学生志愿者伊始,雄安新区发展研究院对志愿服务工作就进行了明确定位,它不仅作为我校助力雄安新区建设的一项重要举措,更是新时期加强大学生思想政治教育的阵地延伸。

第二节 李保国精神融入高校思想政治理论教育教学的探索与实践

河北农业大学教授李保国35年如一日,扎根太行山,把太行山区生态治理和群众脱贫奔小康作为毕生追求,每年深入基层200多天,让140万亩荒山披绿,带领10万农民脱贫致富,被誉为"太行新愚公"。把李保国精神融入高校思想政治教育,丰富了思想政治教育的时代内容,拓宽了思想政治教育实践载体,对于提高学生的思想境界、培养学生扎实苦干的优良作风,树立为人民服务的家国情怀有着重要的实际意义。

一、李保国精神的科学内涵

习近平总书记对李保国同志先进事迹作出重要批示,指出:"李保国同志35年如一日,坚持全心全意为人民服务的宗旨,长期奋战在扶贫攻坚和科技创新第一线,把毕生精力投入到山区生态建设和科技富民事业之中,用自己的模范行动彰显了共产党员的优秀品格,事迹感人至深。李保国同志堪称新时期共产党人的楷模,知识分子的优秀代表,太行山上的新愚公。广大党员、干部和教育、科技工作者要学习李保国同志心系群众、扎实苦干、奋发作为、无私奉献的高尚精神，自觉为人民服务、为人民造福，努力做出无愧于时代的业绩。"李保国精神的科学内涵是心系群众、扎实苦干、奋发作为、无私奉献。

二、李保国精神融入高校思想政治理论教育教学的途径与思路

本着"一宗旨、三坚持、五特色"的思路，将李保国精神融入思想政治教育之中。

（一）遵循宗旨：立德树人

习近平总书记在全国高校思想政治工作会议上强调，高校立身之本在于立德树人。要坚持把立德树人作为中心环节，这既是高校的根本使命，也是思想政治工作的宗旨。把李保国精神融入高校思想政治教育，是在用身边的榜样来培养"有理想、有本领、有担当"的时代新人，解决培养什么样的人的根本问题。

李保国精神是时代精神的生动展现，也是社会主义核心价值观的具体体现。我校将其作为"传家宝"，努力把"李保国精神"融入学校的思想政治教育教学之中，教育广大师生学习他心系群众的民本情怀；学习他把个人理想融入党和人民事业的家国情怀；更学习他扎实苦干的愚公精神和奋发作为的责任担当。

（二）坚持"三坚持"，即坚持"两手抓""三融入""四结合"

1. 坚持两手抓：抓关键事件、抓关键时间

生活是需要有仪式感的，思想政治教育同样也需要有仪式感。利用我校自身的资源，把李保国精神融入思想政治教育，选取一些重大的时间节点、关键事件进行教育，更能印象深刻。比如：把李保国精神融入新生"开学第一课"，组织师生参加《李保国》电影首映式，现场感受强大的精神力量；在李保国同志逝世三周年暨纪念石落成时，举行大型纪念仪式，传保国精神、寄哀思之情。

2. 坚持三融入：融入课程、融入实践、融入网络

融入课程：包括思想课程和课程思政，从课程内容上深入理解李保国精神的深刻内涵，只有深入挖掘李保国高尚精神的内涵，才能读懂李保国"被需要"的原因。李保国的鲜活事迹就是活的教科书，融入课程，让李保国精神更有深度。

融入实践：发扬李保国精神、学习李保国精神必须落实到实践中，广大师

生通过参加"李保国扶贫志愿服务队"的活动来深入了解李保国,既提高了社会实践能力,又用实际行动践行并传承了李保国精神,这是一种精神接力。

融入网络:针对学生互联网原住民的特点,不放松网络阵地的巨大威力,及时通过校园网、校园微信公众平台、专题网站等进行宣传教育,及时上传纪念李保国的优秀影视作品及获得的殊荣,增强全体师生的自豪感、荣誉感,激发学习热情。

3. 坚持四结合:理论与实践结合、线上与线下结合、校内与校外结合、思政与专业结合

理论与实践结合:既注重挖掘李保国精神的深刻内涵,上升到理论高度,又注重落地有声,在实践中践行李保国精神。

线上与线下结合:实行网上网下齐抓共管,共同营造良好育人氛围,让李保国的事迹深入人心,让李保国精神发扬广大。

校内与校外结合:既注重校园文化建设,营造氛围,又注重校外实践基地建设,继承并发展李保国精神。

思政与专业结合:思想政治教育绝不只是思政课教师的责任,专业教师也要守好一段渠,种好自己的责任田,实现思政与专业的结合,打造全员、全程、全方位的"三全育人"格局。

(三)形成五特色:以思政课堂为阵地,以校园文化为依托,以志愿服务为渠道,以网络传播为媒介、以规章制度为保障

1. 以思政课堂为阵地,实现内化于心

李保国精神彰显着丰富的马克思主义理论,"心系群众"的民本情怀正是唯物史观"人民群众是历史的创造者"的生动写照;而"无私奉献"的高尚精神形象地诠释"个人价值与社会价值"的关系。通过讲述李保国的故事,交流李保国经典语录,观看《李保国》电影,阅读《李保国》漫画,写学习感受等,在情感亲近中了解精神实质,体会理论魅力。并通过学生讲思政课、拍摄李保国微电影、微型剧表演等达成情感升华,真正内化于心。

2. 以校园文化为依托,实现外化于形

"生活即教育",注重发挥校园文化的熏陶作用,展现外化于形。(1)打造"入眼"工程。在校园显著的廊道上张贴李保国精神的标语;在图书馆、教学楼走廊、宿舍、食堂等场所内悬挂李保国的经典语句;铸造李保国纪念石等,让李保国精神可视、可感、可触。(2)开展丰富多彩的社团活动。将李保国精神融入焦点时刻的"开学第一课",举办"李保国"电影首映式,观看河北梆子现代戏《李保国》,纪念李保国同志逝世三周年暨纪念石落成仪式,

参观李保国主题艺术作品展等，在活动中达到"日用而不觉"。

3. 以志愿服务为渠道，实现实化于行

志愿服务是现代社会文明程度的重要标志，是学习李保国精神的重要载体，更是广大学生践行其精神的重要渠道。为继承弘扬李保国精神，深化拓展"太行山道路"，2016年5月4日，我校在全省首家发起成立了"李保国扶贫志愿服务队"，奔赴全省各地，对接农民需求，畅通帮扶最后一公里，开展多种形式下乡帮扶工作。将志愿服务与学生的暑期实践进行对接，开展具体的专业指导，如解决核桃生产、果树、蔬菜种植技术、山区产业规划等；也有精准的政策解读，如关于乡村振兴、十九大知识宣讲等，真正在志愿服务的社会实践活动中践行李保国精神，体会奉献的幸福。

4. 以网络传播为媒介，实现传化于效

随着全媒体的不断发展，对李保国精神进行内容的多渠道、多媒体、多平台发布，注重传播的时效性及效度性。(1) 在校园网、微信公众平台、社会主义核心价值观实践教育创新研究中心网站、《河北农大报》等利用关健时间、关键事件及时宣传李保国先进事迹及获得的殊荣，增强传播力、影响力。(2) 加强网络语言的运用，邀请学生加入网站的制作，以丰富多彩的形式，包括电影、快板、电视剧、漫画等形式增添网站的趣味性，提升传播的效度。

5. 以规章制度为保障，实现固化于制

李保国精神作为一种价值观念，其巩固和发展是一个长期的历史过程，将其融入思想政治教育更需要常态化、制度化的教育体系加以保障。(1) 高度重视党建与思想政治工作，形成良好的政治生态，将李保国精神的学习与"两学一做""不忘初心、牢记使命"主题教育结合起来；(2) 不断创新大学生思想政治教育模式，如资助家庭经济困难学生，实施新生班主任"领航工程"等；(3) 继续打造大学生思想教育品牌栏目"焦点时刻"，让李保国精神融入师生血脉。

三、李保国精神融入高校思想政治理论教育教学的效果与保障

(一) 将思政育人阵地延伸到雄安新区

河北农业大学雄安新区研究院办公室通过志愿者招募公告、志愿者风采展示展板、优秀志愿者表彰、"农大好故事"讲述等手段对志愿服务工作加强宣传，引导广大学生主动参与、接受教育，扩大、巩固思想政治育人效果。截至2018年12月，服务雄安新区志愿者已招募9批，148名本、硕大学生被选拔

到新区开展志愿服务，53 名优秀志愿者受到表彰；"雄安新区志愿者风采展示"展板分别在东、西校区展出，吸引近万人次师生驻足观看；"农大好故事——走进雄安的农大志愿者"在校园网、官方微信等校园媒体发布，点击量达到 5000+；第十批志愿者招募报名人数达 500 多人，争当雄安新区志愿者已在全校学生中蔚然成风。正如第三批志愿者、来自经贸学院的硕士研究生李哲所说："来了就是吃苦，来了就是服务，来了可能辛苦 25 天，不来你会后悔一辈子。"

以雄安新区大学生志愿者为创作背景，由雄安新区发展研究院、马克思主义学院、艺术学院联合拍摄的微电影《奋斗的青春》，在河北省教育厅组织的第二届"学生心中的思政课"微电影大赛中获二等奖，并被河北省推荐到教育部参加全国第二届"学生心中的思政课"微电影大赛，获得全国优秀奖。《奋斗的青春》作为"思想道德修养与法律基础"课省级在线开放课程网络教学内容之一，为学校思政课教学提供了精品素材，有效促进了"课程育人"改革，深受大学生们的喜爱，河北金融学院、河南财经政法大学、湖南机电职业技术学院、肇庆学院等 6 所高校的学生都有点击，点击量达 2800 余人次。

（二）接力塞罕坝《绿色守望》

2019 年 7 月 20—27 日，马克思主义学院"思想道德修养与法律基础教研室""马克思主义基本原理概论教研室"5 名教师，带领马克思主义学院、林学院、信息学院、理学院、艺术学院、现代科技学院 13 名研究生及本科生开展了"青春献祖国，美丽中国行"塞罕坝暑期教学实践活动。

本次活动主要包括三个主题：拍摄《绿色守望》微电影，通过还原 20 年前农大毕业生在塞罕坝植树造林的情景，师生亲身感受习近平总书记批示的"牢记使命、艰苦创业、绿色发展"的塞罕坝精神，在塞罕坝上一堂有颜值、有风景、有温度、有滋有味、有情有义的特殊思政课；结合塞罕坝农大毕业生艰苦奋斗、甘于奉献的感人事迹，指导学生讲授"新时代如何弘扬中国精神"思政课；调研访谈新中国成立 70 年来塞罕坝的美丽变迁，在此基础上梳理出我校毕业生的付出和贡献，以此激励新时代大学生把青春书写在祖国最需要的地方，在实践中创出出彩人生。

活动中，同学们身穿军装，脚踏军鞋，在丛林中从早到晚体验河北农业大学毕业生"20 多年前的工作场景"，感受"沙漠变绿洲、荒原变林海"的绿色奇迹，深刻领悟"绿水青山就是金山银山"的发展理念。同学们冒着大雨，顶着酷热，高效率高质量地完成了本次暑期教学实践活动。

从塞罕坝回来后，师生们为了强化暑期实践效果，连夜在综合楼 301 教室通过主题讨论、互动发言、教师总结等形式，上了一堂心中最爱的思政课——把思政课堂搬到实践基地去。短短的一周暑期教学实践活动，受到学校相关部门和学院的大力支持和高效协助，师生通力协作，圆满完成任务，参加实践教学的师生充分感受到学校大集体的温暖，受到深刻的教育。

（三）中国青年志愿者优秀组织奖

2019年12月，由共青团中央、中国青年志愿者协会共同举办的第十二届中国青年志愿者优秀个人奖、组织奖、项目奖评选活动结果揭晓，"李保国扶贫志愿服务队"荣获"中国青年志愿者优秀组织奖"，为河北省唯一获奖组织。

中国青年志愿者优秀组织奖是团中央、中国青年志愿者协会授予我国青年志愿服务领域的最高荣誉，每两年评选一次。近年来，我校志愿服务工作在学校党委的指导下蓬勃发展，积极构建具有时代特点、青年特征、农大特色的志愿服务工作长效机制。实现将志愿精神融入学校育人理念、融入学校发展建设、融入学校制度体系、融入学生成长成才的"四融入"培养模式。河北农业大学校团委将在已有基础之上，继续凝聚力量、整合资源，积极引导青年学子弘扬"太行山精神""李保国精神"，持续推动我校志愿服务工作常态化、规范化、科学化、特色化发展。

第九章 "一平三端"思政课线上线下混合式教学设计

第一节 "一体两翼"线上线下混合教学设计
（以"思想道德修养与法律基础"课程为例）

一、课程简介

"思想道德修养与法律基础"课（以下简称"基础"课）旨在运用辩证唯物主义和历史唯物主义的世界观和方法论，引导大学生树立正确的世界观、人生观、价值观、道德观和法治观，解决成长成才过程中遇到的实际问题，更好适应大学生活，促进德智体美劳全面发展。"基础"课是一门融思想性、政治性、科学性、理论性、实践性于一体的思想政治理论课。针对大学生成长过程中面临的思想道德和法律问题，开展马克思主义的世界观、人生观、价值观、道德观、法治观教育，解决成长成才过程中遇到的实际问题，更好适应大学生活，提高思想道德素质和法治素养，成长为有理想有本领有担当的时代新人。

二、教学内容

本课程设置16个教学课题，总计为48学时，3学分。

课题1："时代新人"，开宗明义对新时代大学生提出努力提升自身思想道德素质和法治素养，做担当民族复兴大任的"有理想有本领有担当"的时代新人的要求。

课题2："正确的人生观"，阐述马克思主义人生观理论、马克思主义关于个人和社会之间关系的理论立场、根本观点和思想方法。

课题3："成就出彩人生"，运用马克思主义人生理论的基本立场、观点和方法，阐述当代大学生应如何认识和解决人生面对的重大理论和实践问题。

课题4：补足"精神之'钙'"，解释理想信念的内涵及其对大学生成长成才的作用。

课题5："得其大者兼其小"，阐明大学生应当树立马克思主义信仰、中国特色社会主义共同理想、共产主义远大理想。

课题6："中国精神"，阐明以爱国主义为核心的民族精神和以改革创新为核心的时代精神的科学内涵和现实意义。

课题7："新时代的爱国主义"，阐述如何弘扬和培育作为中国精神核心的爱国主义精神。

课题8："价值观自信"，阐明坚定社会主义核心价值观自信的理由，强调价值观自信的根本表现在于践行。

课题9："扣好人生之扣"，聚焦大学生践行社会主义核心价值观的基本要求，要求大学生从现在做起，从自己做起，使社会主义核心价值观成为自身行为的基本遵循。

课题10："道德的力量"，从坚持马克思主义的道德理论、传承中华传统美德、发扬中国革命道德传统到当代中国道德的发展等方面系统阐述社会主义道德的形成及其本质。

课题11："公民道德"，阐释社会主义道德建设的核心（为人民服务）、原则（集体主义）和规范。

课题12："至上至善"，阐述如何引导大学生自觉投身崇德向善的道德实践，在实践中养成优良的道德品质。

课题13："以宪法为核心的中国特色社会主义法律体系"，讲授我国社会主义法律的本质和作用，以宪法为核心的中国特色社会主义法律体系，属于法律篇章中的基础理论部分。

课题14："全面依法治国"，主要围绕全面依法治国的总目标（法治体系）、基本原则（法治道路）和总体要求（基本格局）展开，是法治的本体论部分，上承法学入门基础知识，下启法治思维与法律权威的法治观念。

课题15："维护法律权威"属于法治教育，着重回答有关大学生社会主义法治思维培养和维护法律权威的问题。

课题16："权利与义务"是法律全章的落脚点，从法律知识学习到法治理念认同，再到思维习惯养成，最后落脚于依法行使权利和履行义务。

三、课题教学逻辑

（一）课题教学内容的整体逻辑

课题教学设计的思维逻辑坚持与教材内容逻辑相统一。因此，按照教材的内容结构逻辑，设计了由 4 个板块、16 个课题构成的教学内容。第一个板块即课题 1，在课题教学中具有导论的地位和功能；第二个板块由课题 2 至课题 9 共计 8 个专题构成，属于世界观、人生观、价值观教育层面的内容；第三个板块由课题 10 至课题 12 共计 3 个专题构成，属于道德观教育层面的内容；第四个板块由课题 13 至课题 16 共计 4 个专题构成，属于法治观教育的内容。教学内容由世界观、人生观、价值观到道德观再到法治观，勾勒出了专题教学内容的逻辑进路。

（二）课题教学内容的单元逻辑

教材的内容由绪论和六章构成，课题 1 对应绪论内容，其他 15 个课题对应教材本体部分的内容。以教材各章的内容为依据，除作为导论的课题 1 外，其他 15 个课题可以划分为 6 个单元。每个单元的专题安排，遵循由抽象到具体、由理论到实践、由思想到行为的逻辑进路。

四、拼图互助合作小组：微型剧主题活动

（1）每个大班分 16 个小组，每个小组 6~8 人，1 个小组领 1 个微型剧任务。表演时长 8~10 分钟，超出时长范围酌情扣分。

表 9-1 "思想道德修养与法律基础"课微型剧主题活动表

小组	1	2	3	4	5	6	7	8	9	10	11	12	13	14	15	16
表演主题	你我的新时代	奋斗的幸福	成就出彩人生	补足精神之"钙"	得其大者兼其小	我爱你，中国	改革创新生力军	价值观自信	扣好人生的扣子	中华传统美德	中国革命道德	家庭家风家教	情与法的冲突	法治的力量	法律权威	尊重他人权利
表演周次	2	3	3	5	5	7	7	8	9	10	11	12	13	14	15	16

（2）小组设小组长一名，小组长负责小组表演任务的分工（导演、编剧、主演、拍摄、PPT 制作或剪辑、服装、道具、剧务）和组织主题讨论。

(3) 小组安排专人填写微型剧表格并提交到通分组任务里。

表 9-2 "思想道德修养与法律基础"课微型剧小组分工表

简况	班级		小组		序号		题目	
	成员	组长请写在第一个,后面写上组长的手机号码							
剧情简介 (200字)									
团队分工	活动分工	姓名		学号		备注		
	导演							
	编剧							
	拍摄							
	剧务、道具							
	角色1							
	角色2							
	角色3							
	角色4							
	角色5							
	PPT制作或剪辑							
学生评分(50%)			教师评分(50%)				最终成绩	

评分说明:主题30分,剧情30分,PPT20分,表演20分。

(4) 小组排练好后可选择两种形式(微型剧现场表演或者微视频播放)在指定的课堂周数表演或者播放。

(5) 学生和老师共同评分,各占50%。所有学生使用学习通线上评分功能,按照四项标准评分。反复提醒学生完全跑题此项不及格。

①主题30分。

主题切题,积极向上,26~30分。

主题基本切题,积极向上,21~25分。

主题偏题,积极向上,16~20分。

②剧情 30 分。

剧情为原创，逻辑清晰、环环相扣、引人入胜，具有解释力、说服力，26～30 分。

剧情为现实中的案例或者真人真事，逻辑清晰、环环相扣、引人入胜，具有解释力、说服力，21～25 分。

剧情为现实中的案例或者真人真事，结构稳定、主线清楚，有说服力，16～20 分。

剧情为现实中的案例或者真人真事，素材堆积、空洞无力，酌情给 11～15 分。

③PPT 20 分。

PPT 设计美观，色彩搭配科学，有动画效果，16～20 分。

PPT 设计一般，色彩搭配合理，无动画效果，11～15 分。

④表演 20 分。

制作或者视频拍摄有完整的故事情节，演员台词自然流利，表演生动，16～20 分。

制作或者视频拍摄有完整的故事情节，演员台词自然生动，11～15 分。

制作或者视频拍摄有完整的故事情节，演员台词不熟悉，表演生硬，酌情给 1～10 分。

第二节 "一体两翼"线上线下混合教案
（以课题 1 "时代新人"为例）

一、教学目的与要求

本课题对应教材绪论的两个内容：我们处在中国特色社会主义新时代；时代新人要以民族复兴为己任。旨在引导和帮助大学生正确认识自身所处的人生发展阶段和当前所处的时代方位，了解中国特色社会主义新时代对大学生成长成才提出的要求，了解党和国家对大学生成长成才提出的期望，努力提升自身的思想道德素质和法治素养，做担当民族复兴大任的时代新人。

表 9-3　学情与内容分析

学情分析	内容分析
2018年开学季，大批"00后"走进大学。2019年入学的大一新生几乎全部是2000年之后出生的大学生。作为新世纪的孩子，他们有更加良好的教育条件与教育氛围，有更自由的精神和开放的思想，更加注重德智体美劳全面发展。他们朝气蓬勃，关心时政；他们喜欢网络，热衷于信息化学习；相较于纸质阅读，他们更喜欢"数据阅读"。他们在认可新时代的同时，也更加深刻地受到外来文化的影响，呈现多元的文化认同和创造力。	作为本课程的开篇语，绪论开宗明义"我国处在中国特色社会主义新时代"，这一论断出处为党的十九大报告。经过长期努力，中国特色社会主义进入了新时代，这是我国发展新的历史方位。2017年12月，"新时代"入选"2017年度中国媒体十大流行语""汉语盘点2017"活动年度候选词。党的十九大提出了"培养担当民族复兴大任的时代新人"的战略要求，新时代是青年人的新时代，青年兴则国兴，青年强则国强。中国梦离不开每一个青年人的成长成才梦。

学习目标		
知识目标	情感目标	能力目标
新时代的科学内涵	时代新人的责任感	适应新时代的大学

重点难点	
重　　点	难　　点
新时代的判定依据 新时代的科学内涵 有理想、有本领、有担当	时代新人的使命和责任 厘清课程开设的重要意义，认识到提升思想道德素质与法律法治素养的重要性

二、教学要点

（一）中国特色社会主义新时代的科学内涵

1. 中国特色社会主义进入新时代的意义

它意味着近代以来久经磨难的中华民族迎来了从站起来、富起来到强起来的伟大飞跃，迎来了实现中华民族伟大复兴的光明前景；意味着科学社会主义在21世纪的中国焕发出强大生机活力，在世界上高高举起了中国特色社会主义伟大旗帜；意味着中国特色社会主义道路、理论、制度、文化不断发展，拓展了发展中国家走向现代化的途径，给世界上那些既希望加快发展又希望保持自身独立性的国家和民族提供了全新选择，为解决人类问题贡献了中国智慧和中国方案。

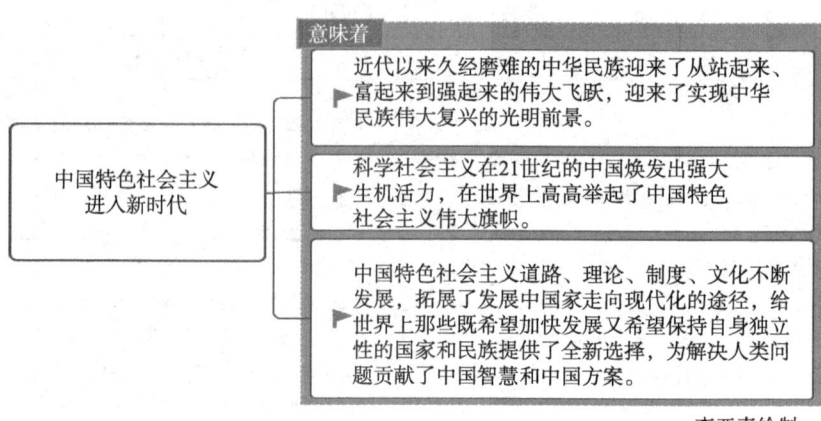

图 9-1　中国特色社会主义进入新时代的意义

2. 中国特色社会主义新时代的内涵

中国特色社会主义新时代是承前启后、继往开来、在新的历史条件下继续夺取中国特色社会主义伟大胜利的时代，是决胜全面建成小康社会、进而全面建设社会主义现代化强国的时代，是全国各族人民团结奋斗、不断创造美好生活、逐步实现全体人民共同富裕的时代，是全体中华儿女勠力同心、奋力实现中华民族伟大复兴中国梦的时代，是我国日益走近世界舞台中央、不断为人类作出更大贡献的时代。

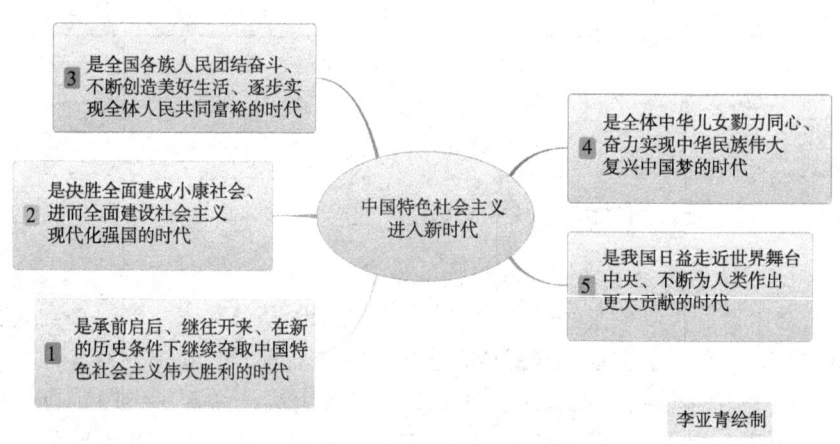

图 9-2　中国特色社会主义进入新时代的内涵

3. 中国特色社会主义新时代与中国梦的关系

新时代是中华民族实现伟大复兴中国梦的时代。中国梦是历史的、现实的，也是未来的。它凝结着无数仁人志士的不懈努力，承载着全体中华儿女的共同向往，昭示着国家富强、民族振兴、人民幸福的美好前景。中国梦是国家的、民族的，也是每一个中国人的。只有每个人都为美好梦想而奋斗，才能汇聚起实现中国梦的磅礴力量。

4. 中华民族伟大复兴中国梦与青春梦的关系

新时代是每一个青年人实现青春梦想的时代。当代大学生是中华民族伟大复兴进程的见证者和参与者，也是社会主义事业的生力军。新时代为大学生成长成才、勤学报国提供了广阔的舞台和无限的机遇，中华民族伟大复兴终将在广大青年的接力奋斗中变为现实。

（二）担当民族复兴大任的时代新人的要求

1. 要有崇高的理想信念，牢记使命，自信自励

大学生要将实现"两个一百年"奋斗目标、实现中华民族伟大复兴中国梦的历史使命内化为担当的自觉，外化为实际行动，从容自信、坚定自励。

2. 要有高强的本领才干，勤奋学习，全面发展

大学生要把学习作为首要任务，树立梦想从学习开始、事业靠本领成就的观念，让勤奋学习成为青春远航的动力，让增长本领成为青春搏击的能量。

3. 要有天下兴亡、匹夫有责的担当精神，讲求奉献，实干进取

大学生要自觉把个人前途命运与国家、民族的前途命运紧紧地联系在一起，在尽责集体、服务社会、贡献国家中实现人生理想和人生价值；要坚持实践第一、知行合一，求真务实、有为善为，勇于面对实际生活中的各种挫折考验，勤奋刻苦、磨砺意志、脚踏实地；要始终保持昂扬向上的精神状态，富有求新求变的朝气锐气，敢于站在变革前沿，引领潮流之先，以新的实践创造更大成就。

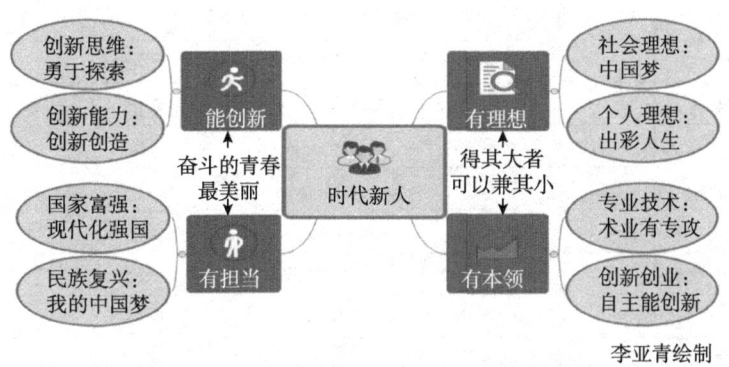

李亚青绘制

图9-3 "有理想有本领有担当"的时代新人

(三) 提升思想道德素质与法治素养

1. 思想道德和法律的关系

思想道德和法律都是调节人们思想行为、协调人际关系、维护社会秩序的重要手段；二者都是上层建筑的重要组成部分，共同服务于一定的经济基础；思想道德为法律提供思想指引和价值基础，法律为思想道德提供制度保障。思想道德与法律的区别：在调节人们思想行为、协调人际关系、维护社会秩序过程中，思想道德与法律在调节领域、调节方式、调节目标等方面存在很大不同。

2. 思想道德素质与法治素养的内涵

思想道德素质是指人们思想观念、政治立场、价值取向、道德情操和行为习惯等方面品质和能力的综合体现，反映一个人的思想境界和道德风貌，是促进个体健康成长、社会发展进步的重要保障。法治素养是人们通过学习法律知识、理解法律本质、运用法治思维、依法维护权利与依法履行义务的素质、修养和能力，对于保证人们尊崇法治、遵守法律具有重要意义。

3. 提升思想道德素质与法治素养的方法

思想道德素质和法治素养是人应该具有的基本素质。大学生应当通过理论学习和实践体验，牢固树立坚定的理想信念和正确的价值观念，陶冶高尚的道德情操，增强尊法学法守法用法的自觉性，不断提高自身的思想道德素质和法治素养。

三、教学分配

表 9-4　教学分配概况

线上教学（1学时）				
教学内容	教学形式	教学时长	教学环节	学生活动
课程宣传片	视频、动画	3分钟	课前	观看
2019河北农业大学宣传片	视频	6分钟	课前	观看
时代新人	视频	12分钟	课前	观看
大学之道　在明明德	视频	11分钟	课前	观看
新时代的意义	思维导图1.1	1分钟	课前	阅读
新时代的科学内涵	思维导图1.2	1分钟	课前	阅读
时代新人	思维导图1.3	1分钟	课前	阅读
测验	习题	3分钟	课后	做题

第九章 "一平三端"思政课线上线下混合式教学设计

续表

线上教学（1学时）				
教学内容	教学形式	教学时长	教学环节	学生活动
复习	PPT	4分钟	课后	观看
做作业	主题讨论	3分钟	课后	发表观点
合计	45分钟			
线下教学（2学时）				
教学内容	教学形式	教学时长	教学环节	教学活动
课程简介	PPT	10分钟	课中	学生听课
你心中的"基础"课	线上线下混合	5分钟	课中	手机选人发言
新课导入：新时代	视频	5分钟	课中	学生观看视频
新时代	线上线下混合	5分钟	课中	线上主题讨论
新时代的科学内涵	动漫、PPT	20分钟	课中	学生听课
课间休息				
新课导入：时代新人	视频	3分钟	课中	学生观看视频
时代新人	案例：塞罕坝精神	15分钟	课中	学生听课
思想道德和法律	对比分析法	10分钟	课中	学生听课
"基础"课的主题	线上线下混合	3分钟	课中	测验
思想道德素质和法治素养	结合《中华人民共和国慈善法》讲解	10分钟	课中	学生听课
课程小结	教师组织学生发言	2分钟	课中	学生发言
布置作业	线上线下	2分钟	课中、课后	学生合作完成

四、参考文献

1. 习近平．在同各界优秀青年代表座谈时的讲话［M］//十八大以来重要文献选编：上．北京：中央文献出版社，2014．

2. 习近平．决胜全面建成小康社会 夺取新时代中国特色社会主义伟大胜利——在中国共产党第十九次全国代表大会上的报告［M］．北京：人民出版社，2017．

3. 习近平．在第十三届全国人民代表大会第一次会议上的讲话［M］．北京：人民出版社，2018．

4. 习近平. 在北京大学师生座谈会上的讲话 [M]. 北京：人民出版社，2018.

五、教学反思

作为开宗明义第一课，本课题的教学设计与讲授非常重要。由于设计的内容很贴近学生，学生线上线下互动得当，本次课中学生发言非常积极，课后作业完成度也很高。

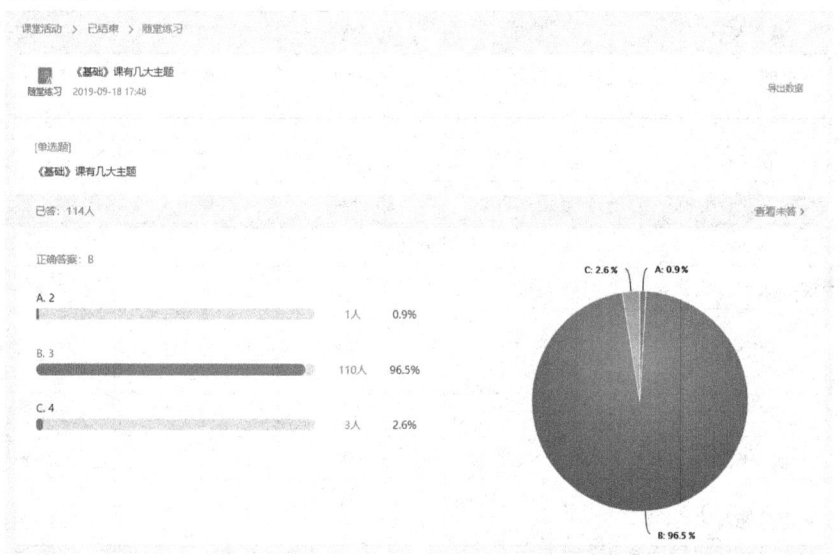

图 9-4　测验

图 9-5　作业提交数据图

第十章　高校思想政治理论课"互联网+"教学评价与效果

第一节　高校思想政治理论课"互联网+"教学评价

新时代,"互联网+教育"已成为当代教育新业态,思想政治理论课承担着对大学生进行系统的马克思主义理论教育的任务,是巩固马克思主义在高校意识形态领域指导地位、坚持社会主义办学方向的重要阵地,是全面贯彻党的教育方针、落实立德树人根本任务的主干渠道和核心课程,是加强和改进高校思想政治工作、实现高等教育内涵式发展的灵魂课程,发挥着不可替代的作用。

2018年6月21日,教育部部长陈宝生在新时代全国高等学校本科教育工作会议上第一次提出,对大学生要有效"增负",要提升大学生的学业挑战度,合理增加课程难度,拓展课程深度,扩大课程的可选择性,真正把"水课"转变成有深度、有难度、有挑战度的"金课"。教育部印发《新时代高校思想政治理论课教学工作基本要求》的通知强调,要深入研究网络教学的内容设计和功能发挥,不断创新网络教学形式,推动传统教学方式与现代信息技术有机融合。《新时代高校思想政治理论课教学工作基本要求》还强调,要全面推动习近平新时代中国特色社会主义思想进教材进课堂进学生头脑,培养担当民族复兴大任的时代新人。为此,本研究成果深入贯彻落实《关于深化新时代学校思想政治理论课改革创新的若干意见》和《"新时代高校思想政治理论课创优行动"工作方案》,将"思政课"主动对接"互联网+",利用"互联网+思维与互联网+技术",助力思政课的现代化教学,打造"两金一优"思政课"互联网+"建设方案,形成"一体两翼三端四连五位"思政课教学模式,探索"九合一"分段过程考核方式,全面提高思政课质量和水平,杜绝"水课",打造"金课",让学生收获满满,让有意义的课程变得更加有意思。

一、解决的主要问题

课程问题看似是最微观、最普通的问题，但却是培养人最根本问题，是战略问题。本成果要解决的关键问题是：第一，结合《新时代高校思想政治理论课教学工作基本要求》，让思政课主动对接"互联网＋教育"，推动思政课传统教学方式与现代信息技术的有机融合；如果说课程是体现"以学生发展为中心"理念的"最后一公里"，那么教师就是这"一公里"的建设者，必须打造"金老师"。第二，课堂是课程的具体化、操作化和目标化，必须构建"金课堂"，通过科学"配方"、智能"工艺"、精美"包装"，引导大学生树立正确的世界观、人生观、价值观，不断提高大学生对思想政治理论课的获得感，育时代新人。第三，考核方式直接影响教师的教与学生的学，也是最后的呈现，必须提交一份完美答卷，因此要在考核方式上进行转变，充分发挥其"指挥棒"作用。

二、解决问题的措施和方法

（一）依据"六要"，坚持"一学一带一研"厚师德，打造"金老师"

习近平总书记提出，"办好思政课，关键在教师，关键在发挥教师的积极性、主动性和创造性"。要建设一支政治强、情怀深、思维新、视野广、自律严、人格正的思政课教师队伍。为此，本项目采用"一学一带一研"的路径厚师德，打造可信、可敬、可靠，乐为、敢为、有为的"金老师"。

（1）一学。加强理论学习，不断提升政治素养。"腹有诗书气自华。"学好"周末理论大讲堂"，读原著、学原文、悟原理；搞好"不忘初心、牢记使命"主题教育，形成运用"学习强国"的竞争氛围；正确把握党的最新理论成果的深刻内涵和精神实质，深刻理解党的最新理论成果的新思想、新观点、新论断，及时将之运用到教学研究中；不断增强中国特色社会主义道路自信、理论自信、制度自信、文化自信，真正有信仰，讲信仰，用信仰决定方向，用方向凝聚力量。

（2）一带。用榜样育情怀，身边的榜样更具有感染力。周燕老师作为学院最早的全国模范教师、最美思政课教师，李亚青老师作为河北省模范教师、全国模范教师，为全体教师树立了典型，发挥了模范的引领作用。她们通过为全院的教师讲授个人育人经历，开展示范课程，以个人的高尚师德、端庄教态、严谨治学，带动全体教师保持家国情怀，关注时代、关注社会。

（3）一研。采取走出去的方式拓思维、广视野。主要利用暑期组织教师集体实践研学与个人实践进修，丰富"知识体系包"，识大局、明方向、鉴古今，提升知识体系、全球视野、历史纵深能力。

（二）坚持"四性、四媒、八统"，构建"理论课堂+网络课堂+行走课堂"的立体教学

（1）坚持四性，打造理论课堂。凸显思想性、理论性、时代性和针对性，进行精准发力，坚持浇花浇根、育人育心，做到教学内容精当、教学对象精准、教学过程精细。不断探索专题教学，以专促"精"，去"重复"、去"枯燥"，"补短板""补联结"，注重统筹性，既实现大中小学的循序渐进，又调整五门思政课的整体布局。

（2）借助"一平三端"超星平台、微信公众号、QQ、微博"四媒体"，打造网络课堂。针对学生作为网络原住民的特点，借网发力，借网施教，借网评价。

（3）坚持"八个统一"。尤其坚持理论性和实践性的统一、灌输性和启发性的统一、显性教育和隐性教育的统一，真正发挥思政课的价值功能，走基层、沉下去、活起来，开展行走课堂，真正做到"有虚有实、有棱有角、有情有义、有滋有味、有己有人"，打造新时代思政课"金课堂"。

（三）讲求"配方"科学——打造"12345""互联网+"教学模式

1. 学生主体

坚持以学生为主体，运用"互联网+"思维，注重个体发展、重塑资源结构，加强师生互动，关注学生的积极性、主动性、参与性、创造性。

2. 一学两翼

运用"互联网+"的数据驱动与开放生态融合，实现线上线下教学的混合，增强理论讲授与实践引领的结合，提升育人效果。

3. 一屏三端

三端指网络教学端、QQ、微信群和公众微信号三力齐发，合力创新育人、全时空育人、全过程育人。

4. 四连育人

运用"互联网+"跨界融合、连接一切的特点，将学生与老师、理论与实践、第一课堂与第二课堂、校内与校外连接在一起，形成思政课育人教育链。

5. 五位一体

立足于培养"有理想、有本领、有担当"的时代新人这一核心任务，运用"互联网+"创新驱动、开放生态引领学生创新学习、合作学习、生态学习、开放学习、共享学习，有效提升学生成才意识、综合能力和本领担当，增

强学生成长的获得感。

（四）改革考核方式，坚持"九合一"分段过程考核

"九合一"是借助超星"一平三端"智慧教学系统，既有线下要求的提前预习视频，也有课后复习的作业，还有课堂的签到、测验、讨论等，甚至包括最近的延展咨询直播，真正达到了线上线下的统一、能力与知识的配合、过程与终结的一体，实现对学生的"知识、能力、素质"全面测试的考核方式，做到下课不下线、沟通无极限。

表 10-1 "九合一"分段考核

视频	作业	互动	签到	测验	访问	讨论	直播	考试
15%	10%	15%	5%	10%	5%	5%	5%	30%
全部任务点完成	7份作业，每份作业可以做5次，取最高分	微型剧表演，投票，抢答，评分，小测，讨论等	一共签10次	微型剧表演的个人体会	300次为满分，鼓励学生多登录平台	发表一个观点得5分，获得一个赞得2分，积满100分为满分	看完20分钟就获得满分	单选40道，每题1.5分，多选20道，每题2分，30分钟内完成

作业: 10 % 所有作业的平均分

课堂互动: 15 % 参与投票、问卷、抢答、选人、讨论、测验、小组任务等课程活动可获相应分数，积分达 30 分为满分

签到: 5 % 按次数累计，每签到一次+1，签到数达 10 次为满分

课程音视频: 15 % 课程视频/音频全部完成得满分，单个视频/音频分值平均分配，满分100分

章节测验: 10 % 只计算为任务点的章节测验，取学生章节测验平均分，未做测验按"0"分计算

PBL: 0 % 学生在每个PBL项目小组获得的分数求和取平均分

访问数: 5 % 访问数达 300 次为满分

讨论: 5 % 发表或回复一个讨论得 5 分，获得一个赞得 2 分，最高100分

阅读: 0 % 资料模块中专题阅读总时长达到 60 分钟为满分

直播: 5 % 观看直播、直播回放总时长达到 20 分钟为满分

考试: 30 % 所有考试的平均分

线下: 0 % 学生线下学习行为得分 明细分配

图 10-1 成绩分布图

（五）坚持"六高两参"，提升效果，实现"优课程"

六高。坚持高素质思政教师队伍为主体，高水平教案课件为基础，高水平网络资源为支撑，高水平教学方法为途径，高效率考评为保障，以高质量示范课为抓手，不断推进习近平新时代中国特色社会主义思想进教学、进课堂、进头脑。

两参。一方面，围绕重大现实问题、重大理论问题和重大实践经验展开调研，参与决策咨询，并及时将调研结果应用于教学中，用教研促教学；另一方面，参与理论宣讲，自觉担起举旗帜、聚民心、育新人、兴文化、展形象的使命，不断弘扬主旋律、传播正能量。

第二节 高校思想政治理论课"互联网+"教学效果

一、在线课程建设

围绕着思政课"互联网+"育人实践，申报立项省级在线开放课程3门、省级示范课程1门。建设高校思想政治理论课"创新文化"育人教学资源库，打造与学生同心、同行、同频的思政课网络教学平台。其中有两门课程"思想道德修养与法律基础"（李亚青负责）、"思想政治理论实践课"（周燕负责）被推荐参评2019年国家级一流课程。

省级在线开放课程有3门，其中李亚青负责的"思想道德修养与法律基础"课2018年被河北省教育厅立项为省级精品在线开放课程，李亚青参与的"马克思主义基本原理概论"课2019年被河北省教育厅立项为省级精品在线开放课程，郭跃军负责的"毛泽东思想和中国特色社会主义理论体系概论"课2020年被河北省教育厅立项为省级精品在线开放课程。

省级示范课程1门，郭跃军负责的"中国特色社会主义理论与实践"课程2018年被河北省教育厅立项为省级示范课程。

超星示范教学包有2门，为"思想道德修养与法律基础"和"马克思主义基本原理概论"课程。其中，"思想道德修养与法律基础"课被引用人数为305人，"马克思主义基本原理概论"课被引用人数为807人。

二、检验效果

1. 学生成绩普遍提高

实施翻转教学两年后,2018 年起"思想道德修养与法律基础"课学生重修率由过去的每班平均 1~3 人降到全校不足 10 人;"马克思主义基本原理概论"课重修率由 600 余人降至不足 50 人。

2. 知行合一能力普遍提高

2019 级"马克思主义基本原理概论"课采取了动漫视频的分组任务,各小组都按照要求完成了任务。

动漫视频具体要求如下:

时长:3~5 分钟

形式:动漫、动画、漫画、手绘等(英语、日语专业可以考虑双语,当然其他专业同学外语特别好也鼓励双语)。

格式:MP4

合作:小组长是组织者,要有明确的任务分工,如设计、绘图、素材、剪辑、美化、配音。每个人都要有明确的分工,全身心参与到小组动漫视频制作中。

评分:两部分

(1)小组集体分数,通过课堂积分呈现,由全体学生线上评分和教师线下评分各占 50% 完成。

(2)测验(撰写体会)分数,占 10%。详见"学习通"目录 9.7。

学生们对该任务印象特别深刻,从一开始的抵触到后来的洪荒之力爆发,涌现出一批优秀动漫作品。

图 10-2 为学生结合抗击疫情制作的人民群众是历史的创造者动漫视频。

图 10-2　动漫视频

学生们感触颇深,他们将自己团队制作动漫的收获和心得写进了个人体会中。图 10-3 的两张图片为学生制作动漫视频个人体会截图。

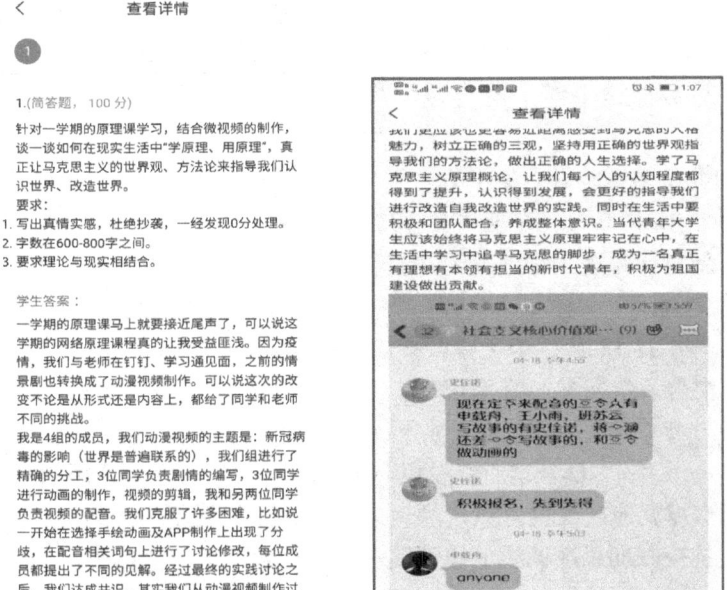

图 10-3 制作动漫视频体会

3. 学生综合素质显著提升

2017 年,河北省首届高校思想政治理论课教学展示活动中,化学 1602 班尚洪琳同学获得讲课大赛二等奖;2018 年,河北省第二届"学生心中的思政课"微电影大赛中,王鹏团队获得河北省二等奖、教育部优秀奖;

2019 年,翻转课堂教学班的两个《我心中的思政课》微电影制作团队冲进河北省决赛,最终信息学院网络工程 1802 班陈雨萌带队的《绿色守望》团队进入全国决赛,并获得三等奖,是河北省当年获奖团队的最高奖和最高分。2019 年,周燕老师指导的"学生讲思政课"冲进南开大学决赛并获教育部优秀奖。

三、社会影响

（一）专家报告

1. 内蒙古工业大学做专家报告

2019 年 11 月 23 日,李亚青教授应内蒙古工业大学马克思主义学院院长邀请,参加由内蒙古工业大学和超星公司共同举办的"新时代高校思想政治理论课教学改革创新研讨会",并做专家报告。

2. 河北工程大学做专家报告

2020年1月8日,李亚青教授应河北工业大学马克思主义学院邀请,做河北工程大学马克思主义学院"思政教师工作坊"第一期报告,主题为"'一体两翼'思政课线上线下混合教学探索——思政课学习通的运用与拓展实践"。

3. 河北金融学院做专家报告

2020年1月10日,李亚青教授应河北金融学院邀请,做"'奋斗的我 最美的国'新时代先进人物进校园"报告会。

4. 保定理工学院做专家报告

2020年1月12日,李亚青教授应保定理工学院邀请,做"'一体两翼'线上线下混合教学探索"专家报告。

5. 2020年6月17日线上研讨会做专家报告

2020年6月17日,李亚青教授应天津城建大学、超星公司邀请参加"后疫情时期京津冀地区高校思想政治理论课教学改革创新线上研讨会",并做了主题为"抗疫时期思政课线上线下混合教学探索"的专家报告。

(二)媒体报道

2019年9月,长城网对李亚青的思政课教学进行了报道。

图10-4 长城网报道

第十一章 "互联网+"大学生创新创业大赛获奖案例

2018年,教育部《关于加快建设高水平本科教育全面提高人才培养能力的意见》和"新高教40条"明确要求,要把思想政治教育贯穿高水平本科教育全过程,推动创新创业教育与专业教育、思想政治教育紧密结合。为了更好地开展"立德树人、创新育人、育时代新人",思政课教师周燕把思想政治教育、创新创业教育和专业素质教育深度融合,发起创建了"思创专三融合课程群",建立了一支跨学院、跨学科、跨专业的教学团队,把思想政治教育、创新创业教育元素融入新农科、新工科和新文科的专业课教学中。2016年至2019年,由周燕教师指导的各学院学生创新项目获得国家、省级奖励21项。其中"井冈山红色景点开展党史教育形式创新研究"项目获全国大学生"井冈情,中国梦"实践专项奖、全国"优秀团队"奖,《河北省淘宝村及淘宝镇发展现状与对策研究》获河北省大学生科技学术作品竞赛特等奖,《绿环生物全降解保鲜膜》获第三届河北省"互联网+"大学生创新创业大赛金奖,《绿色生物饲用添加剂》获第四届河北省"互联网+"大学生创新创业大赛银奖,《弥足珍贵——唐农耕种》获第五届河北省"互联网+"大学生创新创业大赛"青年红色筑梦之旅"银奖,创业公益项目(作品)《太行故里》获得了省赛三等奖。2019年指导大学生的创新研究项目"习近平新时代中国特色社会思想进学生头脑创新实践研究"和"新时代高校文化育人现状及发展对策研究"获得了国家级"大学生创新训练计划项目"立项。

一、养殖生态圈下的饲用酶制剂(节选)

该作品为2016年中国大学生"互联网+"创新创业大赛国家铜奖作品。
参加学生:赵鑫　石伟雄　赵月　李博文　霍雪静　王颜英
　　　　　郭万达等
指导教师:周燕　郭润芳　马波

（一）项目背景

李克强总理多次强调"互联网+"概念，"互联网+农业"的时代也已经起步。虽然几乎每个企业都在用二维码吸引消费者，也有很多企业在宣传着自己的网上店铺，但这只是"触电"而已，离真正的"互联网+"还很远。真正的互联网思维首先应考虑的是用户，如何围绕饲料企业和养殖户来研发整合并提供真正高品质、高性价比的农养产品，同时又能提供省时、省心、省力、省钱的服务，才是未来农养企业的发展之道。目前禽肉类产品需求仍呈刚性增长，尤其是标准化规模养殖加速发展，饲料以及饲料添加剂对养殖业的支撑地位将更加突出，产业拓展的空间也更为广阔，特别是饲用酶制剂的市场也更加广阔。

2015年8月初，国务院第一次清晰地做了农业产业化、农业工业化的明确概括，"安全、高效、绿色"三个关键词，代表了政府对农业的认识。农业农村部发布《饲料工业"十三五"发展规划》，加快发展酶制剂等新型饲料添加剂，推广精准配方技术，提高饲料利用效率。因为通常饲用添加剂的使用，给养殖业带来了便利，同时也带来了两个难以解决的问题：环境污染和食品安全。饲用添加剂中的残留物质进入环境势必会造成环境污染，食用此类添加剂的牲畜肉质、口感都为人所担忧。过量添加抗生素等添加剂带来动物肠道菌群失衡、药物残留和抗药性等多方面负效应，威胁着畜禽食品的质量安全。以替代抗生素为优势，行业正向无抗化、健康化的方向发展，在全球越来越重视食品安全的大趋势下，中国饲料无抗生素化也是必然的发展方向。

（二）公司概述

酶魅达有限责任公司是一家以生产、研发、销售饲用纤维素酶、饲用葡萄糖氧化酶、饲用植酸酶为主的公司，为社会提供安全、高效、环保的酶制剂产品，减少不可再生能源的利用，降低环境污染，增加动物肉质安全，还社会一片和谐，拥有广阔的产品市场以及巨大的社会效益和经济效益。

公司所生产的饲用纤维素酶、饲用葡萄糖氧化酶、饲用植酸酶属于绿色环保安全添加剂，其采用全新配方、先进技术，改善了添加剂的质量，提高了其耐酸碱性、耐热性，并具有产酶量高、酶活力高等特点，极具市场潜力。

公司理念：以人为本　科技领先　确保质量　诚挚服务

公司宗旨：取之天然　用于自然　立足高效　服务养殖业

图 11-1 公司的发展战略图

公司使命：用科技打造中国特色的饲用酶制剂产业

公司发展的网络战略：

网络平台模式：建设网络的企企+校企+企养+养社平台模式

智慧模式：以网络为入口，建设融合综合服务于养殖户的管网系统

PIB 商业模式：利用移动互联网链接养殖业上下游产业链的新模式

（三）技术与产品

1. 技术

公司采用自主研发技术，以河北农业大学"国家科技进步二等奖"及河北省"科技进步二等奖"为依托，为改善黑曲霉菌株产酶水平低、发酵活性低等现状，利用现代基因工程、DNA 重组等技术以及传统菌株筛选诱变技术，培育高效微生物产酶菌株，优化生产突变菌株，构建了酶制剂产品加工领域具有应用潜力的微生物菌种资源库，得到了三种酶制剂产品，而且酶活高、产量大，具有热稳定性和耐酸性等优点，比较适用饲料加工和动物胃内环境，适合在实际生产中应用。

2. 产品

公司生产的三种酶制剂产品绿色环保，用在饲料添加剂中更加健康、高效。为改善黑曲霉的产酶特性及毕赤酵母表达量性能，应用基因工程技术、诱变技术、喷雾干燥技术等混合技术进行生产制造，改造出高表达量高酶活的菌株。

植酸酶、纤维素酶、葡萄糖氧化酶的酶活力分别达到 81696U/ml、275U/g、659.56μg/ml，对动物肠道无刺激且活力高、酶解充分、代谢产物对环境无污染，具有广阔的市场前景。

特性如下：

（1）植酸酶酶活高，能提高磷的利用率，替代饲料中的部分无机磷，降低饲料成本；可调整饲料原料及其用量比例，降低成本；恢复消化酶活性，提高动物采食量和日增重。

（2）纤维素酶耐高温性能稳定，抑制有害菌体繁殖，提高饲料利用率和转化率，减少消化道疾病的发生；提高禽畜抗病力，降低应激反应和畜禽死亡率。

（3）葡萄糖氧化酶耐酸性强，产量高；清除肠道病原菌生存环境，减少沙门氏菌等感染；改善肠道酸性环境，促进营养物质消化吸收。

所得到的酶制剂产品不仅具有一般添加剂的功能，如增加牲畜食欲、提高生长率等功能，同时具有改善肉质、工艺稳定、成本低等特征，适合规模化投入市场。

（四）市场营销

公司对市场环境和竞争对手进行了详细的分析，利用"互联网＋"平台，构建企企联合＋校企联合＋企养联合＋养养联合的养殖生态圈，寻找的就是一个让众多农户及企业一起受益的网络平台。第一代的互联网人思考的是电商模式，下一代互联网人思考的是打破边界，以前是商业模式的创新，现在是生态模式的创新。通过互联网平台，能够进行一对多的服务，降低边际成本。

1. 产品策略

产品组合策略。公司在第一阶段推出的产品为魅达系列：魅达纤维素酶、魅达葡萄糖氧化酶、魅达植酸酶。公司在产品研发方面，注重对产品配方改良，以及对产品剂型的深入研究，生产出在不同背景下配套使用的系列产品。

类似包装策略。为树立公司酶魅达产品整体形象，扩大企业知名度，节约包装费用，公司采用类似包装策略，将各种魅达系列产品都采用具有相同标识的包装，从而使顾客见到包装即知是公司所生产的产品，迅速提高公司产品知名度。

2. 品牌策略

为成功塑造品牌，节约宣传和设计费用，公司采用统一品牌策略，即公司和产品都采用酶魅达品牌。在塑造产品品牌的同时塑造企业品牌，当酶魅达品牌赢得良好市场信誉后顺利地推出新产品，有利于增强公司实力，塑造公司形象。

图 11-2　公司图标

3. 价格策略

渗透定价策略。公司进入市场初期，为了迅速打开市场采用了渗透定价策略，使产品价格低于市场上国内同类产品均价 3% 左右，吸引了大量的消费者，提高了市场占有率。

4. 折扣定价策略

当公司正常运行，规模逐渐壮大后会遇到大批量的购买和批发情况，公司根据消费者一次性购买数量的多少，分成几个数量段对商品进行折价销售，让利给消费者，使其对公司和产品产生好感。

5. 渠道策略

创业初期搭建互联网添加剂混合饲料的销售平台。通过价格优惠及售前、售中、售后综合服务手段，拉动销量，产品利润可观。通过与饲料厂建立合作关系，进一步扩大了公司的消费市场，同时提高了品牌知名度，借助饲料厂达到辐射散户的效果。"互联网＋"关注的一定不是互联网本身，而是要关注"＋"后面的行业机会。

主力型渠道：公司产品可以很通畅地进入本地区集约化、规模化养殖场，辐射面非常广泛，涉及多个市、县地区。创业初期与河北农业大学东方饲料厂战略联盟，搭建互联网饲料销售平台，通过价格优惠及综合网络服务手段拉动销量，产品利润可观。

紧凑型渠道：适用于开拓养殖大县、大乡及主要行政村的市场，可充分发挥重点县、乡的联结、中心辐射和带动作用。通过移动互联网微信平台协助支持和指导养殖专业户，为农民提供技术支持、产品推广、技能培训等，实施一对多的服务。

松散型渠道：直接面向养殖户开展直销。对养殖规模偏小的乡或行政村采用此模式，将该区域内的养殖户作为终端，建立养农档案袋，通过移动互联网的微信平台逐户服务。扶持 1~2 家农户作为示范，充分发挥其以点带面的作用。

逆向型渠道：传统的饲用酶制剂渠道过长，环节过多，难以有效地控制渠道，针对这种情况公司在宏观上采取逆向重构的方法进行销售渠道建设。整个渠道逆向构建过程达到高效率、低成本、高速度、快扩充的市场效应。同时，省去了逐层分销环节，减少了行销消耗，将实惠给了消费者，达到企业和消费者双赢。

6. 服务策略

互联网线上与线下服务相结合。

售前服务：根据养殖环境和养殖数量，通过互联网平台的数据处理规划出合理的使用量和使用计划，以达到较好的使用效果。

售中服务：依照技术要求对消费者进行现场指导，根据环境制订可行的使用方案，在保证质量的前提下尽量降低消费者的养殖成本，提高经济效益。

售后服务：通过网络饲养社区平台及时提供正确的使用指导以及科学的养殖方法等服务，优化酶制剂的使用方案，再根据消费者的信息反馈及要求改进产品，让消费者真正感到公司服务的魅力。以公司不间断的技术支持，为消费者免除后顾之忧。

7. 促销策略

借助互联网平台，依托河北农业大学雄厚的饲养技术支持力量（动物科学学院和动物医学学院），公司推出远程的饲养问病、看病项目，不仅为养殖户提供了免费、快捷的咨询平台，同时也为广大技术人员、兽医师提供了互相学习、交流经验、提高知名度和了解当下流行趋势的途径，深受用户的喜爱。例如，通过推出"提问榜"和"答人榜"活动，让大家在相互交流的同时，还能得奖品。只要点击"快速提问"描述病症状并上传真实病例照片咨询问题，提问病数最多的前 50 名可以获得手机或者电话充值卡奖励；认真回答养殖户问题的朋友也可以获得奖励，被采纳 1 个问题相当于回答 5 个问题，前 50 名也可以获得手机或者电话充值卡奖励，作为老用户还可以邀请新朋友，只要邀请的朋友认证身份，输入您的邀请码参加互动，您就可以获得 100 积分，积分可在智农通 App 积分商城换取丰富礼品。

8. 市场巩固策略

为保证公司在激烈的市场竞争中正常运营并逐步发展壮大，公司引入以下策略作为保障。

生存策略：提出"优化业务流程"的创新理念，已达到开发和维系消费者的目的。

维系策略：导入 CS 系统，构建"互联网 + 饲料添加剂 + 养殖户 + 服务"的平台，加深消费者对公司的信任，使市场得到巩固。

提升策略：公司间通过各种具体措施来消除产业中的保障和市场阻力，从而达到提高产品销量的目的。

市场预警策略：建立市场监测及策略调整机制，根据市场的变化不断调整先期制定的营销策略，实现企业的营销目标。

（五）公司管理

市场导入阶段：采用直线职能管理模式。
品牌发展阶段：采用流程管理模式。
多元化阶段：采用数字化管理模式。

（六）投资分析

1. 股本结构与规模

酶魅达生物工程有限责任公司总投资 260 万元（如图 11-3 所示）。

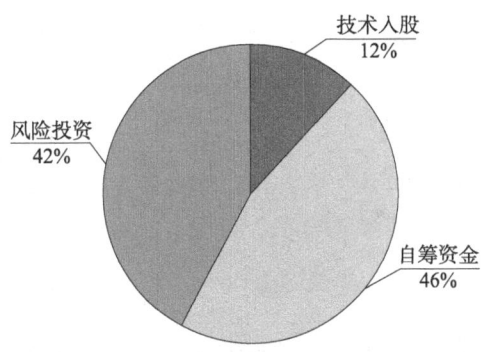

图 11-3 销售额股本结构与规模

2. 投资收益分析

投资回收期为 2.46 年,内含报酬率达到 50%,远大于资金成本率,这主要是因为产品属于高附加值高新技术产品,使得销售利润率较高,而且有良好的市场销售增长趋势。

净现值 NPV > 0;

内涵报酬率 IRR > 6.9%(资金成本率);

投资回收期 < 2.5 年;

可以断定该投资项目从各方面都具备了财务可行性,所以该投资项目可行。

(七)风险分析及退出策略

机遇与挑战并存,在公司发展过程中,不可避免地面临许多风险:如市场空间巨大,但公司市场份额占有率低的市场前景风险;筹资渠道选择不恰当导致的筹资风险;新技术更新换代带来的技术替代风险等。

面对风险,公司将通过市场营销研究和市场细分,制定切实可行的销售策略,准确发现并创造适合公司产品的市场机会;重点分析筹资渠道的稳定性、合理性、效益性、科学性,尽量选择资金成本低的筹资途径;同时公司将加大新技术的研发力度,保持公司的竞争优势。

公司以非常负责的态度对待风险投资者,在公司发展的成熟期(4~6年),即其收益净现值高于公司的市场价值时,公司将以回购的方式实现风险资本的退出,保证风险投资商的最大收益。

二、绿环生物全降解保鲜膜（节选）

该作品为 2017 年中国大学生"互联网＋"创新创业大赛国家铜奖作品。
参加学生：卜聪伟 田晨 贾柠宁 张立冉 王春雨 刘璐璐等
指导教师：周燕 王羽 王崇宇

（一）食品保鲜膜市场痛点分析

2015 年国家质检总局公布的抽查结果显示，受检的 44 种 PVC 食品保鲜膜样品中氯乙烯单体含量均小于 1 毫克/千克，符合国家标准以及 1991 年国际食品法典委员会（CAC）的要求。但发现一些主要用于外包装的 PVC 保鲜膜含有被禁止使用的二（乙－乙基己基）己二酸酯（DEHA）增塑剂，该增塑剂遇高温（超过摄氏 100 度）或油脂易释放，会影响人体健康。DEHA 可导致女性性早熟、男性不育症，特别对婴幼儿的生殖器发育有很大影响。

国家质检总局连颁四道禁令：含 DEHA 及氯乙烯单体超标的食品保鲜膜禁止进出口；全国企业摸底调查，用 DEHA 生产 PVC 保鲜膜者，责令停产，就地查封；生产企业在产品外包装上标明产品的材质和适用范围，不标者禁止销售；经销企业自查，未标明"不含 DEHA"或可以用微波炉等加热字样的，停止销售和使用。禁令的直接影响就是众多 PVC 生产企业被迫停业整顿，并且在市场的压力下，保鲜膜行业悄然变局。

国家质检总局 2015 年的这次通报，不仅影响了上游的生产企业，下游的代理商和购货商也受到波及。PVC 食品保鲜膜、PE 食品保鲜膜的代理商也受到了影响，PVC 保鲜膜事件，给保鲜膜市场带来新的变数，PE 行业也面临着类似 PVC 行业的困境。

（二）市场痛点解决

生物降解材料产品属于典型的可持续循环、环境低负荷材料，品种主要有光降解、光/生物降解、水解降解和生物全降解等。其中完全生物降解保鲜膜的研发最为活跃。目前市场上只有少数食品保鲜袋产品的外包装上有标识，并注有"食品用"字样，但大多数的产品标识不全，消费者对"食品用"与"非食品用"根本无法区分，尤其是廉价的非食品包装袋冒充食品包装袋销售，造成消费者使用时发生混淆。

绿环家居用品有限责任公司（以下简称"绿环公司"）所生产的木薯生物淀粉基全降解复合薄膜采用全新配方、先进技术，改进了复合薄膜的质量，提高了力学、机械、热塑性等物理性能，极具市场潜力。

图 11-4　绿环产品使用

（三）公司概述

绿环公司是一家以"思利及人，共创和谐"为理念创建的提议中的公司。公司以生产新型生物全降解保鲜膜为市场开启点，努力开发绿色生物全降解食品包装同类产品，建成集材料研发、生产、销售于一体的高科技企业，减少不可再生能源的利用，降低白色污染，还自然一片绿色，还社会一份和谐。

图 11-5　绿环产品市场试用

绿环公司拥有雄厚的技术优势，但是在市场进入方面经验欠缺。公司的战略思想是突破竞争重围，借用"互联网＋"平台实现企业的高速成长。健康的企业形象和高新技术含量是绿环公司建立企业核心竞争力不可缺少的元素。绿环公司发展前期以技术、质量、服务构建产品品牌形象，积极开拓高端家居用膜、袋类产品市场，公司发展中期将资源集中于高分子生物可降解淀粉复合材料研发体系的建立，继续研发全降解地膜以及可食性蔬菜保鲜膜等一系列产品。公司一直遵循"取之天然，回归自然"的宗旨，为顾客提供健康、环保的绿色产品，形成较强的核心竞争力，打造品牌知名度，为顾客提供最健康、最具环境友好性的产品。

随着智能手机的普及和生活节奏的加快,消费者碎片化时间增多。移动互联网改变了媒体接触习惯和接触方式,智能手机上网平均时长已达 4.7 小时,这使得众多行业逐渐瞄准移动终端平台,由此带来的营销机会不容忽视。移动终端在生活中扮演着越来越重要的角色,移动营销必将成为企业营销大战的主战场。

公司发展后期,将实现从 PC 平台到移动平台的发展,从互联网搜索引擎到移动互联网手机客户端的发展,实现基于手机客户端的移动营销成为挖掘财富的重要阵地。因此,公司借用移动互联网+平台,搭建"保鲜膜"手机平台带给用户新体验的同时,也带来了新的营销方式,为传统企业掘金移动互联网市场带来了新的途径。"保鲜膜"手机平台是一个保鲜膜的专业化平台,用户能随时、随地、随身搜索和查询保鲜膜行业的任何信息,解决了网络交易不诚信、产品质量良莠不齐的问题,客户可随时随地进行在线交易。

图 11-6　绿环公司网址及公众号

(四) 团队介绍

创业团队成员由来自五个学院的 10 名本科生和研究生组成,下面是创业团队主要成员介绍:

卜聪为（CEO）：本科生，河北农业大学校科协副主席，2016年获得"创青春"省级特等奖，2017年获得"挑战杯"省级特等奖，入围2017年国赛，创新创业活动经验丰富。

贾柠宁（CFO）：研究生，河北六工园林设计有限公司创始人之一，拥有9项国家专利，曾获JA国际创业竞赛中国区最高奖，获创业国赛铜奖2项、创新国赛三等奖3项、省赛创新创业奖励10项。

田晨（COO）：商学院本科生，先后2次获得大学生暑期社会实践河北省先进个人，河北省"创青春"大赛特等奖。

王春雨（CTO）：本科生，2016年挑战杯比赛获校特等奖、2016年设计大赛获得一等奖，获得创新创业项目省级立项项目。

指导教师（ILT）：周燕，河北农业大学双创导师。

技术顾问（PTA）：陈志周，中国包装联合会常务委员。

运营顾问（COA）：白雪，河北省恒度企业管理咨询有限公司总经理。

信息技术顾问（ITC）：崔亨达，保定市付龙电子科技有限公司总经理，为本公司网络平台建设提供技术支撑。

合作企业：河北农业大学食品学院包装工程专业"产学研"基地"雄县江慧泽橡塑制品有限公司"，为本公司产品落地合作企业。

投资企业：目前本团队已获得保定瑞博汇正商贸有限公司40万元的投资意向。

（五）技术与产品

公司目前主要生产改性淀粉聚合物材料复合高分子生物全降解薄膜，该薄膜的制备方法为自主研发项目，以改性木薯淀粉、改性聚乙烯醇等为主要原料，同时加入甘油、纳米SiO_2、抗静电剂、交联剂等绿色助剂，采用全新配方，运用破构技术、交联技术、共混技术等进行生产制造。

所生产的薄膜不仅具备普通薄膜的基本性能，如力学性能、耐水性能、成膜性能等，同时其最大的优点是耐高温并可完全生物降解，其工艺流程环保、工艺稳定、成本合理，适合规模化生产投入市场。

公司初期主要产品为："乐达"牌可降解保鲜膜、"乐达"牌多功能保鲜袋、"乐达"牌便捷密实袋等；中期主要产品：可食用蔬菜保鲜膜、完全生物降解农用地膜。

（六）市场营销

1. 产品定位

（1）专业品质：环境友好型、食品安全型、持续发展型产品；

（2）高端产品：淀粉及高分子完全生物降解食品包装材料；

（3）目标人群：生活节奏快、收入高的高端人群；生活时尚、注重情调，喜欢饮食DIY；老人、儿童、孕妇等特需食品安全人群；

（4）市场诉求及卖点：更适合油脂类食品的保鲜膜、适合微波炉加热的保鲜膜等。

2. 目标市场定位

借用"互联网+"平台实现企业的高速成长。进入市场初期，采用网络平台+传统渠道，公司将面向本地城市居民推出家庭装的各种产品，在各大超市上架销售。建立企业微博、微信，便于客户及时了解新产品信息，也能让公司更快地得到消费者反馈的信息。公司也将定期聘请大学讲师开展环保知识讲座，提高消费者的环保意识。

区域市场，主要以保定市为基点，与保定会馆等规模较大的十家餐饮企业达成战略合作，年需求量约3.2吨，市场规模30万元；与保定思民农产品公司及北京分享收获CSA农场等定位高端的鲜货市场合作，年需求30吨，市场规模200万元。公司将针对他们采取一对一订单式的营销方式。根据各个企业的特殊需求为他们量身打造产品，逐步辐射周边的石家庄、廊坊、张家口、沧州四市，中后期冲击整个河北市场和进军华北市场。

（七）投资分析

投资回收期为一年两个月，内含报酬率达到39%，远大于资金成本率6.9%，这主要是因为产品属于高附加值高新技术产品，使得销售利润率较高，而且有良好的市场销售增长趋势。公司资本结构如图11-7所示：

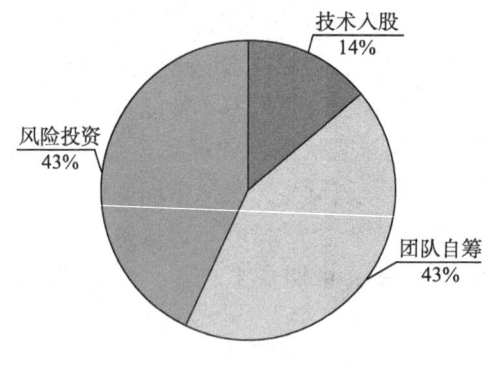

图11-7 股本结构

净现值 NPV > 0；

内含报酬率 IRR > 6.9%（资金成本率）；

投资回收期 <2.5 年；

可以断定该投资项目无论从哪方面都具备了财务可行性，所以该投资项目可行。

（八）风险分析及退出策略

机遇与挑战并存，在公司发展过程中，将不可避免地面临市场空间巨大但公司市场份额占有率低的市场前景风险；筹资渠道选择不够恰当导致的筹资风险；新技术更新带来的技术替代风险等。

三、舒源双歧因子肠调灵（节选）

该作品为2017年中国大学生"互联网＋"创新创业大赛河北省银奖作品。

参加学生：赵景丽　贾柠宁　张旭　张立冉等

指导教师：周燕　马波

（一）项目背景

《十三五国家科技创新规划》之食品制造业篇指出：开展食品营养品质调控、营养组学与抗慢性疾病机理研究，突破营养功能组分筛选、稳态化保持、功效评价等关键技术，掌握营养功能组分高效运载及靶向递送、营养代谢组学大数据挖掘等核心技术以及基于改善肠道微生态的营养靶向设计与新型健康食品精准制造技术，加强主食营养健康机理与现代化关键技术研发，开发多样性和个性化营养健康食品，有力支撑全民营养健康水平提升。

双歧杆菌原本是人类健康肠道内的优势菌群，可惜人体在自然的成长过程中，由于环境、疾病、衰老等原因，体内双歧杆菌在数量上和总菌占有率上均逐渐下降。科研人员通过对人一生的研究发现：人出生几小时就有双歧杆菌，经过母乳喂养2~3天的新生儿，肠道中双歧杆菌就占优势，5天以后双歧杆菌就占细菌总数的90%~95%。原来，婴幼儿旺盛的生命力得益于双歧杆菌的重要贡献。

图 11-8　益生菌与腐败菌的关系

遗憾的是，双歧杆菌随年龄增长，很快自然减少。大多数人到10岁时，双歧杆菌就开始锐减，至临终前几乎完全消失，接近于0。所以，测定肠道内双歧杆菌的数量成为判断肠道年龄的一个重要指标。科学家发现，日本长寿村百岁老人像壮年人一样拥有健康活力的奥秘就是因为他们肠道中双歧杆菌的数量相当于壮年人的数量，是大都市老人的 100 倍！

表 11 -1　健康老年人与青壮年人双歧杆菌各菌种活菌比较

单位：lg/ml

受检对象	双歧杆菌菌种			
	青春双歧杆菌	分叉双歧杆菌	长双歧杆菌	其他种双歧杆菌
青壮年	10.5 ±0.4（15/15）	9.7 ±0.4（7/15）	10.1 ±0.6（11/15）	8.7 ±0.5（11/15）
老年人	9.1 ±0.5（15/15）	（0/15）	9.0 ±0.8（6/15）	8.8 ±0.9（4/15）
显著性	+++	-	+	-

进一步探索发现，都市人正是由于肠道中本应大量存活的双歧杆菌，在他（她）们幼儿时期就锐减为总菌量的 10% 左右，到中老年期更只占到大约 3% 的比重，老年时甚至已无双歧杆菌的存在。这正是都市人丧失肠动力，生命力减退，走向衰老的重要原因。

目前肠道保健品都是直接作用于人体而产生效果，未有定植于人体内的微生物菌群的研究产品，所以效果不是很显著。舒源生物有限责任公司采用全新技术生产的肠道保健品对于肠道菌群严重失调的消费人群来说是最佳选择。

尽管互联网是一个高速增长的销售渠道，截至 2016 年年底，其在整个包装食品饮料行业占比仅为 3%，不及便利店和食杂店，后两者占比分别为 4% 和 6%。传统的超市和大卖场加起来则仍然瓜分了整个市场的一半。"互联网+"在两三年前被电商大咖们提出，又在 2016 年全国"两会"被李克强总理在政府工作报告中作为国家战略计划推动，互联网正在革所有传统产业的命。对于传统企业转型而言，应该多从互联网企业身上取经，从自身产品角度做变通。

（二）公司介绍

舒源生物有限责任公司是一家以"走微观之道，成健康大道"为宗旨而创建的提议中的公司。公司以生产益生素整肠食品为市场开启点，努力开发有效、绿色、安全的预防、调理功能性食品，建成集技术研发、生产、销售于一体的高科技企业。

图 11-9 公司网址

(三) 技术与产品

公司拥有自主研发的三项国家发明专利技术：一种高活性双歧杆菌干粉制剂的复合保护剂，国家发明专利（ZL2006 1 0012689.5）；一种直投式双歧杆菌纯种冻干发酵剂的复合保护剂，国家发明专利（ZL2006 1 0012690.8）；一种乳酸菌冻干发酵剂的复合保护剂，国家发明专利（ZL2006 1 0012688.0）。以此为依托配制出一种高活性双歧杆菌干粉制品的复合保护剂，结合实验室分离的双歧杆菌 Bbm 和 Blm 高活力菌种，经过对比研究，确定了双歧杆菌干粉制品的生产技术和配方。以此配方所生产的产品不仅具备普通整肠类食品的基本性能，还具备：改善习惯性便秘、腹泻等；同时还具备抗肿瘤、提高人体免疫机能、促进钙铁等离子的吸收、控制内毒素的产生、延缓机体衰老、降低血清中胆固醇含量等功效。其中"肠调灵"产品对于肠道菌群严重失调的消费人群来说是上等之选。

公司技术产品具有四大优势：

(1) 国家《生物产业发展"十三五"规划》中面向功能性食品重点扶持的政策优势；

(2) 全新工艺，全新配方，其他添加成分用量少，配方原料易得、成本低廉、经济实用，具有适合批量生产的现代生物技术优势；

(3) 双歧因子类整肠食品应用特性的需求优势：主要技术指标与目前国际同类产品相比，达到了国际水平，解决了高活力双歧杆菌干粉制剂过程中的重大技术关键问题；

(4) "肠舒宝"整肠系列产品相比同类产品性能优越，价格相对便宜，具有性价比优势。

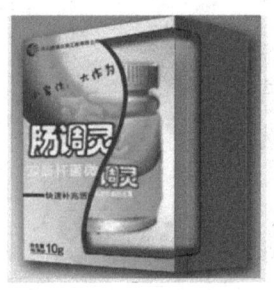

图 11-10 舒源产品

(四) 市场分析

1. 整肠类功能性食品市场

据权威调查显示：肠道板块有着 47 亿的市场容量，国民的膳食结构和生活习惯决定了该板块消费人数会不断增加。按功效划分，维护肠道健康的功能性食品占中国功能性食品市场的 12.80%。双歧因子的作用机理可涉及调节肠道菌群功能，但目前仅占该功能市场的 1%，所以前景广阔。

2. 双歧因子类整肠食品市场

双歧因子类整肠食品处于市场发展的初期。目前在中国市场，双歧因子未重点开发，主要被用作食品添加剂。并且双歧因子整肠食品的生产技术目前尚未成熟，未形成规模化生产。

(五) 市场营销

1. 市场目标

(1) 初期，主要面向有肠道保健意识和肠道有轻微不适的中老年人和有一定收入基础与保健意识的白领及其他高收入群体。

(2) 中长期，面向公司技术涵盖的所有人群。

(3) 区域目标，定位于大型商场、超市、养生会所等。在区域市场上，初期主要以保定市为基点，针对京津冀市场进行开发；中期形成产品品牌进军全国市场。

2. 市场营销

公司进入市场将主要采取网络营销、关系营销、体验营销、品牌营销等营销模式，并使用具有特色的产品策略、包装策略、价格策略、渠道策略等营销策略。初期主要采用垂直 B2C 形式，有一定市场影响力后，再采用 O2O 模式。

（六）投资分析

公司注册资本为 700 万元，其中团队成员依靠家族企业，可自筹到资金 400 万元，资金保障到位。另外还需要吸引 2~3 家风险投资商负担 220 万元。公司五年期的净现值为 688.46 万元，内含报酬率为 33%，远远大于资本成本率 6.9%，静态投资回收期为 2.73 年，回收期合理。公司将以回购的方式实现风险资本的退出，以保证风险投资商的最大收益。

四、灵达保健型养殖（节选）

该作品为 2017 年中国大学生"互联网+"创新创业大赛河北省银奖作品。

参加学生：郑伟旭　贾柠宁　兰海明　程煜磊等
指导教师：周燕　王崇宇

（一）市场痛点及项目背景

疫病是制约我国养鸡业迅速发展的头号敌人。近些年来，我国养鸡业疫病发生率日益上升，造成的危害也日益扩大。经粗略统计，我国鸡类每年因各疫病导致的死亡率高达 10%~15%，造成的损失近百亿元，严重影响到了我国养鸡业的经济效益。要解决这一市场痛点，必须有效地发展新型业态。因此，高效、优质、安全、稳定的中禽药产品成为养鸡业的迫切需求。

随着越来越多的化学药物、抗生素和激素在鸡类养殖中被禁用，中禽药会越来越被鸡类养殖业所重视。但市场上的中禽药良莠不齐，而且大部分剂型是粉剂和水剂，实际操作不方便。这都不能满足养鸡业发展的需求。

互联网+养鸡，将成为一种综合模式。企业、研究机构与养殖场、养殖专业合作社进行合作，为其提供线上融资、养殖技术、终端销售等服务。通过互联网+养殖场+相关企业（禽药、饲料、金融）+研究中心的模式，实现线上融资线下养殖，帮助养殖场扩大养殖规模，共同发展。

继 2015 年"互联网+养羊"、"互联网+养猪"的开启，2016 年"互联网+养鸡"悄然兴起。有些笨鸡养殖采取山地、果园等方式放养，自由采食，加喂五谷杂粮，孕育出高品质的果园香鸡蛋，具有极高的营养价值。

（二）公司介绍

灵达科技有限责任公司拥有自主研发的 11 项国家专利，依托河北农业大学两个部省级重点实验室（"农业部动物疫病病原生物学华北科学观测实验站"和"河北省兽医生物技术工程技术研究中心"）的保健型饲养推进项目，为社会提供高效、优质、安全、稳定的10种中禽药产品，拥有广阔的产品市场及巨大的社会效益和经济效益。

图 11-11　国家专利证书

创业团队成员由五个学院的10名研究生组成。

郑伟旭（CEO）：研究生，研究生会科技竞赛部部长。2016年获得"创青春"省级特等奖，2017年获得"挑战杯"省级特等奖，入围2017年国赛，创业经验丰富。

贾柠宁（CFO）：研究生，河北六工园林设计有限公司创始人之一，拥有9项国家专利，曾获JA国际创业竞赛中国区最高奖，获创业国赛铜奖2项、创新国赛三等奖3项、省赛创新创业奖励10项。

程煜磊（COO）：研究生，河北农业大学学生团委副书记，先后两次获得大学生暑期社会实践河北省先进个人，河北省"创青春"大赛一等奖等。

兰海铭（CTO）：研究生，学生会宣传部副部长。2016年挑战杯比赛获校特等奖，2016年设计大赛获得一等奖，获创新创业项目省级立项项目。

技术顾问（PTA）：刘金华教授，农业部全国动物防疫专家委员会禽流感专家、卫生部人感染H7N9禽流感联防联控专家、科技部禽流感科技攻关病原组专家。

运营顾问（COA）：白雪，河北省恒度企业管理咨询有限公司总经理。

信息技术顾问（ITC）：崔亨达，保定市付龙电子科技有限公司总经理，为公司网络平台建设提供技术支撑。

目前团队已获得保定付龙电子科技有限公司和保定瑞博汇正商贸有限公司共70万元的投资意向。

公司理念：科技领先　确保质量　以人为本　诚挚服务

公司宗旨：取之天然　用于自然　立足高效　服务养殖业

公司使命：用科技打造中国特色的禽类中兽药产业

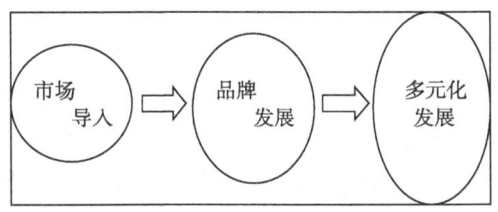

图 11-12　公司的发展战略图

（三）技术与产品

1. 技术

公司产品属于中禽药，产品的生产与研发以 11 项国家发明专利为技术依托。

2. 产品

公司 10 种针对性强的中禽药产品的有效成分为纯天然中草药提取物。

第一，产品具有毒副作用小、不易产生耐药性、不易在动物体内形成有害残留。

第二，可提高机体的抗病能力，长期使用安全可靠，临床治愈率较高。

（四）市场与竞争

1. 市场

（1）市场分析。禽兽药行业是当前利润增长最快的十大行业之一，2013 年禽兽药行业年销售额超过 200 亿元，到 2015 年禽兽药行业的年销售额达到 300 亿元。从世界范围看，中国的市场发展潜力巨大，养鸡业每年以 15% 左右的速度增长。未来 10 年我国禽药行业将处于快速发展期，是充满希望的朝阳行业。这为公司进入市场提供了机遇。

（2）目标市场。据市场细分，公司不同的发展战略对应不同的目标市场，具体如下。

市场导入阶段：保定市市场；

品牌发展阶段：河北省市场；

多元化发展阶段：国内市场。

2. 竞争分析

（1）竞争对手。公司主要的竞争对手是中禽药产销者。目前专门从事中禽药生产的厂家还比较少，大部分都是以生产西药为主，且产品品种单一，质量参差不齐，性价比不等。通过对竞争对手全面而客观的分析，公司制定出了有针对性的竞争策略。

（2）公司的竞争优势。

技术水平突出：公司依托自主研发的11项国家发明专利，生产出10种中禽药产品，为我国优秀的传统中医文化与现代医药技术相结合的产物。灵达系列产品具有天然性、不易在动物体内形成有害残留、长期使用安全可靠、临床治愈率较高等特性。

产品剂型先进：产品采用当今较为先进的微囊剂型，具有市场领先性。公司选用的是微囊和颗粒两种剂型，提高了机体的吸收率。同时该系列产品选用的微囊剂型具有缓释作用，避免了首过效应。

价格优势明显：公司通过自主研发、使用国内设备、控制原料成本、逆向重构渠道搭配直销辐射的策略以及借助河北农业大学"产学研"基地优惠的地租等途径来降低成本，由此可以使产品以低于市场上同类产品价格渗透进入市场，从价格上赢得市场。

市场进入顺畅：公司充分借助河北农业大学在保定地区与大部分养殖场建立的"产学研"对口关系，使产品很通畅地进入本地区的市场；并且，河北农业大学建立的享誉全国的"太行山道路"，也为公司进入全省及全国市场提供便利条件。

产品适用性强：公司开发的产品适用于各品种鸡群，有效拓宽了中禽药的应用领域。

服务周到：借助"互联网+保健型养殖"平台为饲养户提供个性配比服务。

（五）市场营销

公司在市场竞争中，对市场环境和竞争对手进行了详细的分析，制定了以目标市场进入渠道策略来启动市场，以逆向重构渠道巩固市场的营销模式。

1. 网络模式

（1）建立"互联网+保健型饲养"新模式。在饲养过程中注重保健重于治疗的观念，为此，公司通过网络平台给大型养殖场提供保健养殖方案，并将此过程以动态形式呈现在网络上，形成公司为养殖业服务、养殖业使消费者放心的新气象。

（2）提升"连接式用户关系价值"。提出的第二个创新概念——"连接式用户关系价值"，即为大型养鸡场建立鸡场ERP系统。在养鸡场，这个系统主要是通过电脑监管喂食。

（3）从小点切入建立用户关系。公司帮助养殖户创新养殖技术，改进养殖技术管理，通过 App 手机移动互联网，定期监控鸡群生长，以保健为主，定期配备禽类中药，不仅能增强蛋鸡的体质，也能增加鸡蛋的保健作用。

（4）产品的场景感知设计。根据季节时气、市场变动、疫情动态等，及时向养殖户推送他们所关注的各种信息，及时答疑和问诊，提高企业与养殖者的黏着度。

2. 渠道创新

（1）主力渠道。借助河北农业大学动物科学学院、动物医学院在保定市及河北省与多个养殖基地和饲料厂的对口关系，通畅地进入本地区集约化、规模化养殖场和饲料加工厂。

（2）紧凑渠道。通过移动互联网微信平台协助支持和指导养殖专业户，为农民提供技术支持、技能培训等服务。

（3）松散渠道。将区域内的养殖户作为终端，借助移动互联网养殖社群平台进行一对多的社群服务。

（4）逆向重构渠道。从高端—中端—低端进行销售渠道建设，达到企业和消费者双赢。

3. 特色服务

构建"互联网＋保健饲养"服务平台，通过互联网＋养殖场＋相关企业＋研究中心的模式，根据饲养户养殖环境和养殖数量的状况，使用互联网平台的数据处理，有针对性地为饲养户规划出合理的保健用量，将互联网的创新技术与传统养殖相结合，解决养殖粗放式管理、提升养殖安全性等问题，公司的全新互联网保健饲养服务理念，定会吸引众多养殖农户，实现养殖 3.0 时代的创新发展。

（六）投资与财务分析

1. 股本结构与规模

灵达科技有限责任公司总投资 570 万元，股本结构如图 11-13 所示。

创业团队拟定 2~3 家风险投资家共同入股。这样不仅能使公司筹到更多资金，而且有助于化解风险，使公司拥有一个良好的理财环境。

2. 投资收益分析

投资净现值：NPV = 684.69（万元）；

投资回收期：2.75 年；

内含报酬率：IRR = 45%；

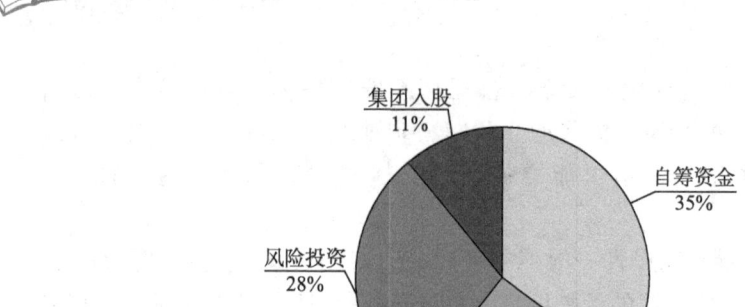

图 11-13 公司股本结构

投资回报：根据初步预算，公司将保持高利润增长，为了使公司拥有一个良好的资金环境，公司预计五年内全部摊销盈利。

（七）风险与对策

公司在运营过程中存在着许多不确定风险。我们对这些风险进行了详细的分析，并做出了有针对性的应对措施。

管理风险：一是聘请有经验的专业人员，二是对高层进行培训，三是股息激励。

市场风险：设立专业的信息分析员，根据市场的变化，做出正确的决策；做好市场细分，选择最佳的客户群体，并运用不同的渠道来加强客户对公司的信用程度。

诚信风险：树立企业形象，使消费者通过使用公司产品，了解产品的药效，从而认可和接纳产品，并在他们心中打造出良好的诚信形象。

技术与研发风险：加大科研投入，增强市场嗅觉灵敏度，不断开发新产品，巩固和扩大市场。

（八）风险投资的退出

公司根据自身条件等多方面考虑，选择的最佳途径是回购，这能使风险投资商顺利而撤回资本，并使公司更好地发展。公司根据市场运行的规律和特点，将风险资本的退出与企业的发展前景结合，认为在公司成长期的后期为风险投资撤出的最佳时期。

ame
第十一章
"互联网+"大学生创新创业大赛获奖案例

五、食康 LAMP 视频快速检测试剂盒（节选）

该作品为 2017 年中国大学生"互联网+"创新创业大赛河北省铜奖作品。

参加学生：魏凡　秘锋勃　赵博宇　董浩　张楠等

指导教师：周燕　王羽

（一）项目背景及市场痛点

民以食为天，食以安为先。食品安全问题一直是老百姓非常关注的一个社会问题。当前，人们对食品质量的要求越来越高，怎样选到安全放心的食品是消费者购买食品时首要考虑的因素。尤其是近年来频频爆出的有毒有害的食品案例，更引起消费者对食品安全问题的担忧，食品安全问题越来越成为人们关注的一个焦点。

但由于传统的食品追溯体系信息分散，加之监督部门缺乏有效监管，从而造成有害食品进入市场，食品安全问题频频发生。传统食品安全检测企业在新形势下面临的新机遇与挑战，带来互联网思维融合食品安全检测产业的新思考。创业团队认为：食品安全检测行业市场规模与网络未来空间、食品安全检测转型电子商务战略、食品安全检测行业电子商务运营模式、食品安全检测主流网络平台等，是"互联网+"背景下传统食品安全检测企业亟待解决的问题。

在各种食品安全问题中，食源性病原菌引起的食物中毒比例一直居高不下，特别是沙门氏菌（Salmonella）、金黄色葡萄球菌（Staphylococcus aureus）、阪崎肠杆菌（Enterobacter sakazakii）是常见的引起食物中毒的病原菌，占到所有食物中毒的 55.8%，在食品伙伴网上平均两三天就会有致病菌食物中毒新闻和亟须召回有问题食品的新闻，食源性微生物检测方法在食品安全工作中的重要性越来越高，因此，建立一种快速、高效的食品病原微生物的检测手段已刻不容缓。生物快速检测将会是一个发展亮点，而公司产品正是此类检测方法，适应了社会的要求，具有广阔的市场前景。

（二）公司介绍

食康生物科技有限责任公司是一家以"用科技服务健康，用创新造就和谐"为宗旨而创建的提议中的公司，公司计划以专业生产快速检测试剂盒打入试剂盒市场，现阶段公司以生产沙门氏菌试剂盒、金黄色葡萄球菌试剂盒、阪崎肠杆菌试剂盒为主打产品。公司计划建于保定市区，毗邻团队所在大学，而且保定处于京津冀中心地位，交通便利。注册资本预计280万元。

（三）技术与产品

公司开发试剂盒依托河北农业大学食品科技学院微生物实验室，此项目"快速检测食源性致病菌及其检测试剂盒开发研究"为国家公益性行业科研专项项目。借助环介导等温核酸扩增技术针对目的基因的6个区域设计4条特异性引物，利用DNA聚合酶在65℃等温反应一段时间，即可实现核酸的高效扩增和检测。反应结果肉眼即可观察。

公司的三种产品：

（1）沙门氏菌检测试剂盒。主要用于检测肉制品、蛋制品、乳制品等原料、半成品、成品中的沙门氏菌，保障公众的安全健康。

（2）金黄色葡萄球菌检测试剂盒。快速检测各类生肉、熟肉制品，以及部分淀粉类食品中的金黄色葡萄球菌。

（3）阪崎肠杆菌检测试剂盒。检测婴幼儿乳粉中的阪崎肠杆菌，保证婴幼儿的健康成长。

图 11-14　食康快速检测试剂盒

通过对多种致病菌进行实验室测试，测试结果高效稳定。另外，依托实验室与食品生产企业的密切合作关系，该技术已经在几个企业的检测部门进行了测试，相对于企业常规方法，省时、灵敏、高效。环介导等温扩增技术具有快速、高效、特异性强的检测特点，其灵敏度、检测范围、特异性均能达到检测要求，这种新的扩增方法不需要任何仪器，只要设计适合引物，就可以实现高通量快速检测，并且检测结果明显直观，通过肉眼即可辨认。这种检测技术不仅有上述特点，其检测成本也远低于聚合酶链式反应。

公司现阶段以生产沙门氏菌试剂盒、金黄色葡萄球菌试剂盒、阪崎肠杆菌试剂盒为主。可检测肉制品、水产制品、蛋制品、粮食制品、乳制品、饮料、奶粉等多种食品原料、半成品、成品中存在的沙门氏菌、金黄色葡萄球菌、阪崎肠杆菌,保障食品安全。

(四)市场分析

我国食品安全检测相关技术的研究相比国外起步较晚,直到 2004 年阜阳奶粉事件之后,国内才开始推广食品安全快速检测技术。食品检测体系不健全,对过程控制还不够重视,导致有害食品流入市场,现有检测机构与社会需求尚存在较大差距,特别是食品致病菌等食品检测机构数量和检测能力均不能满足目前我国食品安全监督的需要。另外,食品安全检测手段的相对落后也是影响我国食品安全检测行业发展的主要因素,区域分布呈现"以重点城市为发展轴心,辐射三大区域"的特征,即高度集中于北京、上海、深圳和广州四大节点,同时对周边有较大的辐射效应。

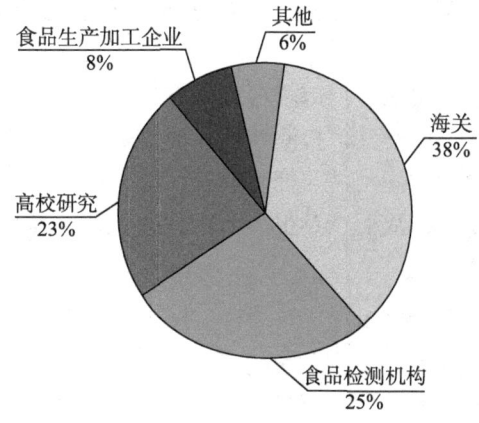

图 11-15 市场分析

2015 年中国食品检测试剂盒的市场需求量为 200 万套,其中国产品约占 40%,国外产品约 60%,国外产品仍占主导地位。2015 年中国食品检测试剂盒的市场需求 50 亿元,较 2014 年市场需求增加 17.03%。我国仅食品安全监测领域分析仪器的潜在市场即在 7450 亿元以上,检测耗材市场容量超过 500 亿元。这些庞大的数字说明我国食品安全检测领域分析仪器的市场前景广阔。目前进口产品占据一定的份额,产品价格较为昂贵,无形中提高检测成本。当然随着食品检验技术推广,检验批次的增加,食品检验试剂盒需求会有较快增长。面对国内剧增的食品行业企业,亟待开发出技术水平高、价格具有一定优势的病原微生物试剂盒。

（五）竞争分析

目前食源性致病菌的检测仍以传统检测方法为主，包括分离培养、理化鉴定、血浆凝固酶试验和毒素检测试验等，检测时间较长，一般需要 3~5 天，且灵敏性差。检测试纸技术、PCR 技术、实时荧光 PCR 技术的应用促进了细菌检测技术的发展，但存在一定的局限性。现有竞争者多在环渤海地区、长三角地区、珠三角地区，公司的目标市场主要针对华北地区，因此上述竞争者对公司的威胁不大。

对于市场而言，潜在进入者是新生力量，是一剂良药，会给行业带来新的生产能力和资源，确保市场稳健有力发展；但对于企业而言，潜在进入者会构成威胁，意味着竞争者来瓜分市场份额并赢得一席之地，这些因素会直接导致原材料与目标市场份额的竞争加剧，最终使企业营利能力下降，甚至有可能危及企业生存。

新进入的企业为更快地占据市场可能要打价格战，而公司开发的是一种操作简便、特异性高、灵敏度好、检测快速、成本低廉，适用于基层推广的食品检测试剂盒，对食源性致病菌的监控将起到积极作用。我们本着质量第一的原则，最大程度降低成本，从而惠及更多消费者并保证产品品质，使公司的试剂盒产品得到更大的公众认可。

（六）营销策略

1. 产品策略

公司目前主要生产沙门氏菌试剂盒、金黄色葡萄球菌试剂盒、阪崎肠杆菌试剂盒。沙门氏菌检测试剂盒，主要检测肉制品、水产制品、蛋制品、粮食制品、乳制品等多种食品原料、半成品、成品中的存在沙门氏菌；金黄色葡萄球菌检测试剂盒，检测各类生肉、熟肉制品，乳及乳制品，蛋及蛋制品以及部分淀粉类食品；阪崎肠杆菌检测试剂盒，检测存在于乳制品、奶粉中的阪崎肠杆菌，保证公众的安全健康。

2. 价格策略

价格高低最受卖家和竞争者的关注，也会影响企业收入的多寡。价格恰当与否，与企业的存亡有很大关系。我们的目标是"品质更高，价格更低"，通过技术的进步和规模效益的扩大，不断降低成本，最终达到物美价廉。

3. 渠道策略

公司看中利用数据为食品安全服务的价值。公司的思路是以为食品企业服务作为核心渠道，进行大数据的挖掘和深度利用，做好食品企业的检测系统以提供支持，以信息为食品企业健康发展服务。通过微信、App 等互联网平台，为企业提供污染源监控数据及运维服务的细节，进行及时互动，为客户提供拓展渠道。

4. 推销策略

以一支既懂专业技术又懂营销技巧的高素质推销队伍进行产品销售。销售队伍人员经常与中间商进行交流，与其建立良好的合作关系，了解用户对公司及产品要求，促进产品的完善。

5. 促销策略

鼓励买家提早付款，成交后 20 天内付款，买者可以得到 3% 的折扣；超过 20 天，在 60 天内付款不予折扣，超过 60 天付款要加付利息。

6. 广告策略

通过移动电视、网络投放等方式，加大宣传力度，提高知名度。

（七）营销模式

1. "互联网+检测服务"模式

（1）以消费者为核心。公司检验检测模式不再局限于机构—用户的单向信息传播、用户—机构的单向业务形成，而是把它放在整个社会运作方式和消费者行为改变的背景下思考和布局，打造一个满足消费者社会需求的平台和空间，不着痕迹地实现检验检测服务目标。

（2）专注于产品、服务、管理、资源配置。采用互联网思维打造现代检测检验产品服务的互联网生产方式，实现检验检测管理和资源的配置十分重要。

（3）跨平台跨区域的移动检验检测服务。跨平台移动用户数据整合，可以将不同检测机构、区域平台在以往检验检测过程中搜集到的用户信息跨平台整合到一起并且进行分析。

（4）虚实结合的检验检测流程。线上线下检测技术的相辅相成，才是互联网思维在现代检验检测技术中的真正体现。线上技术能够为检验检测过程提供高效、便利、低成本的数据处理分析服务，前提是需要获得线下实体检验资源所采集的用户设备检测数据。

（5）数据流分析及快速反应。在检验检测服务产生的大数据中分析、寻找规律性，建立可靠的商业模型，专注于对客户的快速反应。

（6）精准推送及量身定制。为客户量身定制检验报告，根据客户选择或者机构推荐的指标整理出订制的检验菜单；在检测报告上可以看到商品信息，通过手机扫描等方式链接到商品页，为客户带来精准的实时便利。

2. 关系营销模式

创业团队所在的食品科技学院和保定市的质量监督、检验检疫部门以及部分食品企业都有良好的合作关系，公司所生产的产品都会经过他们试用，并及时向团队反馈信息。因此公司在前期筹资中所引入的战略伙伴将主要定位于多家与公司有良好合作关系的质量监督部门和检验检疫部门，我们将在资金、研发、销售通路上成为稳定的同盟。

3. 关联营销模式

公司的网站上除对本产品的介绍外还有同款产品的引导销售，即一款产品销售页面上除了本产品之外，还有同类型或者有关联的产品信息、品牌，由此增加客户看点，以便提高成交率。

（八）财务分析

公司注册资本280万元，其中团队所在大学以技术入股45万元，创业团队自筹资125万元，吸引一家风险投资商负担110万元。内含报酬率达到43%，投资回收期2.39年。

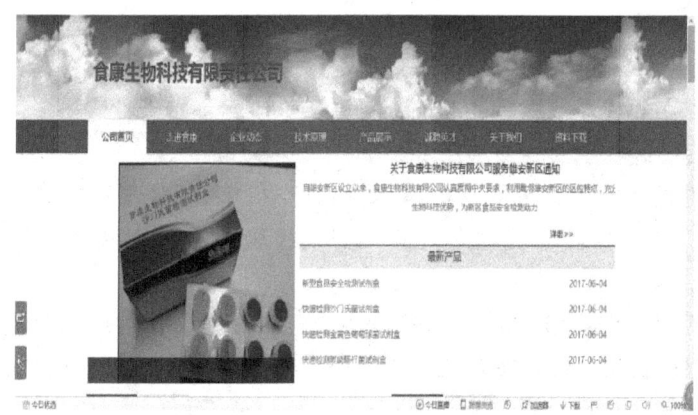

图 11-16　食康公司网站

六、百生北方苦荞饮品（节选）

该作品为2017年中国大学生"互联网+"创新创业大赛河北省铜奖作品。

参加学生：张楠　田晨　刘璐璐　张越　贾柠宁等

指导教师：周燕　王羽

第十一章
"互联网+"大学生创新创业大赛获奖案例

（一）项目背景

自从2015年3月两会上"互联网+"的概念提出后，中国各个行业慢慢被互联网改变着。滴滴、快的等改变了出租车行业，美团、大众点评等颠覆了本地生活行业，支付宝等改变了金融行业，携程、去哪儿网等改变了旅游行业。随着互联网的发展，传统经济越来越受到互联网的冲击，在这种行业形势下，中国人衣食住行中，只有快消品行业似乎还未受到巨大的冲击，但树欲静而风不止，互联网给快消品行业带来了潜移默化的改变。

尽管互联网是一个高速增长的销售渠道，但截至2016年年底，其在整个包装食品饮料行业占比仅为3%，不及便利店和食杂店，后两者占比分别为4%和6%。传统的超市和大卖场加起来则仍然瓜分了整个市场的一半。互联网+"在两三年前被电商大咖们提出，又在2016年全国"两会"被李克强总理在政府工作报告中作为国家战略计划推动，互联网正在革着所有传统产业的命。对于传统企业转型而言，应该多从互联网企业身上取经，从自身产品角度上做变通。

随着经济的发展、生活水平的提高，人们的饮食习惯发生了很大的变化，糖尿病患者人数呈增加之势，而患者年龄有降低之势。苦荞，属蓼科双子叶植物，多生长在高寒山区，据《本草纲目》记载：苦荞味苦，性平寒，能实肠胃，益气力，续精神，利耳目，炼五脏渣秽，苦荞被誉为"五谷之王"。苦荞中含有一种特殊的类黄酮物质——芦丁，长期饮用，降低高血糖、高血压、高血脂的发病率，可改善身体状况，有效防治糖尿病的发生，并且具有一定的抗癌作用，是理想的保健食品。

荞麦茶，不同于一般传统意义上的茶，它是一种炒米茶，即将苦荞的种子经过筛选、烘烤等工序，加工而成的冲饮品。根据选取苦荞部位的不同，以及加工产品方法的不同，苦荞茶可分为五类：全坯、黄苦荞、超微、全株和叶芽。另外，根据芦丁含量的多少和制作方法的不同，苦荞茶的香味分为麦香或焦香，后者喝起来香味更浓郁。

目前，人们不仅满足食品供应的充足，还越来越重视食品本身的功能性，在饮食过程中更重要的是获得更多的保健效果，达到养生、保健、祛病的目的。苦荞茶的功能，既满足了人们对食品多样化的需求，又满足了人们对食品保健功能的客观需求。

图 11-17 苦荞田种植

(二) 公司概述

北方苦荞有限责任公司是一家以"令百姓通达而生"为宗旨而创建的提议中的公司。公司生产以高钙苦荞黄酮速溶固体饮料为主打的高端产品,高纤苦荞保健饮品为主打的中端产品和苦荞茶为主打的低端产品,形成了三个系列的品牌。

公司首创了高钙苦荞黄酮速溶固体饮料和高纤苦荞保健饮品,建立了一种苦荞综合利用的新模式,拓展了苦荞食品的消费领域,有利于饮料行业的进一步发展和创新。

创业公司团队成员来自三个学院,由 7 名研究生和本科生共同组成,专业分工到位,人员搭配有致,该团队成员都担任过学生骨干,优势互补,形成了很强的综合优势。每一个成员都是诚恳快乐的人,好学有上进心是他们的品格、团结、自信、互补、谦逊是合作的基础。团队充满生机与活力,他们有满腔工作热情和百折不挠的开拓精神。

(三) 技术与产品

公司以自主研发技术为依托(此项技术已获得 2 项国家专利、1 项河北省科技成果转化项目),对苦荞黄酮进行深入研究与开发,采用最新配方和技术,最大限度地保存了提取物中黄酮类化合物的含量。其中包括苦荞提取干燥过程中黄酮保存技术、速溶高钙苦荞黄酮粉冲泡悬浮技术和透明苦荞纤维饮料的稳定性技术,进而从营养成分与口味角度对苦荞饮品进行革新,得到具有多重疗效的健康苦荞饮品。

共生产三种产品:

(1) 高钙苦荞黄酮速溶饮料是公司的主打产品,优质的高钙苦荞黄酮速溶饮料具有清热解毒、活血化瘀、改善微循环、拔毒生肌、调节血糖血脂、抗疲劳、抗缺血、调节雌激素、保肝、抑制白血病细胞增殖、抗氧化、抗炎等作用，较优于市场上同类产品。

（2）高纤苦荞保健饮品具有低胆固醇、低脂肪，营养更易人体吸收的保健特征，是一种新型的半透明液体苦荞谷物饮料，市场上几乎没有同类产品，有丰富的膳食纤维，促进肠道蠕动和营养物质吸收，可以调节膳食、均衡营养、方便携带，具有较强的竞争力。

（3）全株苦荞茶具有降低高血压、高血糖、高血脂的功效，富含维生素及多种矿物质，口感清香，纯天然、无污染，长期饮用有益健康。

高钙苦荞
黄酮速溶饮料

高纤苦荞
保健饮品

全株苦荞茶

图 11-18 公司产品

（四）市场分析

目前，谷物饮品的推广点都集中于"有机、绿色、健康"方面，但如今几乎所有的饮品都会加入类似的概念，优势就不突出了，这就需要行业的人员在传播概念上寻求相应的突破。

目标市场及定位：

第一，消费人群目标。我们根据产品的品种形态、使用方法以及营养成分细分三种人群，认为高钙苦荞主要适用人群有：肥胖者、三高人士以及中老年人群。高纤苦荞主要适用人群为工薪阶层（白领）、青少年学生等。全株苦荞茶有很好的保健作用，适合各种人群和家庭泡饮。

第二，区域目标。第一阶段，重点以北方为主，因为北方人饮食习惯的原因，肥胖人群和三高人群偏多。第二阶段，向南方沿海以及整个华北区域辐射。

第三，功能定位。苦荞产品因含有特定的营养成分，最明显的功能就是三降：降血脂、降血压、降血糖，我们就将产品定位为"降低高血糖、高血脂、高血压的饮品"。饮品的理念在大众的心里主要是可以随时随地、不限时间和地点地喝。

第四,品牌定位。塑造"北方苦荞"品牌形象,利用明星效应,加大广告宣传力度,从而能够在市场树立"北方苦荞"的品牌。

综上,公司可以根据自身企业的情况以及市场竞争情况即时采取有效策略,在市场竞争中取得领先地位。

(五)市场营销

公司的营销策略有产品策略、品牌策略、价格策略、渠道策略等八大营销策略,除此之外还有网络营销、互动营销、体验营销、跨界营销四大营销模式。八大营销策略和四大营销模式相辅相承,共同构成了北方苦荞有限责任公司的营销网络。

1. 总体目标

公司的基地暂定河北省张家口市北方县,公司以高钙苦荞速溶饮料为核心产品,进入市场,并生产苦荞高纤维透明饮料、百生苦荞茶等一系列产品。突出技术优势,树立良好的企业形象,打造品牌知名度,赢得消费者的认可。

2. 阶段目标

(1)初期。该阶段为公司产品的导入期,为进一步打开市场,公司采取多种宣传手段与营销策略,如知识讲座、咨询台服务等。另外,利用互联网+平台,着重宣传产品作用与特色,提高广大消费者的健康养生意识,主要推出百生苦荞茶和高钙苦荞黄酮速溶饮料两种产品,以河北消费能力强的城市为发展基点,从保定、石家庄、廊坊等城市开始发展,初步占领北京、天津等城市保健品市场。

(2)成长期。此阶段为市场巩固阶段,采用市场渗透和产品组合策略,扩大原有市场份额,占领沿海地区及各省会城市市场,积极开发新型健康饮品,强力推出透明苦荞高纤维保健饮品,扩大饮品市场,分阶层分年龄进入华北市场。同时,加大新产品的研发力度,公司形象形成品牌被广大消费者认同。

(3)成熟期。此时公司品牌具有一定影响力,公司产品具有固定规模市场,在提高市场占有率的同时,实施多元化战略,以健康为主题,以苦荞为原料,深入研究,研发多种健康食品,大力宣扬健康文化。随着公司走向成熟,进一步完善制度,健全公司体系,可进一步打开国内市场。

(六)竞争分析

市场上反映良好的苦荞茶品牌有:彝家山寨品牌、佑顺品牌、阳光尚品品牌、红荞地品牌、西部村寨品牌、爱点品牌、荞仙品牌等。在技术上这些品牌产品仅局限于传统工艺,只是苦荞产品的初加工,在苦荞产品的深加工和精加工上并没有取得大的进展。在功效上以上品牌与我们产品的功效有许多相似之处,容易影响消费者在短期内对我们产品的选择。以上品牌无论在产能、销售渠道、广告等都没有形成绝对的优势,并没有成为有力的竞争者。目前也有许多不知名的企业进入苦荞加工企业,借"苦荞产品初级加工"定位抢占市场份额。现在我们公司在初步发展中不仅要站稳脚跟,更要占据更大的市场份额。

(七)财务分析

公司注册资本360万元,其中团队所在大学以技术入股60万元,团队自筹资金150万元,吸引一家风险投资商负担150万元。项目五年期净现值为855.95万元,内含报酬率为56.6%,静态投资回收期为2.2年。这主要是因为产品属于低成本、高技术附加值产品,使得销售利润率较高,而且有良好的市场销售增长趋势,投资项目可行,可盈利性强。

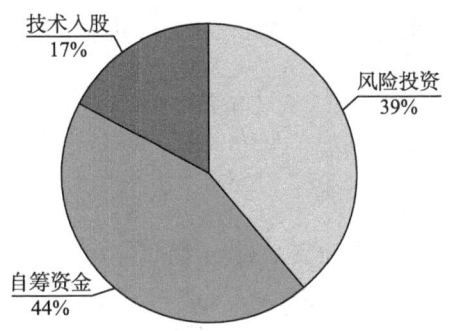

图11-19 资本结构

(八)风险分析及退出机制

北方苦荞有限责任公司作为一家新企业,不可避免地会面临市场空间巨大,但公司市场份额占有率低的前景风险;国家政策变动,公司战略落后的政策风险;行业竞争激烈、公司技术落后的技术风险;资金投入不慎、资金链断裂的财务风险等。

面对风险,公司对市场全面分析,对前景谨慎估计,做好风险防范:首先做好商业网点的规划;其次做好资金预算和资金风险的预测,加强与供应商的沟通;最后做好事后控制,坚持新技术的开发,促进荞麦产品企业与相关产业的融合,在合作中进步。

参考文献

(一) 著作类

[1] 马克思恩格斯全集：第8卷 [M]. 北京：人民出版社，1961.
[2] 马克思恩格斯选集：第1卷 [M]. 北京：人民出版社，1995.
[3] 马克思恩格斯全集：第2卷 [M]. 北京：人民出版社，1957.
[4] 马克思恩格斯选集：第3卷 [M]. 北京：人民出版社，1995.
[5] 马克思恩格斯文集：第5卷 [M]. 北京人民出版社，2009.
[6] 列宁全集：第1卷 [M]. 北京：人民出版社，1984.
[7] 列宁全集：第2卷 [M]. 北京：人民出版社，1984.
[8] 列宁全集：第6卷 [M]. 北京：人民出版社，1986.
[9] 列宁全集：第39卷 [M]. 北京：人民出版社，1986.
[10] 列宁选集：第1卷 [M]. 北京：人民出版社，1995.
[11] 列宁选集：第3卷 [M]. 北京：人民出版社，1995.
[12] 毛泽东选集：第2卷 [M]. 北京：人民出版社，1991.
[13] 毛泽东文集：第7卷 [M]. 北京：人民出版社，1990.
[14] 邓小平文选：第1卷 [M]. 北京：人民出版社，1994.
[15] 邓小平文选：第2卷 [M]. 北京：人民出版社，1994.
[16] 邓小平文选：第3卷 [M]. 北京：人民出版社，1993.
[17] 江泽民. 论有中国特色社会主义：专题摘编 [M]. 北京：中央文献出版社，2002.
[18] 习近平谈治国理政：第1卷 [M]. 北京：外文出版社，2018.
[19] 习近平谈治国理政：第2卷 [M]. 北京：外文出版社，2017.
[20] 习近平. 决胜全面建成小康社会夺取新时代中国特色社会主义伟大胜利：在中国共产党第十九次全国代表大会上的报告 [M]. 北京：人民出版社，2017.
[21] 习近平总书记系列重要讲话读本 [M]. 北京：学习出版社，人民出版社，2014.
[22] 习近平. 在哲学社会科学工作座谈会上的讲话 [M]. 北京：人民出版社，2016.
[23] 十四大以来重要文献选编：上 [M]. 北京：人民出版社，2006.
[24] 国务院法制办公室. 中华人民共和国新法规汇编 [M]. 北京：中国法制出版社，2015，8 (222).
[25]《思想政治教育学原理》编写组. 思想政治教育学原理 [M]. 北京：高等教育出版

社,2016.
[26] 迈克尔·霍恩,希瑟·斯特克.混合式学习:用颠覆式创新推动教育革命思想道德而修养与法律基础[M].北京:机械工业出版社,2017.
[27] 陈万柏,张耀灿.思想政治教育学原理:第3版[M].北京:高等教育出版社,2015.
[28] 郑永廷.毛泽东思想政治教育的理论与实践[M].武汉:武汉大学出版社,1993.
[29] 鲁迅全集:第3卷[M].北京:人民文学出版社,2005.
[30] 欧阳林.思想政治教育传播学[M].北京:北京交通大学出版社,2005.
[31] 方明.陶行知教育名篇[M].北京:教育科学出版社,2005.
[32] 卡尔·考茨基.考茨基文选[M].北京:人民出版社,2008.
[33] 卡尔·考茨基.爱尔福特纲领解说[M].北京:生活·读书·新知三联书店,1963.
[34] 思想道德修养与法律基础[M].北京:高等教育出版社,2018.
[35] 马克思主义基本原理概论[M].北京:高等教育出版社,2018.
[36] 中国近现代史纲要[M].北京:高等教育出版社,2018.
[37] 毛泽东思想和中国特色社会主义理论体系概论[M].北京:高等教育出版社,2018.
[38] 2017年中国互联网学习白皮书[M].北京:清华大学出版社,2018.
[39] 2018年中国互联网学习白皮书[M].北京:清华大学出版社,2019.

(二)学位论文

[1] 杨果.网络思想政治教育规律论[D].长沙:湖南大学,2016:1.

(三)期刊类

[1] 陈秉公.思想政治教育本质研究现状及建议[J].思想教育研究,2014(6).
[2] 王学东.略谈考茨基的"灌输论"思想的形成过程[J].国际共运史研究,1988(4).
[3] 冯淑萍."互联网+"时代高校思想政治教育模式创新[J].思想教育研究,2017(8).
[4] 金鑫,张耀灿.对马克思主义灌输理论的再认识[J].学校党建与思想教育(高教版),2008(6).
[5] 金素端."互联网+"时代高校思政课教学实效性的提升路径[J].高教学刊,2017(14).
[6] 何坦.正确理解和把握中国特色社会主义"四个自信"[J].中共四川省委党校学报,2017(1).
[7] 田霞,范梦.新媒体环境下大学生社会主义核心价值观教育影响因素及对策研究[J].思想政治教育研究,2016(12).
[8] 何克抗.从"翻转课堂"的本质,看"翻转课堂"在我国的未来发展[J].电化教育研究,2014(7).
[9] 中共中央宣传部.教育部关于印发普通高校思想政治理论课建设体系创新计划的通知[J].[2015]2号.

[10] 潘爱玲,刘文楷,邱金龙.困境与突破:新旧动能转换背景下文化企业商业模式创新研究[J].山东大学学报(社会科学版),2018(2).

[11] 冯开甫.高校思想政治教育原则新论[J].西南师范大学学报(人文社会科学版),2005(2).

[12] 屈孝初,廖亚斌,彭希林.论大学生权利的应然与实然:基于大学生权利实现不充分的思考[J].长春工业大学学报(高教研究版),2006(2).

[13] 陈登源.女大学生价值观教育接受问题的实然分析与应然追求:基于女性主义教育观视角[J].凯里学院学报,2015(1).

[14] 肖辉,杨丹.艺术类特岗教师素质结构的实然分析与应然讨论:基于湖南省九个地州市的调查[J].当代教育论坛,2014(5).

[15] 戚佳锐."微时代"背景下的大学生思想政治教育研究:以微博、微信为例[J].华夏地理,2014(12).

[16] 陈大鹏.网络思想政治教育的困境与超越[J].天津市教科院学报,2017(6).

[17] 丁晓良,赵俊仙,李京增.建立闭环多元教学质量监控评价体系:以北京工业大学耿丹学院为例[J].大学(研究版),2018(5).

[18] 康海蒂.当前我国大学生思想政治教育工作的困境与超越之径[J].佳木斯教育学院学报,2012(5).

[19] 陈大鹏.移动互联网背景下高校思想政治教育的困境与超越[J].江苏高教,2017(1).

[20] 殷一璀.开拓创新 切实加强高校思想政治教育工作队伍建设:在上海高校学生思想政治教育工作队伍建设推进会上的讲话[J].思想政治教育,2007(5).

[21] 高军.科学探索 改革创新 努力开创大学生思想政治教育工作新局面:在哈尔滨理工大学加强和改进大学生思想政治教育工作会议上的讲话[J].思想政治教育研究,2006(5).

[22] 郑运旺."互联网+"背景下的高校"微思政"模式[J].红旗文稿,2017(3).

[23] 江鸿波.论"三圈三全十育人"的时空意蕴[J].思想理论教育,2019(10).

(四) 报纸类

[1] 江泽民.在庆祝清华大学建校90周年大会上的讲话[N].中国教育报,2001-04-30.

[2] 李学仁.进一步加强和改进大学生思想政治教育工作大力培养造就社会主义事业建设者和接班人[N].人民日报,2005-01-19.

[3] 胡锦涛.在北京大学师生座谈会上的讲话[N].中国青年报,2008-05-04.

[4] 胡锦涛.在中国共产党第十七次全国代表大会上的报告[N].光明日报,2007-10-24.

[5] 中办国办印发《意见》加强和改进新形势下高校宣传思想工作[N].人民日报,2015-01-20.

[6] 习近平主持召开学校思想政治理论课教师座谈会强调:用新时代中国特色社会主义思想铸魂育人 贯彻党的教育方针落实立德树人根本任务[N].人民日报,2019-03-19.

[7] 习近平.在庆祝改革开放40周年大会上的讲话[N].人民日报,2018-12-19.

[8] 习近平主持召开学校思想政治理论课教师座谈会强调：用新时代中国特色社会主义思想铸魂育人 贯彻党的教育方针落实立德树人根本任务［N］．人民日报，2019-03-19．

[9] 习近平在中共中央政治局第二十次集体学习时强调 坚持运用辩证唯物主义世界观方法论 提高解决我国改革发展基本问题本领［N］．人民日报，2015-01-25．

[10] 习近平在同团中央新一届领导班子成员集体谈话时强调：紧跟党走在时代前列走在青年前列 在实现中华民族伟大复兴的征途中续写新光荣［N］．人民日报，2013-06-21．

[11] 习近平．决胜全面建成小康社会 夺取新时代中国特色社会主义伟大胜利［N］．人民日报，2017-10-28．

[12] 习近平在全国教育大会上强调 坚持中国特色社会主义教育发展道路 培养德智体美劳全面发展的社会主义建设者和接班人［N］．人民日报，2018-09-11．

[13] 习近平致信全国教师：教师是立教之本，兴教之源［N］．人民日报，2013-09-10．

[14] 习近平．做党和人民满意的好老师——同北京师范大学师生代表座谈时的讲话［N］．人民日报，2014-09-10．

[15] 习近平在全国高校思想政治工作会议上强调：把思想政治工作贯穿教育教学全过程开创我国高等教育事业发展新局面［N］．人民日报，2016-12-09．

[16] 习近平主持召开学校思想政治理论课教师座谈会强调用新时代中国特色社会主义思想铸魂育人贯彻党的教育方针落实立德树人根本任务［N］．人民日报，2019-03-19．

[17] 中共中央国务院关于全面深化新时代教师队伍建设改革的意见［N］．人民日报，2018-02-01．

[18] 习近平．在北京大学师生座谈会上的讲话［N］．人民日报，2018-05-03．

[19] 习近平．在全国高校思想政治工作会议上的讲话［N］．人民日报，2016-12-09．

[20] 张伟，马陆亭：教育要主动助力新一代人工智能发展［N］．光明日报，2018-11-20．

[21] 韦颜秋：推动"思政课程"与"课程思政"协同育人［N］．天津日报，2020-04-06．

（五）网站类

[1] 国务院关于积极推进"互联网+"行动的指导意见［2015］40号［EB/OL］．中国政府网．2015-07-04．http://www.gov.cn/zhengce/content/2015-07/04/content_10002.htm.

[2] 中共中央，国务院．关于加强和改进新形势下高校思想政治工作的意见［EB/OL］．新华社．2017-02-27．http://www.xinhuanet.com//2017-02/27/c_1120538762.htm.

[3] 教育部．2018中国互联网学习白皮书［EB/OL］．中国日报网．2019-04-11．http://chinadaily.com.cn.

[4] 教育部．中国慕课行动宣言［EB/OL］．教育部网站．2019-04-09．http://www.moe.gov.cn/jyb_xwfb/gzdt_gzdt/moe_1485/201904/t20190410_377278.html.

[5] 教育部．教育部关于深化本科教育教学改革全面提高人才培养质量的意见［EB/OL］．教育部网站．2019-10-12．http://www.moe.gov.cn/srcsite/A08/s7056/201910/t20191011_402759.html.

[6] 教育部．教育部关于一流本科课程建设的实施意见：教高〔2019〕8号［EB/OL］．教

育部网站．2019－10－30．http：//www. moe. gov. cn/srcsite/A08/s7056/201910/t20191031_406269. html．

[7] 教高厅．教育部应对新型冠状病毒感染肺炎疫情工作领导小组办公室关于在疫情防控期间做好普通高等学校在线教学组织与管理工作的指导意见［EB/OL］．教育部网站．2020－02－04．http：//www. moe. gov. cn/srcsite/A08/s7056/202002/t20200205_418138. html．

[8] 8．中共中央宣传部，中共教育部党组．关于加强和改进高校宣传思想工作队伍建设的意见［EB/OL］．教育部网站．2015－09－30．http：//www. moe. gov. cn/srcsite/A12/moe_1416/s255/201510/t20151013_212978. html．

[9] 中共教育部党组．关于印发《高校思想政治工作质量提升工程实施纲要》的通知［EB/OL］．教育部网站．2017－12－05．http：//www. moe. gov. cn/srcsite/A12/s7060/201712/t20171206_320698. html．

[10] 中央宣传部，教育部．关于印发《普通高校思想政治理论课建设体系创新计划》的通知［EB/OL］．教育部网站．2015－07－30．http：//www. moe. gov. cn/srcsite/A13/moe_772/201508/t20150811_199379. html．

[11] 中共中央国务院印发．中长期青年发展规划：2016－2025 年［EB/OL］．教育部网站．2017－04－13．http：//www. gov. cn/gongbao/content/2017/content_5189005. htm．

[12] 习近平．全国高校思想政治工作会议报告［R/OL］．教育部网站．2016－12－08．http：//www. mod. gov. cn/leaders/2016－12/08/content_4766073. htm．

[13] 习近平．习近平总书记在网络安全和信息化工作座谈会上的讲话［EB/OL］．中国网信网．2018－03－20．http：//www. cac. gov. cn/2016－04/25/c_1118731366. htm．

[14] 习近平．治国理政，必须"立治有体，施治有序"［EB/OL］．人民网．2017－10－16．http：// sd. People. com. cn/ n2/2017/1016/c356086－30833266. html．

[15] 教育部．新时代高等学校思想政治理论课教师队伍建设规定［EB/OL］．教育部网站．2020－01－16．http：//www. moe. gov. cn/srcsite/A02/s5911/moe_621/202002/t20200207_418877. html．

[16] 如何写出优秀的微课脚本［EB/OL］．简书网．2018－04－23．https：//www. jianshu. com/p/0edeebdd2ab1．

[17] 国家信息中心发布白皮书：人民网居网络媒体最具社会价值TOP10首位［EB/OL］．人民网．2020－04－14．http：//media. people. com. cn/n1/2020/0413/c40606－31671792. html

[18] 教育部印发．高等学校课程思政建设指导纲要［EB/OL］．教育部网站．2020－06－01．http：//www. moe. gov. cn/srcsite/A08/s7056/202006/t20200603_462437. html

[19] 鲁良：强化"互联网＋思政"充分发挥网络育人功能［EB/OL］．华声在线．2018－11－20．http：// opinion. voc. com. cn/article/201811/20181120080015562. html

[20] 2018年中国互联网学习白皮书［EB/OL］．2019－04－19．http：//edu. sina. com. cn/l/2019－04－19/doc－ihvhiqax3846540. shtml? cre＝tianyi&mod＝pcpager_focus&loc＝1&r＝9&rfunc＝100&tj＝none&tr＝9

后 记

为深入贯彻落实习近平新时代中国特色社会主义思想和党的十九大精神，贯彻落实习近平总书记关于教育的重要论述，特别是在学校思想政治理论课教师座谈会上的重要讲话精神，全面贯彻党的教育方针，解决好培养什么人、怎样培养人、为谁培养人这个根本问题，坚持不懈用习近平新时代中国特色社会主义思想铸魂育人，"深入研究网络教学的内容设计和功能发挥，不断创新网络教学形式，推动传统教学方式与现代信息技术有机融合"，引导大学生努力践行社会主义核心价值观，成长为自觉担当民族复兴大任的时代新人，依据2018版高校思想政治理论课最新教材，河北农业大学马克思主义学院的李亚青、周燕、王静三位教师编写了该书。

在撰写过程中，得到了知识产权出版社的大力支持和具体指导，还参考吸收了许多学术界专家、同仁的研究成果，在此表示诚挚谢意，我们尽可能将引用的成果以脚注和参考文献的方式加以注明，如有遗漏，属无心之失，敬请谅解。因水平有限，书中难免有不妥之处，恳请同行专家、学者和读者批评指正。

编 者

2020年6月于河北农业大学